가지급금 죽이기 핵심전략

가지급금 죽이기 핵심전략

2019년 3월 26일 초판 발행
2026년 3월 5일 3판 발행

지 은 이 | 장보원, 김순화
발 행 인 | 오연관
발 행 처 | 삼일피더블유씨솔루션
등 록 번 호 | 1995.6.26. 제3-633호
주   소 | 서울특별시 용산구 한강대로 273 용산빌딩 4층
전   화 | 02)3489-3100
팩   스 | 02)3489-3141
가   격 | 27,000원

ISBN   979-11-6784-497-2   93320

최신 세법반영 **전면개정판**
가지급금 죽이기 시즌 2

가지급금 죽이기 핵심전략

장보원 세무사 · 김순화 세무사 지음

SAMIL | 삼일인포마인

2019년 "가지급금 죽이기"를 처음 출간했고 많은 분들께 큰 관심과 사랑을 받았다. 마침 그 시기를 전후로 무리한 절세컨설팅으로 인한 추징 사건과 조세 불복에 따른 심판례, 법원 판례가 양산되었다.

시간이 꽤 흘러 무리한 절세컨설팅이 어느 정도 정리되었고 다시 이를 반면교사 삼아 최신 개정세법과 판례 등 동향을 반영한 "가지급금 죽이기 핵심전략"을 출간하게 되었다.

당초 책은 가지급금의 쟁점을 처음 접하는 분들을 위해 이야기 형식을 통해 편집하였으나, 이번 책에서는 가지급금을 보다 체계적으로 이해할 수 있도록 내용을 보강하였고 가지급금의 법적인 문제, 세무상 문제를 점검한 후 이를 해결하기 위한 전략을 정리하였다.

가지급금은 많은 법인들이 안고 있는 심각한 세무상 문제다. 처음에는 일시적인 자금 운용으로 시작되지만, 시간이 흐를수록 기업의 재무구조를 왜곡하고 세무상 리스크를 누적시켜 종국적으로는 법인 대표자를 무너뜨릴 수 있는 시한폭탄으로 작용한다.

이에 본서는 가지급금 문제로 고민하는 기업 대표, 실무 담당자, 그리고 세무사에게 실질적인 도움이 되도록 다음과 같은 점을 반영하여 서술하였다.

첫째, 단순히 조문을 나열하는 방식이 아니라 실무에서 자주 접하는 사례와 질문을 제시하고 이에 세법 규정을 접목하는 방식으로 설명하였다.

둘째, 가지급금 컨설팅에 필수적인 예규·판례 및 해석 사례를 최신 동향에 맞추어 검토·보완하였다. 특히 중요한 판례와 해석 사례는 별도로 정리하여, 제시된 전략의 법적 안전성을 스스로 점검할 수 있도록 하였다.

셋째, 각 장의 핵심 포인트를 별도로 요약하여 독자가 쟁점과 전략을 한눈에 파악할 수 있도록 정리하였다.

넷째, 초과배당, 직무발명보상금, 지적재산권, 자기주식 취득과 소각 등 다양한 방법을 활용한 가지급금 정리 방안을 다루면서 최근 세법 개정과 유권해석의 변화까지 함께 설명하여 종전 규정과의 혼선을 최소화하고자 하였다.

이 책이 가지급금을 다루는 세무사에게는 합리적인 구조 설계의 기준이 되고, 기업 대표에게는 가지급금 문제를 키우지 않는 사전 예방과 전략적 판단의 지침이 되기를 바란다.

2026년 저자 장보원·김순화

Part 2
법인전환과 가지급금

Part 3
가지급금에 뒤통수 맞은 사연

Part 5

가지급금 죽이기 핵심전략을 마치며

PART 1

가지급금 제대로 알기

가지급금,
대체 무엇일까?

가지급금,
그 의미를 알고 시작하자

가지급금(假支給金). 쉽게 말하면 회사 자금을 임·직원, 주로 대주주나 대표이사가 인출해가면서 별도의 사용처를 밝히지 않고 그저 회사로부터 빌려 간 돈으로 처리해 달라고 할 때 쓰이는 회계계정과목이다.

학교에서는 회계원리라는 교과목에서, 현금지급이 이루어졌으나 어디에 어떻게 쓰일지 몰라서 회계처리상 용도를 명시하지 않은 지출금을 회계처리 할 때, 가지급금이라는 계정과목을 사용한다고 배운다.

그러나 출장비처럼 먼저 현금지급이 이루어져 일단 가지급금으로 회계처리 한 다음, 출장 이후 지출영수증을 가지고 오면 복리후생비, 여비교통비, 기업업무추진비 등으로 사후에 정식 회계과목으로 분류하는 경우도 있지만, 실무상 대부분의 가지급금은 대주주·임원 등 특수관계인이 용도 지정 없이 업무와 무관하게 빌려 간 돈을 의미하는 경우에 사용된다.

이렇듯, 업무와 관련한 가지급금은 업무종료 후 곧바로 해당 계정과목으로 처리되어 소멸되지만, 업무와 무관한 가지급금은 오랫동안 가지급금으로 남아 있는 게 보통이며, 주로 기업자금을 유용(流用)하는 수단으로 이용되기 때문에 세법상 여러 규정에 의해 규제된다.

세법상 규제대상이 되는 가지급금을 해결해야 한다

세법상 규제대상이 되는 업무무관 가지급금은, 주식회사나 유한회사 등 법인형태로 사업을 하는 경우로서 그 차입상대방이 대주주 또는 임·직원 등 특수관계에 있는 경우에 한한다. 반대로 해석하면 개인사업자가 자신이 운영하는 사업장에서 인출하는 금전이나, 법인사업자가 특수관계 없는 자에게 자금을 빌려주는 경우에는 세법상 규제대상 가지급금이 아니다.

세무상 규제대상이 되는 경우에는 법인이 특수관계인에게 업무무관 가지급금을 대여하면 그 대여액에 이자를 받을 것을 규정하고 있고, 이자를 받지 않는 경우 특수관계인이 이자만큼의 소득을 얻은 것으로 간주하게 된다. 또한 만약 대출금이 있는 법인이 업무무관 가지급금을 지급하게 되면 해당 대출금의 이자비용을 세무상 경비에서 제외해야 한다.

여기서 '업무'란 법인의 목적사업을 말한다. 금융기관의 업무는 금전의 대여가 주된 업무이겠지만, 일반적인 법인사업자는 금전의 대여가 주된 업무가 될 수 없으니 어쨌든 금융업을 영위하지 않는 법인이 누군가에게 돈을 대여해 주는 것은 일단 업무와 무관한 일이 되는 것이다.

가지급금을 기업회계기준에서는 '주주, 임원, 종업원 단기채권'이라고도 한다. 줄여서 '주·임·종 단기채권'이라고 부른다. 법인이 주주, 임원, 종업원에게 빌려준 돈이라는 의미이다. 그런데 법인이 사업 관련 거래처에 빌려준 돈이라면, 같은 가지급금이라도 '주·임·종 단기채권'이 아닌 '장·단기대여금'으로 회계처리 한다.

그러나 세법은 주·임·종 단기채권이건 장·단기대여금이건 그 계정과목에 불문하고 특수관계인에게 대여한 금전을 가지급금이라고 한다. 따라서 회계상 주·임·종·단기채권이나 장·단기대여금 중 해당 법인과 특수관계에 있는 주주, 임원, 종업원 그리고 해당 법인과 특수관계에 있는 거래처에게 금전을 대여한 것이 있다면, 이를 법인의 업무무관 가지급금으로 보아 세무상 규제대상으로 삼는다.

한마디로 세무상 규제대상 가지급금이란, 법인이 특수관계인에게 명칭 여하를 불문하고 당해 법인의 업무와 관련이 없거나, 업무관련성이 주장되더라도 그 사용처가 구체적으로 특정·입증되지 아니한 채 지급한 자금대여액을 말한다.

가지급금은 어떻게 탄생했을까?

가지급금이란 어떻게 생겨났을까? 이 문제에 대한 해답은 개인사업과 법인사업의 권리와 의무관계를 살펴보면 알 수 있다.

▶ 개인사업자 VS 법인사업자 : 무한책임과 유한책임

개인사업자는 본인의 사업에 대해서 무한책임을 진다. 반면 주식회사나 유한회사 같은 법인체로 사업을 할 경우, 주주는 주주의 자격으로서 투자한 자본액만큼만 책임을 진다. 주주 입장에서 보면 주주의 유한책임이라는 면에서는 법인사업이 더 나을 수 있다.

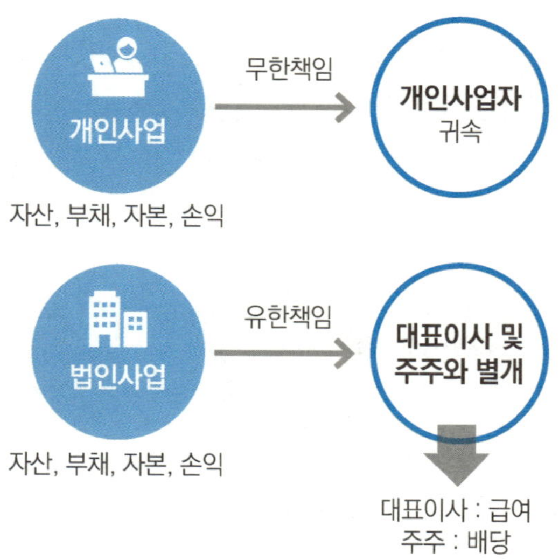

▶▶ 개인사업자 VS 법인사업자 : 자금인출 방식

법인사업자의 경우 법인 그 자체가 하나의 독립된 법인격을 가진 법률주체이기 때문에 주주나 대표이사와 동일체가 아니다. 따라서 법인의 재산은 주주나 대표이사의 재산과 구분해서 관리한다. 쉽게 말해 법인통장을 따로 관리해야 한다는 것이다.

흔히 법인을 통해 돈을 벌면, 1인 주주의 지위 또는 대표이사의 지위를 이용하여 법인의 돈을 임의로 인출해 갈 수 있다고 생각하기 쉽다. 그러나 법인 통장을 주주나 대표이사의 재산과 구분하여 따로 관리한다는 면에서, 법인 통장에서 주주 또는 대표이사가 회사 자금을 임의로 인출하면 법인이 주주 또는 대표이사에게 업무와 관련 없이 자금을 대여해 준 것으로 본다는 것을 의미한다.

더 나아가 만약 거래처에 결제할 금액은 결제하지 않고, 주주 또는 대표이사가 법인의 자금을 임의로 인출했다면 이는 공금횡령으로 처벌을 받을 수도 있는 것이다. 그러니 법인으로부터 주주나 대표이사가 정당하게 이익을 가져가려면 주주는 배당으로, 대표이사는 급여(또는 상여)로 가져가야 한다.

반면에, 개인사업자는 사업을 통해 획득한 모든 이익에 대하여 종합소득세만 정당하게 낸다면 그 잔여금을 아무런 법적 제약 없이 자신이 가져갈 수 있다. 그래서 개인사업체의 인출금에 대해서는 별도의 세법상 규제가 없다.

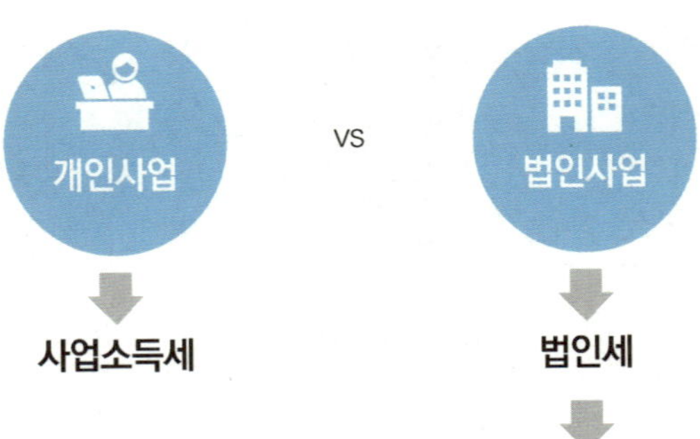

▶ 개인사업자 VS 법인사업자 : 적용 세율

　많은 창업자들이 사업을 처음 시작할 때 법인사업으로 할지 개인사업으로 할지를 두고 고민한다. 사업소득금액에 과세하는 법인세와 사업소득세를 단순히 세율(법인세율과 종합소득세율)로만 비교한다면 법인사업이 유리하다. 예를 들면, 사업에서 벌어들인 소득이 2억 원이라고 가정할 때 법인사업자는 10%의 법인세를 부담하지만, 개인사업자는 38%의 종합소득세를 부담한다.

법인세율

법인의 과세표준	법인세율	누진공제
2억 원 이하	10%	–
200억 원 이하	20%	20,000,000원
3,000억 원 이하	22%	420,000,000원
3,000억 원 초과	25%	9,420,000,000원

종합소득세율

개인의 과세표준	종합소득세율	누진공제
1,400만 원 이하	6%	–
5,000만 원 이하	15%	1,260,000원
8,800만 원 이하	24%	5,760,000원
1.5억 원 이하	35%	15,440,000원
3억 원 이하	38%	19,940,000원
5억 원 이하	40%	25,940,000원
10억 원 이하	42%	35,940,000원
10억 원 초과	45%	65,940,000원

▶️ 개인사업자 VS 법인사업자 : 어떤 것이 유리할까?

법인사업으로 사업하는 것이 반드시 절세가 되는 것일까? 그렇지 않다. 법인세를 내고 남은 돈을 주주나 대표이사가 함부로 가져갈 수 없고 주주는 배당, 대표이사는 급여(또는 상여)로 가져가게 되는 경우에 주주나 대표이사는 또다시 6~45%의 종합소득세를 내야 한다.

그렇기 때문에 어찌 보면 법인사업으로 하는 것이 종국에는 더 많은 세금부담이 될 수도 있고, 당장 법인세율이 낮은 점을 절세라고 말하는 것은 조삼모사(朝三暮四)일 수도 있다. 처음에는 법인세율이 낮아서 좋아 보이지만, 나중에는 개인사업자보다 더 많은 세금을 낼 수 있기 때문이다.

▶ 가지급금의 탄생

사정이 이러하다 보니 법인의 주주나 대표이사가 돈이 필요한 경우, 종합소득세를 내야 하는 배당이나 급여(또는 상여)의 방법보다는 법인의 자금을 빌리는 방법을 선택한다. 즉, 가지급금이 탄생하는 순간이다.

특수관계자에서 시작되는 가지급금

특수관계자를 알아야
가지급금이 보인다

특수관계자란 세법이나 회계기준 등에서 일정한 이해관계를 바탕으로, 서로 경제적·법률적으로 밀접한 영향을 주고받을 수 있는 관계에 있는 자를 말한다.

일반적인 거래관계에서는 각 거래 당사자가 자신의 이익을 추구하는 과정에서, 결과적으로 어느 일방에도 과도하게 유리하지 않은 거래가격이 형성된다. 이때의 거래가격이란 정상적인 거래에서 형성되는 자산의 통상적인 교환가격, 즉 시가를 의미한다. 이러한 관점에서 볼 때, 시가와 현저히 괴리된 가격으로 이루어지는 거래는 통상의 거래라기보다는 의도적으로 거래 상대방에게 이익을 분여하기 위한 거래일 가능성이 높다.

다만, 일방에게 이익이 귀속되는 모든 거래를 조세회피 목적의 불순한 행위로 단정하는 것은 사인 간 계약자유의 원칙이라는 더 큰 가치를 침해할 우려가 있다. 이에 따라 세법에서는 규제의 대상이 되는 특수관계자의 범위를 일정한 요건에 해당하는 경우로 한정하고 있다.

법인이 특수관계자가 아닌 자에게 자금을 대여한 경우에는, 그 업무관련성 여부와 관계없이 세법상 특별한 문제로 삼지 않는다. 이는 각 법인이 사인 간 거래와 마찬가지로 이익을 추구하는 경제주체이므로,

특수관계가 없는 거래 상대방에게 일방적으로 이익을 분여하거나 분여 받을 가능성은 크지 않다고 보기 때문이다. 반면, 법인이 특수관계자에게 자금을 대여하는 경우에는 업무관련성 여부와 무관하게 해당 특수관계자가 이익을 향유할 가능성이 크다고 판단하여 세법상 규제의 대상으로 삼는다.

결국 실무에서 법인이 해결해야 가지급금 문제는 세법상 특수관계자와의 거래를 통해서 발생할 수 있는 자금 대여의 문제라 할 수 있다.

가지급금 규제대상이 되는 법인세법상 특수관계자

▶▶ 법인세법상 특수관계자의 범위

법인세법에서는 법인과 경제적 연관관계 또는 경영지배 관계에 있는 자로서 다음의 어느 하나의 관계에 해당하는 경우 이를 특수관계자로 본다.

법인세법상 특수관계인의 범위
(법인세법 제2조 제12호, 법인세법 시행령 제2조 제8항)

① 법인의 경영에 사실상 경영지배 관계에 있는 자와 그 친족

② 비소액주주(소액주주등이 아닌 주주 또는 출자자)등과 그 친족

③ 임원·직원 또는 비소액주주등의 직원 및 이들과 생계를 함께 하는 친족

④ 법인 또는 비소액주주등에 의한 생계유지자 및 이들과 생계를 함께하는 친족

⑤ 법인의 경영에 지배적인 영향력을 행사하고 있는 법인

⑥ 해당 법인에 30% 이상 출자한 법인에 30% 이상을 출자하고 있는 법인이나 개인

⑦ 기업집단 법인의 경우 그 기업집단 소속 다른 계열회사 및 그 계열회사의 임원

또한 법인세법에서는 본인 또한 그 특수관계인의 특수관계인으로 본다. 이에 따라 특수관계자 여부를 판단함에 있어 거래 당사자 중 어느 한쪽이라도 특수관계자에 해당하면, 쌍방 모두를 특수관계자로 보게 되므로 판단 과정에서 주의가 필요하다.

즉, 법인세법상 일방만 특수관계자에 해당하더라도 거래의 쌍방 모두가 특수관계자에 해당하게 되며, 그 결과 법인의 가지급금 규제대상이 되는 특수관계자의 범위는 상당히 넓게 형성된다.

다만 대부분의 가지급금은 법인의 경영을 사실상 지배하는 자인 법인 대표자 또는 주주가 발생시키는 경우가 대부분이지만, 그 외 특수관계자와의 가지급금 문제도 존재할 수 있음에 유의하여야 한다.

사실상 경영지배 관계에 있는 자와 그 친족은 무조건 특수관계자

일반적으로 법인의 경영은 대표이사, 이사 등과 같이 법인 등기부등본을 통해 확인되는 임원에 의해 이루어진다. 대표이사를 비롯한 등기임원은 법인과 공식적인 경영지배 관계에 있으므로 당연히 특수관계자에 해당한다. 다만, 공식적인 경영지배 관계에 있지 않더라도 사실상 법인의 경영에 실질적인 영향력을 행사하는 경우에는 특수관계자로 본다는 점에 유의하여야 한다.

▶▶ 사실상 경영지배 관계

법인세법에서는 임원의 임면권 행사, 사업방침의 결정 등과 같이 해당 법인의 경영에 대하여 사실상 영향력을 행사하는 지위에 있는 자를 실질적인 경영지배 관계에 있는 자로 보아 특수관계자로 규정하고 있다. 또한 상법상 사실상 이사에 해당하는 자 역시 특수관계자에 포함된다.

구체적으로는 회사에 대한 자신의 영향력을 이용하여 이사에게 업무집행을 지시하는 자, 등기이사는 아니지만 이사의 명의로 업무를 집행하는 자, 또는 이사는 아니더라도 명예회장·회장·사장·부사장·이사장·전무·상무 등 회사의 업무를 집행할 권한이 있는 것으로 인정될 수 있는 직함을 사용하여 업무를 수행하는 자 등이 이에 해당할 수 있다.

예를 들어, 회사에 상시 출근하지는 않지만 비공식적으로 '회장'이라는 직함을 사용하며 대표이사 이상의 최종적인 경영 의사결정을 실질적으로 수행하는 경우에는 사실상 경영지배 관계에 있는 것으로 보아 특수관계자로 판단한다.

▶ 친족

친족의 경우에는 사실상 경영지배 관계에 있는 자와 경제적 연관관계가 존재할 가능성이 크다는 점을 고려하여, 개별 친족이 법인 경영에 실질적인 영향력을 행사하는지 여부를 별도로 판단하지 않고 특수관계자로 본다. 즉, 친족은 법인에 대해 직접적인 직함이나 권한을 가지고 있지 않더라도, 경제적 이해관계 등에 따라 운명공동체적 관계에 있다고 보아 특수관계자로 판단하는 것이다.

세법상 특수관계자로 보는 친족의 범위는 전통적인 혈족과 인척 개념에 한정되지 않고, 사회 변화와 가족 형태의 다양화를 반영하여 실질적으로 확대되고 있다. 우선 혈족이란 혈통 관계로 연결된 친족을 의미하며 부계와 모계를 구분하지 않으므로, 부모·자녀·형제자매는 물론 사촌까지 포함하는 4촌 이내의 모든 혈족이 특수관계자에 해당한다. 또한 인척은 혼인으로 인해 형성되는 친족관계로서 배우자의 혈족 및 혈족의 배우자를 포함하며, 장인·장모, 시부모, 형수·제수 등과 같이 3촌 이내의 인척 역시 특수관계자로 본다.

여기에 더하여 법률혼 배우자뿐 아니라 사실상의 혼인관계에 있는 사실혼 배우자도 특수관계자로 인정되고, 친생자라 하더라도 다른 사람에게 친양자로 입양된 경우에는 그 친양자 본인뿐 아니라 배우자와 직계비속까지 특수관계자에 해당하는 친족관계로 본다. 또한 혈연이나 혼인관계가 형식적으로 확정되지 않았더라도, 본인의 금전이나 재산으로 생계를 유지하거나 생계를 함께하는 혼인외 출생자의 생부 또는 생모 역시 경제적 실질 관계를 기준으로 친족관계로 판단하고 있다. 이처럼 세법은 외형적인 친족관계보다 실질적인 지배·의존관계를 중시하므로, 특수관계자에 해당하는 친족관계 판단 시 혈족과 인척에만 한정하지 않고, 예외적으로 확장된 친족 범위까지 포함하여 신중하게 검토할 필요가 있다.

친족 관계
(국기령 제1조의2 제1항)

① 4촌 이내의 혈족 : 혈통 관계로 맺어진 부계와 모계 모두 해당

② 3촌 이내의 인척 : 혼인으로 인해 생기는 친족 (배우자의 혈족, 혈족의 배우자)

③ 배우자 (사실상의 혼인관계에 있는 사실혼 배우자 포함)

④ 친생자로서 다른 사람에게 친양자로 입양된 자 및 그 배우자·직계비속

⑤ 본인의 금전 또는 그 밖의 재산으로 생계를 유지하거나 생계를 함께하는 민법상 혼인외 출생자의 생부 또는 생모

그 밖의 까다롭지만 알아 두어야 하는 특수관계자

▶ 특수관계자의 범위

〈특수관계인 범위 개요도〉

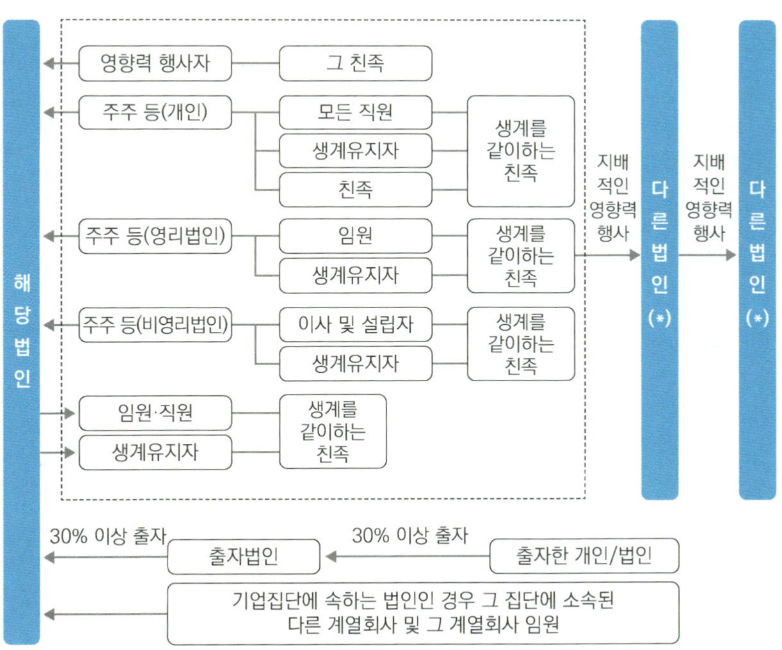

(*) 다른 법인에는 영리법인과 비영리법인을 포함

    다음 서술하는 내용은 일반적으로 쉽게 인지하기 어려운 특수관계자의 유형에 관한 것이다.

▶▶ 비소액주주등과 그 친족

특수관계자에 해당하는 비소액주주등이란, 발행주식총수 또는 출자
총액의 1% 미만의 주식 등을 보유한 소액주주를 제외한 모든 주주 및
출자자를 말한다. 비소액주주등이 개인인 경우에는 그 친족 역시 특수
관계자의 범위에 포함된다.

예를 들어, 1% 미만의 지분을 보유한 소액주주는 법인의 경영에 영
향력을 행사하기 어려운 일반 투자자로 보지만, 1% 이상을 보유한 주
주는 비소액주주로서 법인에 실질적인 영향력을 행사할 수 있는 특수
관계자로 본다. 또한 친족의 경우에는 경제적 연관관계가 존재할 가능
성이 매우 크므로, 1% 이상을 보유한 개인 비소액주주의 친족 역시 특
수관계자로 판단한다.

▶▶ 임원·직원 또는 비소액주주등의 직원 및 이들과 생계를 함께하는 친족

법인의 임원·직원 또는 비소액주주등의 직원은 법인의 경영에 직·
간접적으로 영향력을 행사할 수 있는 지위에 있으므로 특수관계자로
본다. 여기서 비소액주주등의 직원이란 개인주주의 경우 임·직원을,
영리법인주주의 경우 그 임원을, 비영리법인주주인 경우에는 그 이사
및 설립자를 말한다.

유의할 점은, 임원·직원 또는 비소액주주등의 직원과 생계를 함께하
는 친족 역시 경제적 연관관계에 따라 특수관계자로 본다는 것이다. 앞

서 살펴본 사실상 경영지배 관계에 있는 자, 비소액주주등의 친족은 별도의 판단 없이 특수관계자로 보지만, 법인의 임원·직원 또는 비소액주주등의 직원의 친족은 그 영향력이 상대적으로 약할 수 있다. 따라서, 이들과 생계를 함께하는 경우에 한하여 경제적 연관관계를 바탕으로 특수관계자로 판단한다.

▶ 법인에 의한 생계유지자 및 이들과 생계를 함께 하는 친족

법인의 금전이나 그 밖의 자산에 의해 생계를 유지하는 자와 이들과 생계를 함께하는 친족은 특수관계자로 본다. 이는 이러한 관계가 경제적으로 밀접한 연관관계를 형성하여 독립적인 의사결정에 따른 정상적인 거래관계가 어렵다고 판단하기 때문이다.

▶ 법인이 직접 또는 특수관계자를 통하여 경영에 지배적인 영향력을 행사하고 있는 법인

해당 법인이 직접 또는 그와 사실상 경영지배 관계에 있는 자와 그 친족, 비소액주주등과 그 친족, 임원·직원 또는 비소액주주등의 직원 및 이들과 생계를 함께하는 친족을 통하여 어느 법인의 경영에 대하여 지배적인 영향력을 행사하는 경우 그 법인을 특수관계자로 본다.

또한 해당 법인이 직접 또는 위와 같은 자들과 이미 다른 법인의 경영에 지배적인 영향력을 행사하고 있는 법인과의 관계를 통하여 다시 다른 법인의 경영에 대해 지배적인 영향력을 행사하는 경우에도 그 법인은 특수관계자에 해당한다.

영리법인

① 법인의 발행주식총수 또는 출자총액의 30% 이상을 출자한 경우

② 임원의 임면권의 행사, 사업방침의 결정 등 법인의 경영에 대해 사실상 영향력을 행사하고 있다고 인정되는 경우

비영리법인

① 법인의 이사의 과반수를 차지하는 경우

② 법인 출연재산(설립을 위한 출연재산만 해당)의 30% 이상을 출연하고 그 중 1인이 설립자인 경우

▶ 해당 법인에 30% 이상 출자한 법인에 30% 이상을 출자하고 있는 법인 또는 개인

해당 법인에 30% 이상을 출자한 법인에 대하여, 다시 30% 이상을 출자하고 있는 법인 또는 개인은 직접적인 출자관계에 있지 않더라도 간접적으로 법인의 경영에 영향력을 행사할 수 있는 지위에 있으므로 법인세법상 특수관계자로 본다.

▶ 기업집단 소속 법인 및 그 계열회사의 임원

해당 법인이 「독점규제 및 공정거래에 관한 법률」에 따른 기업집단에 속하는 법인인 경우에는, 그 기업집단에 소속된 다른 계열회사 및 해당 계열회사의 임원을 특수관계자로 본다.

「독점규제 및 공정거래에 관한 법률 시행령」 제4조에서는 사실상 그 사업내용을 지배하는 회사의 범위를 규정하고 있다. 이에 따르면, 동일인이 단독으로 또는 동일인 관련자와 함께 해당 회사의 발행주식 총수의 30% 이상을 소유하면서 최다출자자에 해당하는 경우에는 그 회사를 사실상 지배하는 회사로 본다. 이때 동일인 관련자에는 배우자와 친족을 비롯하여, 계열회사 지분을 1% 이상 보유한 친족·인척, 그리고 동일인이 설립한 비영리법인이나 단체 등 법령에서 정한 범위의 자가 포함된다.

또한 주식 보유 비율과 관계없이, 동일인이 다른 주요 주주와의 계약이나 합의를 통해 대표이사를 임면하거나 임원의 50% 이상을 선임할 수 있는 경우, 동일인이 직접 또는 동일인 관련자를 통하여 조직변경이나 신규 사업 투자 등 주요 의사결정이나 업무 집행에 지배적인 영향력을 행사하고 있는 경우, 나아가 동일인이 지배하는 회사와 해당 회사 사이에 임원 겸임이나 인사 교류가 있거나 통상적인 범위를 초과하는 거래·채무보증 관계가 존재하여 사회통념상 하나의 경제적 동일체로 인정되는 경우에도 해당 회사는 사실상 지배하는 회사에 해당한다.

예를 들어 A대표가 제조업 법인 ㈜갑을 지분 70%로 설립하고, 이후 유통업을 목적으로 ㈜을을 지분 60%로 추가로 설립하여 두 회사 모두에서 대표이사로 재직하고 있다고 가정해 보자. 이 경우 A대표는 각 회사의 최다출자자이자 경영 전반에 대한 의사결정을 주도하고 있으므로, ㈜갑과 ㈜을은 동일인이 사실상 지배하는 회사에 해당하고, 기업집단 내부의 계열회사로 판단될 수 있다.

가지급금의 이름은
여러 가지

재무제표에 숨어 있는 가지급금

재무제표(財務諸表, Financial Statements)란 기업의 재무상태와 경영 성과를 이해하기 쉽도록 일정한 형식에 따라 정리한 공식 문서를 말한다. 일반적인 재무제표는 회사가 얼마를 벌었는지(수익)와 얼마를 사용했는지(비용)를 나타내는 손익계산서와, 회사가 보유한 자산과 상환의무가 있는 부채, 그리고 자산에서 부채를 차감한 자본의 상태를 나타내는 재무상태표로 구성된다. 우리 회사에 얼마의 가지급금이 존재하는지를 확인하기 위해서는, 재무제표 중에서도 재무상태표의 자산 항목을 면밀히 살펴볼 필요가 있다.

▶ 재무상태표상 가지급금의 표기 방식

세법상 규제대상이 되는 가지급금은 법인으로부터 임·직원이나 대표이사가 자금을 인출하면서 그 사용처를 명확히 밝히지 아니한 채 차입한 자금을 의미하므로, 일반적으로 재무상태표상 미수금·단기채권 또는 가지급금 등의 계정과목으로 표기된다. 다만, 해당 자금이라 하더라도 법인의 입장에서 상환 가능성이나 업무관련성 등을 고려하여, 가지급금이 아닌 대여금, 선급금, 외상매출금 등의 계정과목으로 분류하여 표기하는 경우도 있다.

▶▶ 계정과목이 아닌 실질에 따른 가지급금 판단

재무상태표에 대여금, 선급금, 외상매출금 등의 계정으로 표기되어 있는 경우에는 이를 규제대상 가지급금이 아니라고 오인하기 쉽다. 그러나 법인세법상 가지급금 여부는 재무상태표상의 계정과목이 아니라, 해당 자금의 실질에 따라 판단한다. 즉, 법인이 자금을 대여함으로써 법인의 조세부담이 부당하게 감소하는 모든 경우를 가지급금으로 보아 규제하는 것이다.

따라서 법인 재무상태표의 여러 자산 계정 속에 가지급금이 숨어 있음에도 이를 인지하지 못할 경우, 실제 가지급금 잔액을 잘못 판단할 수 있다. 가지급금 문제를 해결하기에 앞서, 재무상태표에 계상된 자산 항목을 중심으로 실질적인 가지급금 규모를 정확히 파악하는 것이 무엇보다 중요하다.

▶▶ 의도적 가지급금 숨기기, '사기·기타 부정한 행위'에 해당

법인이 대표자 등에게 지급한 자금을 가지급금임을 인식하고도 이를 의도적으로 가공자산으로 계상하여 장부상 가지급금 자체를 은폐하고, 그 결과 가지급금 인정이자 계산을 누락한 경우에는 단순한 회계상 오류나 신고누락의 차원을 넘어 '사기·기타 부정한 행위'에 해당한다. 과세관청이 세무조사를 실시하지 않는 한 장부만으로는 가지급금의 실재를 인식하기 어려운 점에 비추어, 이러한 행위는 과세표준과 세액을 적극적으로 은폐한 것으로 평가되며, 그에 따라 부정과소신고가산세 40%가 적용되고 국세부과제척기간도 15년으로 적용된다. 특히 심판례는 가공채권을 의도적으로 계상하여 대표자에 대한 가지급금 등을 은닉한 행위는 과세관청의 적발을 곤란하게 만드는 적극적 은폐 행위로 보아 사기 또는 그 밖의 부정한 행위에 해당한다고 명확히 판단하고 있는바, 재무구조 개선이나 신용등급 관리라는 명목으로 가지급금을 장부상 낮추는 시도는 오히려 가장 중대한 세무 리스크로 드러날 수 있음을 유의해야 한다(조심 2025인1796, 2025.12.4.).

다양한 계정과목의 가지급금

재무상태표에 표기된 모든 자산 계정이 그 명칭 그대로의 성격을 가지는 것은 아니다. 특히 특수관계자와의 거래에서는 계정과목 상 대여금, 선급금, 외상매출금으로 표기되어 있더라도, 그 실질에 따라 세법상 가지급금으로 판단되는 경우가 적지 않다. 따라서 가지급금 문제를 정확히 파악하기 위해서는 개별 계정과목의 명칭보다 자금의 실제 성격과 거래 내용을 면밀히 검토하는 것이 중요하다. 이하에서는 실무상 가지급금이 아닌 것으로 오인되기 쉬운 주요 계정과목을 중심으로 그 판단 기준을 살펴본다.

▶▶ 장·단기대여금

회사가 투자 또는 자금 운용을 목적으로 다른 회사나 개인에게 자금을 대여한 경우, 해당 금액은 재무상태표상 대여금 계정으로 표기한다. 이때 상환기간이 1년을 초과하면 장기대여금으로, 1년 이내인 경우에는 단기대여금으로 분류하여 계상한다.

가지급금은 임·직원이나 대표이사 등이 별도의 사용처를 명확히 밝히지 않은 채 법인 자금을 인출한 외부유출 자금이라는 점에서, 원칙적으로 대여금과 구별된다. 그러나 실무에서는 특수관계자가 자금을 인출하였음에도 불구하고, 법인의 입장에서 상환기한이 명확하다고 판단되는 경우 가지급금임에도 이를 장·단기대여금으로 계상하는 사례가 발생한다.

임·직원이나 대표이사와 같은 특수관계자에 대한 자금대여는 그 업무관련성 여부에 따라 세법상 적용 방식에 차이가 있을 뿐, 기본적으로 가지급금에 해당한다. 따라서 재무상태표에 장·단기대여금으로 표시된 계정이라 하더라도, 그 세부 내역을 확인하여 특수관계자에게 대여된 자금이 존재하는 경우에는 실질에 따라 가지급금으로 보아야 한다.

▶▶ 선급금

선급금이란 회사가 상품이나 용역을 제공받기 전에 미리 지급한 대가를 말한다. 즉, 상품의 인도나 용역의 제공이 아직 이루어지지 않았으나, 거래계약에 따라 대금을 선지급한 경우에 해당한다.

특수관계자인 임·직원이나 대표이사가 법인 자금을 인출한 경우라도, 해당 자금이 상품 또는 용역을 제공받기 위한 선지급 대가에 해당한다고 판단되면 가지급금임에도 불구하고 선급금으로 장부에 계상되는 경우가 있다. 또한 특수관계자인 임·직원이 업무추진을 위한 목적으로 자금을 인출한 경우, 사용처가 명확하지 않음에도 불구하고 이를 선급금으로 처리하기도 한다. 그러나 특수관계자의 법인 자금인출은 원칙적으로 가지급금에 해당하며, 다만 그 사용처가 명확하게 확정된 업무관련 거래에 한하여 업무관련 가지급금으로 구분될 뿐이다.

업무관련성 여부에 따라 가지급금에 대한 세법상 규제 적용에 차이가 발생하므로, 해당 자금이 실질적으로 업무와 관련된 선급금인지 여부를 판단하는 것은 매우 중요하다.

▶▶ 외상매출금

외상매출금은 상품이나 용역의 제공이 이미 완료되었으나, 그 대금을 아직 회수하지 못한 경우에 발생하는 채권으로서 재무상태표의 자산 항목에 계상된다.

업무와 관련하여 정상적으로 이루어진 거래에 대한 외상매출금은 원칙적으로 가지급금에 해당하지 않는다. 그러나 특수관계자와의 거래에서 외상매출금이 장기간 회수되지 않는 경우에는, 해당 금액을 사실상 금전을 대여한 것으로 보아 가지급금으로 분류할 수 있다.

다만, 거래 관행상 회수 지연이 불가피한 사정이 있거나, 회수 지연에 대한 정당한 사유가 객관적으로 인정되는 경우에는 특수관계자 간의 장기 미회수 채권이라 하더라도 가지급금으로 보지 않는다.

업무관련성 판단

세무상 불이익을 최소화하기 위한 업무관련성 판단

가지급금은 단순히 자금이 유출되었다는 사실만으로 동일하게 취급되지 않는다. 세법은 가지급금이라 하더라도 해당 자금이 법인의 업무와 관련이 있는지 여부에 따라 전혀 다른 규제를 적용하고 있다. 따라서 가지급금 문제를 정확히 이해하고 세무상 불이익을 최소화하기 위해서는, 업무관련 가지급금과 업무무관 가지급금을 명확히 구분하는 것이 무엇보다 중요하다. 이하에서는 가지급금의 업무관련성 판단 기준과 그에 따른 세법상 효과를 중심으로 살펴본다.

▶ 업무관련성에 따른 세법상 규제 차이

임·직원 및 대표이사 등 특수관계자에게 자금을 대여한 경우, 해당 자금은 원칙적으로 가지급금에 해당한다. 다만, 가지급금의 범위 내에서도 업무와의 관련성 여부에 따라 세법상 적용에 중대한 차이가 발생하므로, 업무관련 가지급금과 업무무관 가지급금을 구분할 필요가 있다.

법인이 가지급금의 업무관련성 여부를 자의적으로 판단할 경우, 실질적으로는 업무와 무관한 가지급금임에도 이를 업무관련 가지급금으로 잘못 처리하는 사례가 발생할 수 있다. 업무관련 가지급금의 경우 인정이자 상당액을 익금으로 처리하는 데 그치지만, 업무무관 가지급금은 채권의 대손이나 처분손실이 발생하더라도 이를 손금으로 인정하지 않으며, 법인의 지급이자 중 해당 가지급금 채권 상당액도 역시 손금불산입된다.

업무관련 가지급금	업무무관 가지급금
① 인정이자 익금산입 및 소득처분	① 인정이자 익금산입 및 소득처분 ② 지급이자 손금불산입 ③ 대손충당금 및 대손금 손금불산입 ④ 가지급금 채권 처분손실 손금불산입

이처럼 업무와 관련된 가지급금은 세법상 불이익이 상대적으로 제한적인 반면, 업무무관 가지급금은 법인의 세부담을 크게 증가시키는 구조를 가지므로, 가지급금으로 인한 세법상 불이익을 최소화하기 위해 업무관련성을 다소 관대하게 해석하려는 유인이 존재하는 것도 사실이다. 그러나 가지급금의 업무관련성 여부는 법인의 임의적 판단에 맡겨진 사항이 아니라, 법인등기부등본에 기재된 목적사업과 실제 영업내용을 기준으로 객관적·엄격하게 판단해야 한다.

▶▶ 업무무관 가지급금

업무무관 가지급금이란 법인이 법인등기부등본에 열거된 목적사업이나 정상적인 영업활동과 관련 없이, 임·직원이나 대표이사 등 특수관계자에게 별도의 사용처를 밝히지 않은 채 지급한 자금을 말한다.

대표적으로 임원이 개인적인 용도로 사용한 자금이나, 임·직원 및 그 가족 등 특수관계자에게 무이자로 자금을 대여한 경우 등이 이에 해당한다. 업무무관 가지급금 채권은 대손이나 처분손실이 발생하더라도 손금으로 인정되지 않으며, 이에 따라 법인의 과세소득을 감소시키는 효과를 기대할 수 없다. 또한 법인의 지급이자 중 업무무관 가지급금 채권에 해당하는 부분 역시 손금으로 인정되지 않는다.

아울러 가지급금에 대해서는 인정이자를 계산하여 법인의 익금으로 산입하게 되므로, 법인의 과세표준이 증가하여 법인세 부담 역시 자연스럽게 증가하게 된다. 특히 유의할 점은, 인정이자는 단순히 익금으로 산입되는 데 그치지 않고, 임·직원이나 대표이사가 실제로 법인에 납입해야 할 금액이라는 점이다. 만일 인정이자 납입 사실이 확인되지 않을 경우, 해당 가지급금은 임·직원이나 대표이사에 대한 상여로 소득처분 될 수 있으며, 이에 따라 추가적인 종합소득세 부담이 발생할 수 있다. 고소득 대표이사의 경우에는 적용 세율이 높아 그 부담은 더욱 커질 수 있다.

▶ 업무관련 가지급금

업무관련 가지급금이란 법인이 목적사업이나 정상적인 영업활동과 관련하여, 임·직원이나 대표이사 등 특수관계자에게 거래내용이 일시적으로 확정되지 않은 상태에서 지급한 자금을 말한다.

업무와 관련된 거래라 하더라도, 거래 당시 이를 입증할 증빙이 미비하거나 최종 정산 이전 단계에서 자금이 선지급되는 경우 업무관련 가지급금이 발생할 수 있다. 예를 들어, 해외 출장을 위해 임·직원에게 출장비를 선지급하고, 출장 종료 후 정산 예정인 경우 해당 금액은 정산이 완료되기 전까지 업무관련 가지급금으로 본다.

업무관련 가지급금은 업무무관 가지급금과 동일한 수준의 세법상 불이익이 적용되지는 않지만, 특수관계자에게 자금이 유출된 기간 동안에는 사실상 금전대차와 유사한 효과가 발생할 수 있다. 이에 따라 세법은 업무와 관련된 가지급금에 대해서도, 자금 유출 기간 동안 인정이자를 계산하여 법인의 익금으로 산입하도록 규정하고 있다.

결국 업무관련 가지급금이라 하더라도 인정이자에 따른 법인세 부담은 발생하게 되므로, 법인에서는 거래 내용을 가능한 한 조기에 확정하여 업무관련 가지급금을 신속히 해소하려는 관리 노력이 필요하다.

▶▶ 업무관련성 판단

가지급금의 업무관련성 여부는 단순히 자금이 법인의 영업과 관련된 명목으로 지급되었는지 여부만으로 판단되지 않는다. 세법은 해당 자금이 법인의 목적사업 또는 정상적인 영업활동과 실질적으로 관련되어 있는지를 기준으로, 그 업무관련성 여부를 객관적으로 판단하도록 하고 있다. 따라서 거래의 형식이나 장부상 계정과목, 당사자의 주관적인 의사보다는 자금의 성격과 사용 경위, 거래의 실질이 핵심적인 판단 요소가 된다.

이와 관련하여 법인세법 집행기준 28-53-2는 업무무관 가지급금을 "명칭 여하에 관계없이 해당 법인의 업무와 관련이 없는 자금의 대여액"으로 정의하고 있으며, 그 업무관련성 여부는 해당 법인의 목적사업이나 영업내용 등을 기준으로 객관적으로 판단하여야 한다고 명시하고 있다. 즉, 자금에 대해 적정한 이자를 수수하고 있거나 장부상 대여금 등으로 처리하였다 하더라도, 그 실질이 업무와 무관한 자금대여라면 업무무관 가지급금에 해당한다.

특히 집행기준은 특수관계자와의 거래에서 발생한 외상매출금 등의 회수가 지연되는 경우를 구체적으로 규정하고 있다. 외상매출금의 회수가 장기간 지연되어 실질적으로 금전소비대차로 전환된 것으로 인정되는 경우에는 업무와 관련 없는 가지급금으로 보되, 거래 상대방의 자금 사정이나 외부적 요인 등으로 인해 회수 지연에 정당한 사유가 있다고 인정되는 경우에는 업무무관 가지급금으로 전환된 것으로 보지 아니한다고 규정하고 있다.

또한 집행기준은 자금대여를 주업으로 하지 않는 법인이 특수관계자에게 당좌대출이자율에 따라 이자를 수수하기로 약정하고 자금을 대여한 경우에도, 해당 대여금은 업무와 관련 없는 가지급금에 해당한다고 명확히 하고 있다. 이는 이자 수취 여부나 이자율의 적정성만으로 업무관련성을 인정하지 않겠다는 세법의 입장을 분명히 한 것이다.

한편, 내국법인이 해외현지법인의 시설자금이나 운영자금을 대여한 경우라 하더라도, 그 자금대여가 사실상 내국법인의 영업활동과 직접적으로 관련된 경우에는 이를 업무무관 가지급금으로 보지 않는다고 규정하고 있다. 이는 해외사업과 관련된 자금 거래에 대해서도 형식이 아닌 실질을 기준으로 업무관련성을 판단한다는 원칙을 확인한 규정이라 할 수 있다.

결국 법인세법 집행기준에 비추어 보면, 가지급금의 업무관련성 여부는 자금의 명칭이나 회계처리 방식에 따라 결정되는 것이 아니라, 법인의 목적사업과의 관련성, 거래의 실질, 회수 지연의 사유 등을 종합적으로 고려하여 판단되어야 한다. 따라서 특수관계자와의 자금 거래에 대해서는 사전에 그 업무관련성을 객관적으로 입증할 수 있는 자료를 충분히 확보하고, 집행기준에 부합하는지 여부를 면밀히 검토하는 것이 필수적이라 할 것이다.

① 업무무관 가지급금이란 명칭여하에 관계없이 해당 법인의 업무와 관련이 없는 자금의 대여액(금융기관 등의 주된 수익사업으로 볼 수 없는 자금의 대여액을 포함한다)을 말하는 것으로서, 지급이자 손금불산입 대상은 특수관계인에 대한 대여금만 해당된다.

② 업무무관 가지급금에는 순수한 의미의 대여금뿐만 아니라 채권의 성질상 대여금에 준하는 것도 포함되고 적정한 이자율에 따라 이자를 받는 경우도 포함되며, 그 가지급금의 업무관련성 여부는 해당 법인의 목적사업이나 영업내용 등을 기준으로 객관적으로 판단한다.

③ 법인이 특수관계 있는 자와의 거래에서 발생된 외상매출금 등의 회수가 지연되는 경우로서 해당 매출채권이 실질적인 소비대차로 전환된 것으로 인정되는 때에는 업무와 관련 없는 가지급금으로 본다. 다만, 거래 상대방의 자금사정 등으로 불가피하게 그 회수가 지연되는 등 매출채권의 회수가 지연되는데 정당한 사유가 있다고 인정되는 경우에는 해당 매출채권의 지연에 따른 연체료 상당액을 받기로 한 경우에도 해당 매출채권이 업무와 관련 없는 가지급금으로 전환된 것으로 보지 아니한다.

④ 자금대여를 주업으로 하지 아니하는 법인이 특수관계인에게 당좌대월이자율에 따라 이자를 수수하기로 약정하고 자금을 대여한 경우에도 해당 대여금은 업무와 관련 없는 가지급금에 해당한다.

⑤ 내국법인이 해외현지법인의 시설 및 운영자금을 대여한 경우에 그 자금의 대여가 사실상 내국법인의 영업활동과 관련된 것인 때에는 이를 업무무관 가지급금 등으로 보지 아니한다.

가지급금과 가수금이 모두 있다면?

가지급금의 반대 가수금

가지급금 문제를 점검하다 보면, 재무상태표상에 가지급금과 함께 가수금이라는 계정과목이 동시에 나타나는 경우를 종종 접하게 된다.

▶ 가수금의 개념과 주요 발생 유형

가수금이란 법인이 자금을 수령하였으나 그 자금의 성격이나 거래 내용이 아직 확정되지 않아 임시로 기록하는 부채 성격의 항목을 말한다. 이는 거래 내용이 확정되지 않은 상태로 자금이 유출되어 자산으로 계상되는 가지급금과 대비되는 개념이라 할 수 있다.

가수금은 주로 거래처로부터 자금이 입금되었으나 세금계산서 등 적격증빙을 통해 거래 내용이 확인되지 않은 경우나, 임·직원 또는 대표이사가 법인 계좌로 자금을 입금하였으나 그 입금 사유가 명확하지 않은 경우에 발생한다. 거래처로부터의 입금이 확인되는 경우에는 동일 거래에 대한 이중 입금이거나, 거래는 발생하였으나 세금계산서 미발행 등으로 인한 매출누락 오류에 해당할 수 있다. 전자의 경우에는 거래처에 자금을 반환해야 하며, 후자의 경우에는 매출 인식을 통해 회계 처리를 정정할 필요가 있다.

▶️ 가지급금과의 관계 및 가수금 관리상 유의 사항

한편, 임·직원이나 대표이사가 법인에 자금을 입금한 경우에는 법인의 자금 사정으로 일시적으로 개인 자금을 대여한 경우이거나, 기존에 발생한 가지급금을 상환하기 위한 목적으로 입금한 경우로 구분할 수 있다. 약정에 따라 일시적인 자금 차입임이 명확한 경우에는 대여금으로 계정 분류할 수 있으며, 법인이 상환할 필요가 없는 자금으로 확정되는 경우에는 자산수증이익에 해당할 가능성도 있다. 또한 특수관계자가 기존 가지급금을 상환하기 위한 목적으로 자금을 입금한 경우에는 가수금으로 처리할 것이 아니라 가지급금의 상환으로 처리하는 것이 타당하다.

다만, 입금자별·입금 사유별로 가수금을 개별적으로 관리하지 않을 경우, 서로 다른 가수금을 가지급금의 상환으로 잘못 처리하여 가지급금 잔액에 오류가 발생하거나, 반대로 가지급금을 상환한 거래임에도 이를 가수금으로 남겨 두어 재무상태표상 가지급금과 가수금이 동시에 계상됨으로써 자산과 부채가 과대 계상되는 문제가 발생할 수 있다. 따라서 가수금은 그 발생 원인과 성격을 신속하고 정확하게 확인하여 체계적으로 관리하는 것이 중요하다.

또한 개인이 법인으로부터 차입한 가지급금에 대해서는 법인세법상 시가에 해당하는 이자율인 가중평균차입이자율 또는 당좌대출이자율을 적정 이자율로 적용하는 반면, 법인이 개인으로부터 차입한 가수금에 대해서는 가중평균차입이자율을 적용할 수 없고 당좌대출이자율 범위 내에서 적정 여부를 판단한다.

동일인에 대한
가지급금과 가수금

가지급금과 가수금이 동시에 존재하는 경우, 이를 동일인의 거래로 보아 상계할 수 있는지 여부가 실무상 중요하다. 특히 동 자금거래의 주체를 사실상 동일인으로 볼 수 있는지, 그리고 거래 조건에 대한 약정이 존재하는지 여부에 따라 상계 가능 여부가 달라지므로 주의가 필요하다.

▶▶ 사실상 동일인 사이의 거래로 보는 경우

임·직원이나 대표이사 등 특수관계자가 기존의 가지급금을 상환하기 위한 목적으로 법인에 자금을 입금한 경우에는, 해당 입금액은 가수금이 아니라 가지급금의 상환 거래에 해당한다.

또한 대표이사의 배우자와 같이 사실상 동일인으로 볼 수 있는 자가 법인에 자금을 입금한 경우에는, 가지급금과 가수금이 동시에 존재하더라도 이를 사실상 동일인에 대한 거래로 보아 상계 처리함으로써 가지급금 잔액을 감소시킬 수 있다. 즉, 동일인(사실상 동일인을 포함한다)에 대한 가지급금과 가수금이 함께 존재하는 경우에는 이를 상계하여 순액으로 표시하는 것이 가능하다.

▶️ 상환기간·이자율 등에 대한 약정이 있는 경우

가지급금이나 가수금 발생 시 상환기간, 이자율 등 거래 조건에 관한 구체적이고 개별적인 약정이 존재하는 경우에는, 자금의 유출로 발생한 가지급금과 자금의 유입으로 발생한 가수금을 서로 독립된 별개의 거래로 보아야 한다.

이때 가지급금과 가수금 모두에 약정이 존재해야 하는 것은 아니며, 둘 중 하나라도 약정이 있는 경우에는 동일한 거래로 볼 수 없다고 판단한다. 따라서 동일인에 대한 거래라 하더라도 약정이 존재하는 경우에는 가지급금과 가수금을 상계할 수 없으며, 각각 자산과 부채 항목으로 구분하여 계상해야 한다.

즉, 동일인과의 금전 거래라 하더라도, 가지급금(대여금)이나 가수금(차입금) 중 어느 하나라도 상환기간·이자율 등 거래 조건이 구체적으로 약정되어 있다면 이를 단순한 상호 자금 이동으로 보아 상계 처리하는 것은 허용되기 어렵다. 특히 전표, 대출금원장, 이자 계산 내역 등에서 거래 조건이 특정되어 있는 경우에는 과세관청은 이를 각각 독립된 금융거래로 보아 업무무관 가지급금 여부를 판단하게 하고 있다(국심 2002서2954, 2003.3.28.). 실무에서는 형식상 '상계 가능 구조'에만 주목할 것이 아니라, 거래 당시 작성된 증빙과 약정 내용이 상계를 배제하는 요소로 작용하지 않는지 사전에 점검하는 것이 불필요한 인정이자 과세 및 지급이자 손금불산입을 예방하는 핵심 포인트가 된다.

국심 2002서2954. 2003.3.28.

특수관계회사에 대한 대여금과 차입금이 동시에 존재하더라도, 각각의 거래에 대해 원금, 이자율, 상환기간 등 구체적인 약정이 존재하는 경우에는 이를 하나의 자금 거래로 보아 상계할 수 없다. 이 경우 대여금은 독립된 업무무관 가지급금에 해당하며, 해당 금액 전부에 대하여 관련 차입금의 지급이자를 손금불산입하고, 저리대여에 따른 인정이자를 익금산입하는 것이 타당하다. 따라서 동일인에 대한 거래라 하더라도 양자가 각각 상이한 상환기간 및 이자율 등으로 약정되어 있어 이는 상계할 수 없는 경우에 해당한다고 하겠으므로 처분청에서 쟁점 대여금 전체에 대해 업무무관 가지급금으로 보아 관련 지급이자를 손금불산입하여 법인세 과세한 처분은 잘못이 없다.

———

가지급금을
해결해야 하는 이유

가지급금에서 발생하는 문제

법인이 임·직원이나 대표이사 등 특수관계자에게 자금을 대여하여 발생한 가지급금은, 법인의 얼굴이라 할 수 있는 재무제표에 그대로 반영된다. 재무제표는 기업의 재무상태와 경영성과를 객관적으로 보여주는 공신력 있는 자료로서, 이를 기초로 한 기업평가는 투자자와 채권자에게 중요한 판단 근거를 제공한다. 나아가 재무제표는 법인이 투자 유치를 하거나 국가 및 금융기관으로부터 저리의 자금을 조달하는 데 핵심적인 역할을 하며, 이는 곧 법인의 성장 가능성과 직결된다.

▶▶ 재무건전성 및 신용도에 대한 부정적 영향

특수관계자가 법인 자금을 유출하여 형성된 가지급금은, 실질적으로는 배당이나 상여에 해당하는 개인 소득으로 평가될 소지가 크며, 거래의 실체가 명확하지 않은 비정상적인 거래로 인식될 가능성이 높다. 이로 인해 재무제표상 가지급금이 존재하는 법인은 경영 투명성 및 신용도 측면에서 우수한 평가를 받기 어렵다.

이는 곧 해당 법인이 투자나 자금 차입이 필요한 상황에서, 재무제표에 계상된 가지급금을 이유로 투자자금 유치가 지연되거나 국가 및 금융기관으로부터의 저리 자금 조달이 어려워질 수 있음을 의미한다. 따라서 현재 또는 장래에 사업 확장을 계획하고 있는 법인의 경우, 재무

건전성 확보와 신용도 제고를 위해 가지급금 문제를 해결해야 할 필요성을 인식하게 된다.

▶▶ 가지급금에 대한 대표이사의 횡령·배임 리스크

대표이사가 회사 자금을 보관·관리하는 지위에 있으면서 이사회 결의나 정당한 절차 없이 회사 자금을 인출하여 개인적 용도로 사용한 경우, 해당 자금이 장부상 가지급금으로 처리되었더라도 형법상 업무상 횡령죄가 성립할 수 있다. 특히 이자율이나 변제기한 등에 관한 약정이 없거나, 실제로는 반환 의사나 능력이 없음에도 형식적으로만 가지급금으로 계상한 경우에는 회사 자금을 불법적으로 취득한 것으로 평가된다.

대법원은 회사의 대표이사가 회사를 위한 지출 이외의 용도로 거액의 회사 자금을 가지급금 등의 명목으로 인출·사용하면서 이자나 변제기한에 대한 약정은 물론 이사회 결의 등 적법한 절차도 거치지 아니한 경우, 이는 통상 용인될 수 있는 범위를 벗어나 대표이사의 지위를 이용하여 회사 자금을 사적인 용도로 임의로 대여하거나 처분한 것과 다름없어 업무상 횡령죄를 구성한다고 판시하고 있다. 또한 업무상 횡령죄에서 말하는 불법 취득의 의사란 자기 또는 제3자의 이익을 도모할 목적으로 업무상의 임무에 위반하여 보관 중인 타인의 재물을 자기의 소유인 것처럼 사실상 또는 법률상 처분하려는 의사를 의미하므로, 사후에 이를 반환하거나 변상·보전할 의사가 있었다 하더라도 당초의 불법 취득 여부 판단에는 영향을 미치지 아니한다는 점에 유의할 필요가 있다(대법원 2014도11263, 2014.12.24.).

한편 대표이사가 회사 자금을 특수관계자인 개인에게 대여하는 형식을 취하였으나, 그 과정에서 이사회 결의를 거치지 않거나 변제기한·이자율에 관한 합리적인 약정 없이 자금을 인출하여 회사에 재산상 손해를 발생하게 한 경우에는 업무상 배임죄가 문제될 수 있다. 배임죄는 자금을 직접 횡령하지 않았더라도, 대표이사가 자신의 지위를 이용하여 회사의 이익을 해하고 본인 또는 제3자의 이익을 도모한 경우 성립한다. 대법원은 대표이사가 주주들에게 법인의 가지급금을 지급함에 따라 가지급금에 대한 인정이자를 계산하여 익금에 산입하여야 함에도 불구하고, 주주들로부터 인정이자를 회수하지 아니하고 회수한 것처럼 회계서류를 조작한 경우 업무상 배임죄가 성립한다고 판단하였다(대법원 2003도4890, 2005.9.29.).

따라서 불가피하게 가지급금이 발생하는 경우에는 반드시 상법상 절차를 준수하여 이사회 결의를 거치고, 이자율과 변제기한 등에 관한 약정서를 명확히 작성하여야 하며, 가지급금에 대한 인정이자 익금산입 등 세무상 절차를 성실히 이행하는 것이 대표이사의 법률적 책임을 예방하는 것이 중요하다.

▶ 업무관련성에 따른 세법상 불이익

법인이 가지급금을 해결해야 하는 보다 직접적인 이유는, 가지급금을 보유하는 기간 동안 세법상 불이익이 지속적으로 적용되기 때문이다.

세법은 특수관계자에게 지급된 가지급금을 업무관련 가지급금과 업무무관 가지급금으로 구분하여, 그 성격에 따라 서로 다른 세법상 불이익을 적용하고 있다. 실무에서는 업무와 관련된 가지급금의 경우 특별한 불이익이 없다고 오해하는 경우가 종종 있으나, 업무관련 가지급금 역시 해당 금액에 대한 인정이자 상당액을 익금에 산입해야 하는 불이익이 발생한다는 점에 유의해야 한다.

특히 법인이 보유한 가지급금이 법인의 목적사업이나 정상적인 영업활동과 직접적인 관련이 없다고 판단되는 경우에는, 이를 업무무관 가지급금으로 보아 보다 강한 세법상 제재가 적용된다. 이 경우 법인은 가지급금에 대한 인정이자를 익금에 산입해야 할 뿐만 아니라, 지급한 이자 중 가지급금에 상당하는 부분에 대해서는 손금으로 인정받을 수 없다. 더 나아가 해당 가지급금 채권에 대하여 대손충당금을 설정하거나 대손금으로 손금산입하는 것도 허용되지 않으며, 설령 가지급금 채권을 처분하여 손실이 발생하더라도 그 손실 역시 손금으로 처리할 수 없다.

최근 대법원은 가지급금에 대한 인정이자 제도와 지급이자 손금불산입 제도는 그 입법 목적과 기능을 달리하는 별개의 제도에 해당하므로, 이를 동시에 적용하더라도 이중과세에 해당한다고 볼 수 없다는 점을 명확히 하였다(대법원 2025두34068, 2025.9.25.). 이는 가지급금에 대한 과세가 단순 이중과세가 아니라, 자금의 비정상적인 사외 유출을 억제하고 법인의 건전한 자금 운용을 유도하기 위한 제도적 장치임을 재확인한 판시로 평가할 수 있다.

법인과 개인에게 세금을 납부하게 하는 인정이자

법인이 특수관계자에게 자금을 대여하거나 회수되지 않은 가지급금을 보유하는 경우, 세법은 이를 단순한 자금 거래로 보지 않고 정상적인 이자수익과 소득 분여가 발생한 것으로 간주하여 과세하고 있다. 특히 가지급금에 대한 인정이자는 법인세뿐만 아니라 개인의 소득세 부담으로까지 이어질 수 있어, 그 계산 방식과 소득처분 구조를 정확히 이해하지 못할 경우 중대한 세무 리스크를 초래할 수 있다.

▶▶ 인정이자 익금산입 → 법인세

세법은 회수되지 아니한 가지급금에 대하여, 해당 가지급금이 존재한 기간 동안 이자수익이 발생한 것으로 간주하여 인정이자를 계산하고, 이를 법인의 익금에 산입함으로써 법인세를 부과하고 있다.

인정이자 계산 방법
인정이자 = (가지급금의 적수 − 가수금의 적수) × 인정이자율 × 1/365[주]

[주] 윤년의 경우 1/366로 한다.

인정이자는 매일의 가지급금 잔액을 합산한 적수(積數)에 인정이자율을 곱한 후, 연간 사용일수에 따라 안분하여 산정한다. 인정이자율은 원칙적으로 가중평균차입이자율을 적용한다. 다만, 다음의 경우에는 당좌대출이자율을 적용한다.

① 가중평균차입이자율의 적용이 불가능한 경우로서 특수관계인이 아닌 자로부터 차입한 금액이 없는 경우, 차입금 전액이 채권자가 불분명한 사채 또는 매입자가 불분명한 채권·증권의 발행으로 조달된 경우, 가중평균차입이자율이 없는 것으로 보는 경우
② 대여기간이 5년을 초과하는 대여금이 있는 경우 등 대여한 날(계약을 갱신한 경우 갱신일)부터 해당 사업연도 종료일(해당 사업연도에 상환하는 경우 상환일)까지의 기간이 5년을 초과하는 대여금이 있는 경우
③ 과세표준 신고와 함께 당좌대출 이자율을 시가로 선택하는 경우 당좌대출 이자율을 시가로 하여 선택한 사업연도와 이후 2개 사업연도는 당좌대출이자율을 시가로 함.

한편, 법인이 당좌대출이자율을 시가로 선택한 경우에는 선택한 과세연도를 포함하여 3개 과세연도 동안 계속 적용해야 하므로, 인정이자율의 선택에 있어 신중한 판단이 필요하다.

이 때 약정된 이자수입과 세법상 계산된 인정이자 간에 차이가 있는 경우, 그 차액은 익금에 산입되어 법인세 과세대상이 된다.

▶▶ 인정이자 또는 가지급금 소득처분

익금에 산입된 인정이자 상당액은 법인으로부터 자금을 차입한 자가

임·직원인 경우 법인이 임·직원에게 이익을 분여한 것으로 보아 상여로 소득처분하고 근로소득세가 과세된다. 반면, 임원이나 직원에 해당하지 않는 주주가 법인의 자금을 차입한 경우에는, 법인이 주주에게 이익을 분여한 것으로 보아 배당으로 소득처분하고 배당소득세를 부과한다.

한편 귀속자가 주주 또는 임·직원이 아닌 기타 특수관계자인 경우에는 기타소득으로 소득처분고 기타소득세를 부과하며, 귀속자의 사업과 관련된 경우에는 기타사외유출로 소득처분한다.

이렇듯 가지급금은 인정이자를 익금에 산입함으로써 법인세 부담을 발생시키는 데 그치지 않는다. 법인으로부터 자금을 유출한 개인인 임·직원 또는 주주에게도 해당 금액이 상여 또는 배당으로 소득처분되어 소득세가 추가로 과세되므로, 가지급금을 보유함으로써 감수해야 하는 세무상 불이익은 매우 크다.

특히 주의할 점은 장기간 회수되지 않은 업무무관 가지급금의 경우 인정이자만 소득처분 되는 데 그치지 않고, 특수관계 소멸에 따라 환수되지 않은 가지급금 전액에 대해서 상여나 배당 등으로 소득처분 되어 감당할 수 없는 세금폭탄으로 이어진다는 것이다.

가지급금 관련 지급이자 손금불산입

일반적으로 법인이 사업과 관련하여 자금을 차입하고 그 차입금에 대한 이자를 지급한 경우, 해당 이자비용은 손금에 산입되어 법인세 과세표준에서 차감됨으로써 법인세 부담을 경감하는 역할을 한다.

그러나 업무와 무관한 부동산·동산 또는 업무무관 가지급금과 관련하여 발생한 차입금의 이자비용은 손금으로 인정되지 않는다. 따라서 실제로 이자 지급이 이루어졌더라도 손금불산입 대상이 되며, 그 결과 법인세 절감 효과를 기대할 수 없게 된다.

▶▶ 업무무관 가지급금 지급이자 손금불산입

지급이자 손금불산입 대상인 업무무관 가지급금과 관련된 지급이자를 산정하기 위해서는, 총 차입금과 업무무관 자산(부동산·동산·업무무관 가지급금)의 잔액을 기준으로 보유기간을 반영한 적수 방식을 적용한다.

지급이자 손금불산입

지급이자 손금불산입액

$$= \text{지급이자} \times \frac{\text{업무무관 (부동산 + 동산 + 가지급금) 적수}}{\text{총 차입금 적수}}$$

※ 적수란 차입금, 부동산, 동산 등의 매일 잔액을 1회계기간 동안 모두 합한 금액으로 한다.

차입금과 지급이자는 원칙적으로 사업연도 개시일부터 종료일까지의 금액을 기준으로 계산하며, 지급이자 손금불산입 규정을 적용할 때 말하는 '차입금'이란 명칭 여하를 불문하고 지급이자 또는 할인료를 부담하는 모든 부채를 의미한다.

다만, 다음과 같은 항목은 차입금의 범위에 포함되거나 제외되므로 구분에 유의해야 한다. 상품, 제품 등을 매출하고 받은 상업어음을 할인한 경우의 할인어음은 차입금으로 보지 아니하고, 금융리스에 의한 리스료 중 유효이자율법에 따라 계산한 이자상당액을 제외한 금액(상환액은 제외한다)은 차입금에 포함한다. 또한 일부 수수료 성격의 금액은 제외한다.

지급이자에 포함되는 것	지급이자에 포함되지 않는 것
① 금융어음 할인료	① 상업어음을 할인액(기업회계기준에 따라 매각거래로 보는 경우)
② 미지급이자	② 선급이자
③ 금융리스료 중 이자상당액	③ 현재가치할인차금 상각액
④ 사채할인발행차금 상각액	

지급이자에 포함되는 것	지급이자에 포함되지 않는 것
⑤ 전환사채의 만기보유자에게 지급하는 상환할증금 ⑥ 회생계획인가결정에 의해 면제받은 미지급이자	④ 연지급수입에 있어서 취득가액과 구분하여 지급이자로 계상한 금액 (Banker's Usance 이자 등) ⑤ 지급보증료·신용보증료·지급수수료 ⑥ 금융기관의 차입금을 조기 상환하는 경우 지급하는 조기상환수수료

▶▶ 업무무관 가지급금 보유기간에 따른 이자상당액 손금불산입

유의해야 할 점은, 사업연도 중 업무무관 가지급금을 보유했던 기간에 해당하는 지급이자 상당액은 손금으로 인정받을 수 없다는 것이다. 즉, 사업연도 말에 업무무관 가지급금을 모두 상환하여 재무제표상 잔액이 남아 있지 않더라도, 해당 사업연도 중 보유했던 기간 동안 발생한 지급이자 상당액은 손금불산입 대상이 된다.

반면, 업무관련 가지급금의 경우에는 해당 가지급금과 관련한 지급이자 상당액에 대하여 이자비용으로 손금 인정된다는 점에서 업무무관 가지급금과 명확한 차이가 있다.

따라서 불가피하게 가지급금이 발생한 경우라 하더라도, 해당 자금이 법인의 목적사업이나 정상적인 영업활동과 관련된 것임을 객관적인 자료를 통해 명확히 입증함으로써, 지급이자 손금불산입 등 세법상 불이익을 최소화해야 한다.

회수 불가능한 가지급금이라도 대손처리 불가능

세법에서는 외상매출금·대여금·선급금 등과 같은 채권에 대하여 장래 회수가 곤란할 것으로 예상되는 금액을 미리 반영할 수 있도록, 일정 한도 내에서 대손충당금 설정액을 손금으로 인정하고 있다. 또한, 일정한 요건을 충족하여 해당 채권이 회수 불가능하다고 인정되는 경우에는, 실제로 대손처리를 할 때 그 금액을 대손금으로 손금산입할 수 있도록 규정하고 있다.

▶ 세법상 대손으로 인정되는 사유

기업이 보유한 채권 중 객관적으로 회수가 불가능하다고 인정되는 경우에는, 그 손실을 세법상 일정 요건 하에 손금으로 인정한다. 대손으로 인정되는 사유에는 채무자의 파산이나 강제집행, 사망·실종과 같은 법률상 사유뿐만 아니라, 장기간 회수가 이루어지지 않은 채권 등 실질적으로 회수가 불가능한 경우도 포함된다.

이러한 대손 규정은 기업의 회계상 손실을 세법상으로도 합리적으로 반영하기 위한 장치라 할 수 있다. 다만, 업무무관 가지급금은 이러한 대손 규정의 적용 대상에서 예외적으로 제외된다는 점에 주의가 필요하다.

세법상 대손으로 인정되는 주요 사유는 다음과 같다.

대손으로 인정되는 사유

- 채무자의 파산·강제집행·사망·실종 등으로 회수가 불가능한 채권
- 부도발생일로부터 6개월이 지난 수표·어음상의 채권·외상매출금
- 회수기일이 6개월 이상 경과한 30만 원 이하의 소액채권
- 회수기일이 2년 이상 경과한 중소기업의 외상매출금·미수금
- 법원의 결정에 따라 회수불능이 확정된 채무자의 파산·회생
- 상법·어음법·수표법·민법상 소멸시효 완성
- 기타 법에서 정한 사유 등

▶▶ 업무무관 가지급금 채권은 대손금 불인정

그러나 업무무관 가지급금의 경우에는, 장래 회수가 불가능할 것으로 예상되거나 실제로 회수가 불가능하게 확정되었다 하더라도, 해당 가지급금 전액을 비용으로 인정받을 수 없다. 즉, 앞서 열거한 법정 대손사유에 해당하더라도, 업무무관 가지급금은 대손충당금 설정이나 대손처리를 통한 손금산입이 허용되지 않는다.

반면, 업무관련 가지급금의 경우에는 인정이자 익금산입이라는 세법상 불이익이 존재하더라도, 법정 대손사유가 발생하면 해당 채권을 대손처리하여 대손금으로 손금산입할 수 있다. 즉, 업무와 관련하여 발생한 가지급금은 세법에서 정한 대손 요건을 충족하는 경우, 그 금액을 비용으로 인정받아 재무제표상에서 제거할 수 있는 여지가 존재한다.

따라서 현재 법인의 재무제표상에 법정 대손사유가 충족된 업무관련 가지급금이 존재한다면, 이를 대손처리 함으로써 가지급금을 정리하고, 향후에는 해당 가지급금에 대해 더 이상 인정이자를 익금산입 할 필요가 없게 된다. 이는 가지급금 문제를 해결할 수 있는 실무상 하나의 중요한 대안이 될 수 있다.

비용처리가 불가능한 가지급금 처분손실

법인이 보유하던 외상매출금·대여금·선급금 등과 같은 채권을 제3자에게 양도하거나 매각하는 경우, 회계상 장부가액보다 낮은 금액으로 처분하면 그 차액만큼 채권처분손실이 발생한다. 일반적으로 이러한 채권이 법인의 목적사업이나 정상적인 영업활동과 관련된 자산이고, 시가에 따라 실질적인 거래로 처분이 이루어진 경우에는 해당 처분손실을 법인의 비용으로 인정한다.

▶▶ 업무무관 가지급금 자산 처분손실 불인정

그러나 업무무관 가지급금의 경우에는 사정이 다르다. 업무무관 가지급금 채권을 제3자에게 양도하거나 실질적으로 처분하여 손실이 확정되었다 하더라도, 세법은 이를 법인의 정상적인 사업 활동과 무관한 자금 유출로 보아 채권처분손실을 손금으로 인정하지 않는다. 즉, 업무무관 가지급금의 처분에서 발생한 처분손실은 법인의 소득금액 계산상 비용으로 처리할 수 없다.

이러한 규정은 업무와 무관한 자금 사용을 억제하고, 특수관계자를 통한 조세회피를 방지하기 위한 취지에서 마련된 것으로, 실제로 경제적 손실이 발생하였더라도 법인은 그 손실을 세무상 비용으로 인정받지 못하는 불이익을 감수해야 한다는 점에 유의하여야 한다.

　반면, 업무관련 가지급금의 경우에는 해당 채권을 시가에 따라 실질적인 거래로 처분한다면 그로 인해 발생한 처분손실을 법인의 비용으로 인정한다. 따라서 가지급금의 정리 방안을 검토함에 있어서 업무관련 가지급금의 회수가능성 여부, 처분손실에 따른 법인세 효과 등을 살펴 적정하게 처분하는 것도 살펴보아야 한다.

PART 2

법인전환과 가지급금

Chapter 7. 가지급금의 유혹, 법인전환으로 절세?

가지급금의 유혹,
법인전환으로 절세?

개인사업자와 법인사업자 중 어떤 것이 유리할까?

Q

**개인사업자와 법인사업자는 세금 부담에 차이가 있는데,
법인전환 하는 것이 유리할까요?**

저는 서울에서 작은 제조업체를 운영하고 있는 고민중입니다. 개인사업자로 10년째 사업을 하면서 매년 5월이 되면 세무사무실에서 종합소득세 납부서를 받아 들고 세금을 내는 게 제 일상이 됐습니다. 그런데 옆 사무실에서 법인으로 사업을 운영하고 있는 한훈수 사장님은 5월이 되어도 세금 이야기를 거의 하지 않더라고요.

사업 규모도 비슷하고, 생활수준도 비슷한데 저만 세금을 더 많이 내는 것 같아 궁금증이 생겼습니다. 그래서 어느 날 한사장님을 막걸리 한잔에 초대해 물어봤습니다. 제가 지난해 2억 원의 사업소득에 대해 5천만 원이 넘는 종합소득세를 냈다고 하자, 한사장님은 "법인은 법인세율이 2억 원까지 10%, 초과분은 20%라서 같은 이익이면 약 2,000만 원 정도만 낸다"고 하시더군요.

그리고 이어서 "개인사업자는 소득이 늘수록 세율이 급격히 올라가는 초과누진세 구조지만, 법인은 일정 세율이 적용되기 때문에 세금 부담 증가 폭이 훨

씬 완만하다"고 설명해 주셨습니다. 저는 깜짝 놀랐습니다. 같은 돈을 벌고도 세금 차이가 이렇게 크다니요. 이익이 늘어날수록 세금 부담이 기하급수적으로 커지는 개인사업의 구조가 부담스럽게 느껴졌습니다.

그날 이후 저는 개인사업자와 법인사업자의 세금 구조의 차이를 똑똑히 깨달 았습니다. 복잡하게 따질 것도 없었습니다. 같은 이익을 내고도 세금 부담이 이 렇게 크다면 개인사업자로 계속 버티는 건 손해라고 생각했죠.

그래서 깊이 고민하거나 특별한 계획을 세우지도 않고, 그저 세금을 조금이 라도 줄여보자는 생각에 ㈜일단실업이라는 이름의 법인으로 전환하게 되었습 니다. 그러나 막상 법인을 설립한 후 세무사님과 상담해 보니 자금인출 시 근로 소득세를 부담해야 한다는 사실을 알게 되었습니다. 개인사업자 시절 종합소득 세에 비해 법인세는 크지 않지만 근로소득세를 추가로 부담하니 개인사업자일 때와 세금차이가 별반 크지 않은 것처럼 느껴집니다. 개인사업자 대비 법인사 업자가 세금 부담이 적은 것 같아 법인전환을 하게 되었는데, 법인전환이 과연 유리한 판단일까요?

▶ 개인사업자와 법인사업자의 세금부담 차이

사례에서 고민중 사장은 개인사업자의 세금 부담이 법인사업자에 비 해 불리하다고 판단하여 별다른 계획 없이 법인으로 전환하기로 결정 했다. 그렇다면 고민중 사장이 이러한 결정을 내린 이유가 과연 타당한 것인지, 실제로 개인사업자와 법인사업자 간의 세금 차이를 통해 확인해 볼 필요가 있다.

개인사업자는 '종합소득세'를 납부하며, 이 세금은 6%에서 최고 45%까지 적용되는 초과누진세율 구조를 따른다. 즉, 소득이 많아질수록 세율이 급격히 상승하기 때문에 사업이 성장할수록 세금 부담이 커진다. 반면 법인사업자는 '법인세'를 납부하는데, 2억 원 이하 10%, 초과분 20%의 비교적 완만한 세율이 적용된다. 따라서 같은 금액의 이익이라도 법인이 내는 세금이 개인보다 훨씬 적으며, 이익이 커질수록 그 차이는 더 커지게 된다. 이러한 이유로 많은 개인사업자들이 세금 절감의 목적만으로도 법인전환을 고려하게 된다.

사례에서의 개인사업자 고사장과 법인사업자 한사장의 세금 부담을 비교해 보면 다음과 같다.

개인사업자와 법인사업자의 세금 차이

구분	개인사업자 (고사장)	법인사업자 (한사장)
과세방식	종합소득세	법인세
적용세율	6 ~ 45% 초과누진세율	2억 원 이하 10%, 2억 원 초과 20%
2억 원 이익 시 세액	5,600만 원	2,000만 원

※ 세금을 계산함에 있어 백만 원 단위 아래와 각종 소득공제 또는 세액공제감면은 중요성의 원칙에 입각하여 생략하기로 한다.

개인사업자에게 적용되는 종합소득세는 최저 6%에서 최고 45%까지 총 8단계의 초과누진세율 구조를 가지고 있다. 소득이 2억 원인 경우에는 적용세율이 38%이며, 누진공제액은 약 2천만 원이다. 종합소득세는 소득 구간별 세율을 나누어 합산하는 방식으로 계산되지만, 실무에서는 일반적으로 총 이익에 최고세율을 곱한 뒤 누진공제를 차감하는 방식으로 간단히 산출한다. 고사장의 사례의 경우, 2억 원에 38%를 적용하면 약 7,600만 원이 되고, 여기에 누진공제 약 2천만 원을 빼면 실제 세금 부담은 약 5,600만 원이 된다.

개인사업자 세금	법인사업자 세금
5,600만 원 (= 2억 원 × 38% – 2,000만 원)	2,000만 원 (= 2억 원 × 10%)

　개인사업자의 경우 소득이 증가하면 추가로 발생한 이익에 대해서도 높은 세율이 적용되는 초과누진세 구조 때문에 세금 부담이 빠르게 커진다. 예를 들어, 이익이 2억 원에서 3억 원으로 1억 원 증가할 경우, 그 추가 이익에 대해 38%의 세율이 적용되어 약 3,800만 원의 세금이 더 늘어나게 된다. 반면 법인은 2억 원까지 10%, 초과분은 20%의 세율이 적용되기 때문에 동일한 1억 원 증가분에 대해 약 2,000만 원 정도만 세금이 늘어난다. 이처럼 개인사업자는 소득이 증가할수록 세부담이 가파르게 늘어나지만, 법인은 상대적으로 세율 증가 폭이 완만해 부담이 적다. 이러한 세율 구조의 차이로 인해 사례 속 고사장의 경우처럼 많은 개인사업자들이 일정 소득 수준을 넘어서면 법인전환을 고려하는 경우가 생겨나는 것이다.

<h3 style="text-align:center">개인사업자 종합소득세 세율</h3>

개인의 과세표준	종합소득세 세율	누진공제
1,400만 원 이하	6%	–
5,000만 원 이하	15%	1,260,000원
8,800만 원 이하	24%	5,760,000원
1.5억 원 이하	35%	15,440,000원
3억 원 이하	38%	19,940,000원
5억 원 이하	40%	25,940,000원
10억 원 이하	42%	35,940,000원
10억 원 초과	45%	65,940,000원

▶ 법인설립 후 법인세와 근로소득세 계산

고사장은 세금 부담을 줄이겠다는 생각 하나로 과감히 개인사업을 정리하고, 주식회사 일단실업이라는 법인을 설립해 다시 사업을 시작했다. 하지만 법인전환 직후 고사장이 가장 먼저 부딪힌 현실은 '세율'이 아니라 '자금 운용의 제약'이었다. 개인사업자로 활동할 때 고사장이 자신의 명의로 된 사업용 계좌를 통해 자유롭게 자금을 입·출금하며, 사업 자금과 생활비를 엄격히 구분하지 않아도 큰 문제가 없었다. 그러나 법인은 달랐다. 대표자라 하더라도 법인 자금을 개인적 용도로 임의 인출할 수 없으며, 정해진 급여를 수령하는 방식 외에는 자금 운용에 제약이 생긴다는 세무사의 조언을 받게 된 것이다.

고사장이 법인전환을 결심했던 핵심 요인은 개인사업자와 법인사업자 간의 명목상 세율 차이였다. 그러나 자금을 인출하는 과정에서 대표자 개인에게 근로소득세가 부과된다는 점을 간과했던 것이다. 다시 말해, 고사장은 법인의 낮은 법인세율만을 보고 결정을 내렸을 뿐, 법인에서 자금을 실제로 대표자가 사용하는 과정에서 발생하는 세부담 구조까지는 충분히 고려하지 않았다. 이 지점이 바로 많은 개인사업자들이 법인전환을 결정할 때 놓치기 쉬운 핵심 포인트이기도 하다.

만일 고사장이 대표이사로서 연봉을 2억 원으로 책정했다고 가정해 본다면, 이 경우 급여는 법인의 비용으로 처리되어 법인세 과세표준을 줄일 수 있다. 예컨대 법인의 영업이익이 2억 원이고, 대표자 급여를 2억 원으로 설정한다면 법인의 과세표준은 0원이 되어 법인세는 부담하지 않게 된다. 그러나 문제는 그다음 단계이다. 대표자 개인에게 지급되는 급여 2억 원에 대해서는 근로소득세 약 4,900만 원이 부과되기 때문이다.

총급여 2억 원에 대한 근로소득세

① 총급여 2억 원 – 근로소득공제* 약 1.7천만 원
   = 근로소득금액 약 1.83억 원

② 근로소득금액 약 1.83억 원 × 세율 38% – 누진공제 약 2천만 원
   = 산출세액 약 4.9천만 원

* 근로소득공제

총급여액	근로소득공제 (공제한도 2,000만 원)
500만 원 이하	총급여액 × 70%
500만 원 초과 ~ 1,500만 원 이하	350만 원 + (500만 원 초과분 × 40%)
1,500만 원 초과 ~ 4,500만 원 이하	750만 원 + (1,500만 원 초과분 × 15%)
4,500만 원 이하 ~ 1억 원 이하	1,200만 원 + (4,500만 원 초과분 × 5%)
1억 원 초과	1,475만 원 + (1억 원 초과분 × 2%)

결과적으로 법인세는 줄었지만, 개인의 근로소득세 부담이 발생해 전체적인 세금 절감 효과는 크지 않았다. 실제로 개인사업자로 있을 때와 비교해 세금 차이는 약 700만 원에 불과했다. 더구나 개인사업자 시절에는 자유롭게 자금을 인출할 수 있었던 반면, 법인에서는 대표자 급여 외의 자금인출이 불가능해 자금 운용 측면에서도 불편함이 커졌다.

개인사업자 세금	법인전환 후 근로소득자 세금
5,600만 원 (= 2억 원 × 38% − 2,000만 원)	4,900만 원 (= 1.83억 원* × 38% − 2,000만 원)

* 총급여 2억 원에서 근로소득공제 약 1.7천만 원을 차감한 후의 금액

이처럼 법인전환 이후에는 법인세 절감 효과와 함께 대표자의 근로소득세 부담이 새롭게 발생하고, 자금 사용 방식에도 제약이 생기기 때문에 단순히 세율만 비교해 유불리를 판단하는 것은 위험할 수 있다. 고사장의 경우처럼 세금만을 이유로 법인전환을 결정할 경우, 기대했던 만큼의 실질 절세 효과를 얻지 못하고 오히려 자금 운영에 불편함이 생길 수 있기 때문이다.

key point !

개인사업자의 법인전환

■ 개인사업자 vs 법인사업자, 세율만으로 판단해도 될까?

개인사업자의 종합소득세율은 최저 6%에서 최고 45%까지 8단계 초과 누진세율구조이고, 법인사업자의 법인세율은 10~25%까 4단계 초과 누진구조이다. 다만, 법인의 경우 그 적용에 있어 2억 원까지 10%이고 2억 원 초과에서 200억 원 이하까지는 20%이기 때문에 그 적용 범위가 상당히 넓어 대부분의 법인은 최대 20% 세율을 적용받게 된다.

그러다 보니 단순히 세율만을 비교해 보면 개인사업자 입장에서 6~45% 세율을 적용받는 것보다는 법인의 10~20%를 적용받는 것이 유리하게 느껴질 수 있다. 그러나 개인사업자와 법인사업자는 사업장 운영 및 책임의 범위 등에 차이가 있어 반드시 법인사업자가 유리한 것은 아니니 단순히 세율만으로 법인전환을 결정하는 것에는 주의가 필요하다.

■ 개인사업자와 법인의 결정적 차이, '자금 인출 방식'

 개인사업자와 법인사업자는 그 운영에 있어 사업주의 자금인출 방식에 가장 큰 차이가 있다. 개인사업자는 순이익이 모두 대표자에게 귀속되므로 자금인출에 제한을 받지 않는다. 그러나 법인의 경우 순이익은 법인에게 귀속되므로 대표이사라 하더라도 자금을 인출할 경우 근로제공에 따르는 급여로 인출해야 한다. 다만, 법인의 대표이사가 근로제공의 대가로 지급받은 근로소득은 법인의 비용으로 인정되어 법인세를 줄일 수 있다.

따라서 개인사업자가 세부담을 이유로 법인전환을 고려할 경우 단순히
종합소득세 vs 법인세만을 비교할 것이 아니라 법인에서의 자금인출에
따르는 실질적 세부담(근로소득세 + 법인세)에 대해서 염두에 두어야
한다.

임·직원이 법인에서 자금을 빌리면 가지급금!

Q

법인에서 자금을 빌려 써도 될까요?

최근 개인사업을 접고 법인을 설립한 고민중입니다. 개인사업자로 있을 때는 이익이 나면 그 안에서 세금을 내고 나머지는 제 돈처럼 자유롭게 쓸 수 있었는데, 법인으로 전환하고 나니 상황이 많이 달라졌습니다. 세무사님 말로는 법인 자금을 대표자가 마음대로 쓸 수 없고, 급여 형태로 받거나 정해진 절차를 거쳐야 한다고 합니다.

그래서 급여를 올려서 생활비를 충당해 보려 했는데, 연봉 2억 원을 책정하자 근로소득세만 4,900만 원이 나왔습니다. 개인사업자로 있을 때 사업소득세가 5,600만 원 정도였으니 세금 차이가 고작 700만 원에 불과합니다. 그럼 굳이 법인으로 바꾼 의미가 없는 것 아닐까 하는 생각도 들었습니다.

법인전환에 조언을 해주었던 옆 사무실 한사장 말로는 급여 대신 법인 자금을 빌려서 쓰는 방법도 있다고 하는데, 법인에서 자금을 빌려 써도 되는 걸까요?

▶ 법인전환에 대한 절세의 오해

고사장이 법인으로 전환한 이유는 단순했다. 바로 개인사업자 시절에 부담하던 사업소득세를 줄이기 위함이다. 그러나 그가 세금 차이를 계산한 방식에는 중요한 착오가 있었다. 고사장은 최초 법인전환을 검토하면서 종합소득세와 법인세만을 단순히 비교하였다. 그러나 애초에 올바른 비교 대상은 개인사업자의 종합소득세와 법인사업자의 실질적인 세부담에 해당하는 '법인세 + 근로소득세'이다.

개인사업자는 본질적으로 '사업주 급여'라는 개념이 존재하지 않아 사업소득 전부가 종합소득세 과세대상이 되는 반면 법인의 경우 대표자에게 지급하는 급여는 법인의 비용으로 처리되어 법인세 부담을 줄이는 효과가 있다. 다만, 이 대표자 급여는 대표자 개인에게는 근로소득으로 귀속되어 근로소득세를 부담하게 된다. 이 점을 간과한 것이 고사장의 첫 번째 오해였다. 결국 고사장이 처음 생각했던 "법인으로 전환하면 세금을 크게 줄일 수 있다"는 계산은, 급여와 자금 운용 구조를 충분히 고려하지 않은 단순한 기대에 불과했던 셈이다.

▶ 법인 자금의 대여, 가지급금이라는 선택

주로 가지급금은 법인사업을 영위하는 대주주 또는 대표이사가 회사 자금을 가져갈 때, 배당이나 급여(또는 상여)로 가져가게 되면 개인의 종합소득세 부담이 늘어나기 때문에 이를 피하려고 법인으로부터 자금을 대여한 것으로 회계처리할 때 발생한다.

애초부터 개인사업을 했다면 개인사업으로 얻은 소득에 세금을 내고 남은 자금을 쓰는 것은 자유로운 일이고 그렇게 쓰는 돈에는 세금이 없다. 그러나 개인사업으로 얻은 소득에 대한 종합소득세를 계산할 때 세율이 6~45%까지로 세부담이 크다. 반면 법인사업으로 얻은 소득에 대한 법인세를 계산할 때 세율은 10~25%까지로 당장의 세부담이 종합소득세에 비해서 낮다.

그러나 법인으로부터 대주주 또는 대표이사가 배당이나 급여(또는 상여)로 가져갈 때 6~45%까지 추가적인 종합소득세를 내야 하니, 배당이나 급여(또는 상여)보다는 법인 자금의 대여, 즉 가지급금으로 가져가는 관행이 생긴 것이다.

고사장이 법인전환을 통해 세금을 잠시라도 줄이려면 대표자 급여 대신 '가지급금'이라는 방법을 선택할 수 있다. 그러나 가지급금은 언젠가는 법인에 갚아야 할 채무이며, 특수관계가 소멸할 때까지 변제하지 아니하면 한꺼번에 상여처분되어 세금폭탄으로 돌아온다.

▶▶ 법인을 이용한 큰 틀의 절세

법인전환은 종합소득세와 법인세의 차액 상당액을 이득 보려는 수단이 되지 못한다. 법인을 이용한 큰 틀의 절세는 가족이 주주가 되는 법인을 구성하여 지분 배분을 통해 상속세 및 증여세 문제를 선제적으로 해결함과 동시에 주주 배당을 통한 자금 확보로 달성할 수 있다.

▶ 법인전환에 따른 영업권 양도

다만 법인을 하나의 자산으로 보려면 개인이 보유한 자산이 상당히 필요하다. 법인으로부터 자금을 인출하지 않아도 될 정도의 상황이 되어야 한다는 의미다. 개인 자산을 보유하는 방법 중 하나는 법인전환 시 개인사업의 영업권을 평가하여 법인에게 매각하고 영업권 매각대금을 가져오는 것이다. 이때 개인사업의 영업권 매각에 대해서 매각금액의 40%를 개인사업자의 기타소득금액으로 보는바 일시적인 세부담이 있다는 점은 고려해야 한다.

그리고 개인사업을 법인으로 전환하는 적정 시기는 개인사업의 영업권이 가장 많이 산출되는 상황, 즉 과거 3년간의 수익이 최대가 될 때이다. 그러나 아쉬운 것은 이런 이론적 배경이 없이 개인사업의 세금이 커지면 바로 법인전환하여 영업권도 거의 나오지 않고, 대표자 1인 주주로 법인전환함으로써 가족법인을 구성할 기회도 놓쳐버린다는 것이다.

▶ 기업의 영속성 보장과 가업상속공제

법인기업이 주주의 집단경영 체재라는 측면에서 영속성을 보장하기 쉬워 법인을 선호하기도 한다. 또한 개인기업과는 달리 주식거래가 되기도 하는데 상장이나 M&A를 통해 기업이 거래될 수 있다는 점도 장점이다.

기업의 영속성 보장은 가업상속공제와도 관련이 있는데 우리나라는 법인기업에 한하여 가업상속공제를 허용하는 일본과는 달리, 개인기업도 가업상속공제 대상이므로 법인사업이 개인사업보다 더 유리하다고 특정하기는 곤란하다. 다만 가업증여는 법인사업에 한해서만 인정되므로 이 점은 법인사업이 유리하다.

▶▶ 가족 주주를 구성하고 정기배당을 통한 절세

법인전환 시 대표자 1인 주주를 고집하여 추후 지분의 상속 또는 증여 문제를 고민하느니 애초부터 가족으로 주주를 구성하여 법인의 이익을 지분만큼 공유하면 세금 측면에서 매우 유리하다.

또한 자금이 필요한 경우에는 적절히 정기배당함으로써 법인의 현금성 자산을 인출하는 것도 방법이다. 가업상속공제에 있어서도 법인의 현금성 자산은 가업상속공제 대상이 아니기 때문에 가업상속을 고민하는 것보다 가족법인을 구성하는 것이 절세적 측면에서 더 우월할 수 있다.

▶▶ 법인을 통한 합법적 경비지출

법인기업을 운영하는 경우 차량유지, 보험, 접대, 복리후생 모두 개인적 지출이 아닌 법인을 통한 지출로 처리함으로써 합법적 경비지출을 통해 절세할 수도 있다. 그러나 교육이나 의료와 같은 개인경비를 법인을 통해 지출하여 탈세하는 문제가 있는데, 법인을 통한 영속성을 고려할 때 탈세 상담이나 공격적 조세회피는 가장 큰 문제가 된다. 특히 법인의 탈세 이력이 있는 경우 가업상속공제가 배제된다는 점에서 탈세를 가장 배척해야 한다.

개인사업자의 법인전환

■ 법인세만 보고 판단한 절세의 착각

법인전환을 고민할 때 가장 흔한 실수는 개인사업자의 종합소득세와 법인의 법인세를 단순 비교하는 것이다. 그러나 개인사업자에게는 '대표자 급여'라는 개념이 없으므로, 정확한 비교 대상은 개인사업자의 종합소득세 vs 법인의 법인세+근로소득세이다. 이 기본 전제를 놓치면, 법인전환의 절세 효과를 과대평가하게 된다.

■ 급여를 받지 않은 절세 효과는 가지급금이라는 대가를 부른다.

법인에서 급여를 받지 않으면 법인세 부담은 낮아질 수 있지만, 생활자금 문제는 결국 가지급금으로 이어지는 경우가 많다. 가지급금은 당장의 소득세를 피하게 해주는 대신, 인정이자·소득처분·추후 정산 부담이라는 세무 리스크를 남긴다. 결국 절세를 위해 선택한 구조가 더 복잡한 세금 문제를 불러오는 모순이 발생한다.

■ 법인전환의 본질은 '세율'이 아니라 '구조 설계'

법인은 개인사업자와 달리 법인 단계에서 법인세를 내고, 개인 단계에서 다시 소득세를 내는 이중과세 구조를 가진다. 급여를 높이면 근로소득세 부담이 커지고, 급여를 낮추면 가지급금 문제가 발생한다. 따라서 법인전환은 단순한 절세 수단이 아니라, 급여·배당·자금인출 구조까지 포함한 종합 설계의 문제다.

PART 3

가지급금에 뒤통수 맞은 사연

Chapter

8

———

가지급금에는 이자가 붙는다

가지급금을 따라다니는 인정이자

Q

**가지급금으로 법인 자금을 인출해 생활비로 사용하는 방식,
이대로 계속해도 괜찮은 걸까요?**

법인전환 후 가지급금을 활용해 세금을 줄여보려 했던 고민중입니다. 처음 법인을 설립할 때만 해도 급여를 받으면 근로소득세를 내야 하니, 차라리 급여는 받지 않고 이익이 생길 때마다 법인세 10~20%만 내고 법인 통장에서 생활비를 가지급금으로 인출하면 된다고 생각했습니다. 주변에서도 그렇게 하면 절세가 된다고 하더군요.

그렇게 3년이 넘는 시간 동안 별다른 문제없이 지내왔습니다. 그런데 올해 4년 차, 법인세 신고를 앞두고 세무사님에게 전화가 왔습니다. 장부를 정리해보니 그동안 제가 법인 통장에서 인출한 가지급금이 무려 8억 원에 달한다는 겁니다. 사실 자금대여계약서 같은 건 작성하지도 않았습니다. 그저 주변에서 급여나 상여로 가져가는 것보다 세금이 적다는 말만 믿고 생활비로 사용해왔을 뿐입니다.

가지급금으로 법인 자금을 인출해 생활비로 사용하는 방식, 이대로 계속해도 괜찮은 걸까요? 시간이 지나면 혹시 세금 문제가 생기지 않을까요?

▶ 가지급금 인정이자의 익금산입

법인세법은 법인이 특수관계자에게 가지급금을 대여한 경우에는 그 가지급금에 대해 이자를 받을 것을 요구하고 있다. 그래서 만일 이자를 법인세법이 정한 이자보다 적게 받거나 받지 않은 경우에는 그 차액을 법인의 소득금액 계산 시 익금산입(수익가산)하도록 규정하고 있다. 법인세법은 이를 '자금 대여의 부당행위계산부인', 이른바 '인정이자'라고 부른다.

이렇게 규정한 이유는 법인이 가지급금을 특수관계자에게 대여하지 않고 이를 금융기관에 예치한다면 그 예치금에 대한 이자소득이 발생하여 그만큼 법인의 소득이 증가할 것이고 이에 따라 법인세도 더 많이 내야 하므로, 금융기관에 예치한 경우와 형평을 맞춘다는 점에서 가지급금에 대한 이자만큼을 익금산입 한다고 볼 수 있다.

▶ 인정이자율 선택과 계산 방법

이러한 내용을 법인사업을 하는 분들은 꽤 알고 있고, 법인과 특수관계자 간 가지급금에 대해 원금과 이자의 상환기간 및 이자율의 약정이 없는 경우 인정이자 상당액을 특수관계자에게 상여 등으로 소득처분하는 규제도 있기 때문에 가지급금에 대해 금전소비대차계약에 관한 약정 등을 하기도 한다.

그런데 대부분의 경우, 법인의 대표이사 등 법인을 사실상 지배하는 자가 법인으로부터 가지급금을 대여해 가면서 법인세법이 정한 이자율보다 약정이자를 높게 쳐서 줄 리가 만무하다. 꽤 오랫동안 세무사 업을 하면서 고율의 이자를 쳐 준 사례는 거의 본 적이 없다.

그래서 통상적으로 법인과 가지급금을 차용한 특수관계자 간의 이자율은 법인세법이 정한 이자율을 따르게 되는데, 그 이자율을 '당좌대출이자율' 또는 '가중평균차입이자율'이라 하고 가지급금이 있는 법인은 2개의 이자율 중 하나를 선택할 수 있다. 이렇게 법인세법이 정한 이자율에 따른 이자를 '인정이자'라 하고, 당좌대출이자율과 가중평균차입이자율을 '인정이자율'이라고 표현한다.

인정이자율은 가지급금이 발생한 날을 기준으로 적용하게 되는데, 현행 당좌대출이자율은 법인세법이 4.6%로 규정하고 있고 세법이 바뀌면 변경되는 이자율이다. 따라서 당좌대출이자율로 이자약정을 하게 되면, 이자계산이 크게 복잡하지가 않다.

반면 가중평균차입이자율은 각 법인의 차입금 현황을 고려한 이자율로서, 가지급금 발생 시점에 법인이 보유한 각각의 차입금 잔액에 차입 당시의 각각의 이자율을 곱한 금액의 합계액을 해당 차입금 잔액의 총액으로 나눈 비율을 말한다.

가중평균차입이자율을 구하는 방법을 예로 들어 설명해 보면 다음과 같다.

어떤 법인이 대표이사에게 가지급금을 대여한 날을 기준으로 금융기관으로부터 빌린 차입금이 1억 원(이자율 3%)과 5천만 원(이자율 5%) 총 1.5억 원이 있다고 가정해 보자.

법인이 이렇게 금융기관으로부터 돈을 빌린 상태에서, 대표이사에게 가지급금을 빌려준다면 적어도 가지급금 이자율은 이 두 가지 차입금의 평균적인 이자율만큼은 받아야 이론적으로 형평에 맞을 것이다. 이 사례의 경우 3.667%가 된다.

$$= \frac{5.5백만\ 원\ (\ =\ 1억\ 원 \times 3\% + 5천만\ 원 \times 5\%,\ 차입금\ 잔액 \times 이자율)}{1.5억\ 원\ (\ =\ 차입금\ 잔액\ 계)}\quad 가중평균차입이자율\ (3.667\%)$$

이 가중평균차입이자율 수식이 어렵다면 '이자율이란 이자액을 차입금액으로 나눈 비율'이라는 점에 착안하면 좀 더 이해가 쉽지 않을까 생각해 본다.

▶ 인정이자 미적용 시 세무상 처리

어찌 되었든 결론은, 법인이 대표이사에게 가지급금을 대여하면서 당좌대출이자율 또는 가중평균차입이자율로 이자를 받기로 약정했거나, 이것보다 더 많이 받기로 했다면 이것은 부당한 행위계산이 아니니 문제될 것이 없다.

그러나 가지급금에 대한 이자를 인정이자율보다 적게 받거나 받지 않는 경우에는 부당한 행위계산되어 인정이자와 약정이자와의 차이를 법인의 소득금액 계산 시 익금산입하게 된다.

$$인정이자 = (가지급금의 적수 - 가수금의 적수) \times 인정이자율 \times 1/365^{(주)}$$

(주) 윤년의 경우 1/366로 한다.

즉, 사례와 같이 수년간 법인으로부터 가지급금을 빌려 간 경우로서 가지급금에 대해 금전소비대차계약에 관한 약정 등을 하지 않은 경우에도 세법은 법인이 마치 이자를 받은 것처럼 인정이자 상당액을 익금으로 보아 이미 법인세를 부과하고 있었다.

가지급금에 뒤통수 맞지 않기 위한

■ 가지급금은 쓰는 순간부터 '이자가 붙는 자금'

법인세법은 가지급금을 단순한 대여금으로 보지 않는다. 법인이 이 자금을 금융기관에 예치했다면 발생했을 이자소득을 기준으로, 가지급금에도 이자가 발생한 것으로 간주한다. 따라서 이자를 받지 않거나 적게 받은 경우에도 그 차액은 인정이자로 익금에 산입된다.

■ 이자를 안 받아도, 법인세는 반드시 낸다

가지급금에 대한 이자를 실제로 받지 않았다고 해서 세금이 없어지는 것은 아니다. 세법은 인정이자율에 따라 계산된 이자를 받은 것으로 보고, 그 금액을 익금에 산입해 법인세를 부과한다. 결국 가지급금을 방치하는 동안 법인은 매년 현금 유입 없는 세금을 부담하게 된다. 가지급금은 시간이 지날수록 세금 부담을 증가시키는 자금이다.

지금대여계약 약정에 따라
달라지는 가지급금

— **Q** —

**이자 지급 없이 미수이자 처리로 가지급금을 늘려 가는 방식,
어떤 세금 문제가 있을까요?**

저는 법인으로 사업을 운영한 지 4년째 되는 고민중입니다. 처음 법인을 설립할 때만 해도 대표자 급여를 받지 않고 가지급금으로 자금을 인출하는 것이 절세 방법이라고 들었습니다. 그래서 별다른 고민 없이 법인 통장에서 생활비를 빼 쓰기 시작했고, 어느덧 가지급금이 8억 원까지 불어나게 되었습니다.

문제는 올해 법인세 신고를 앞두고 세무사님에게 전화를 받았습니다. 세무사님은 그동안 제가 가지급금에 대해 자금대여계약서나 이자 약정을 전혀 체결하지 않았다는 점을 지적했습니다. 대표이사이자 1인 주주라고 해도 법인 자금을 빌려 쓰는 경우에는 반드시 법인과 자금대여계약을 체결하고, 이자를 약정해야 한다는 것입니다. 하지만 저는 "내 회삿돈인데 굳이 계약까지 해야 하나?"라는 생각으로 아무런 조치도 하지 않았습니다.

더 큰 문제는 이자입니다. 세무사님은 손익계산서를 보여주며, 제가 몰랐던 사이 매년 4.6%의 당좌대출이자율로 인정이자가 자동 반영되어 있었다는 사

실을 설명했습니다. 그 결과 실제로 이자를 낸 적이 없는데도 매년 수천만 원의 인정이자에 대해 법인세를 추가로 부담해 왔다는 겁니다. 그리고 그 인정이자를 1년 이상 미납할 경우, 세무서에서는 그 금액을 대표자의 근로소득으로 간주해 소득세를 과세할 수 있다는 세무 리스크가 있다고도 말씀하셨습니다.

자금대여계약도 없이 가지급금만 늘려온 지금 상황에서, 이자를 실제로 지급하지 않고 장부상 미수이자로만 처리하는 방식이 앞으로도 가능한 걸까요? 세무서에서 이걸 근로소득으로 본다면 어떤 세금 문제가 발생할 수 있을까요?

▶ 자금대여계약 없이 장부상 계상한 이자

고사장의 상황은 가지급금이 있는 법인에서 흔히 발생한다. 법인 대표자가 법인 자금을 수시로 가지급하여 인출하면서도 자금대여계약 및 이자약정은 없는 상황이다.

회계담당자와 세무대리인들이 가지급금에 관한 자금대여계약 및 이자약정을 확인하지 아니하고 임의적으로 인정이자 상당액을 회계상 미수이자로 처리하는 것이 관행적이다.

법인 대표자는 법인과 자금대여계약 및 이자약정이 없으므로 민사법적으로는 이자를 변제할 의무가 없다. 따라서 임의적으로 달아놓은 회계상 미수이자를 처리할 길이 없으니 연말 결산 시점에 장부상으로만 "이자를 갚았다가 다시 빌려 간 것처럼" 회계처리하는 경우도 흔하다.

▶️ 가지급금 원금과 이자의 상환기간 및 이자율 약정이 없는 경우

법인이 가지급금을 대여함에 있어 그 상대방과 원금 및 이자의 상환과 이자에 관한 약정이 아예 없는 경우로서 회계결산을 하는 자가 임의로 이자수익을 계산한 경우에는, 그 이자수익은 이자계산의 근거가 전혀 없는 것이기 때문에 세법상 이를 인정하지 아니한다.

이자 약정이 형식적으로 존재하더라도, 매년 이자를 실제로 수취하지 않은 채 만기만 반복적으로 연장하는 경우에는 거래의 경제적 합리성이 부정될 수 있다. 특수관계자에게 자금을 대여하면서 이자율을 명확히 정하지 않거나 이자수익을 계상·회수하지 않고 만기를 계속 연장한 거래에 대하여, 실질적으로 무이자 대여와 다르지 않다고 보아 매년 인정이자를 익금산입하는 것이 타당하다고 판단한 심판례가 있다(조심 2021부4620, 2021.12.28.).

실질적으로 가지급금 원금과 이자의 상환기간 및 이자율 약정이 없는 경우에는 이자수익의 임의계상 여부를 불문하고 법인이 무이자부로 주주나 대표이사에게 가지급금을 대여한 것으로 보아, 그 이자 면제액을 귀속자에게 인정상여 또는 인정배당 등으로 소득처분하여 과세하게 된다.

예를 들어, 어떤 법인이 대표이사에게 가지급금을 대여하면서 원금 및 이자의 상환기간 및 이자율의 약정이 없었다고 가정하자. 그리고 이에 대한 세법상 인정이자가 100이라고 하자.

회계 결산하는 자가 있는 사실 그대로, 가지급금에 대한 인정이자를 손익계산서에 반영하지 않으면, 세무조정을 하는 세무사는 앞서 이러한 행위가 부당한 행위계산이 되기 때문에 인정이자와 무이자와의 차액을 (익금산입) 인정이자 100(배당 또는 상여)으로 세무처리한다.

그러면 인정이자 100이 익금산입된 법인은 그에 대해 법인세를 내게 되고, 인정이자를 배당 또는 상여로 소득처분 받은 주주 또는 대표이사는 그에 대해 배당소득세 또는 근로소득세를 내게 된다.

그런데 회계 결산하는 자가 사실과 달리 손익계산서에 인정이자 상당액을 이자수익으로 100만큼 결산해 두고, 이를 아직 받지 못한 미수이자로 처리해 두었다고 가정해 보자.

이때 세무사는 가공이자로 인한 미수수익 100은 회사의 가공자산이기 때문에 (손금산입) 미수수익 100(△유보)하고, 이자약정이 없는 것은 부당한 행위계산이 되기 때문에 인정이자와 무이자와의 차액을 (익금산입) 인정이자 100(배당 또는 상여)으로 세무처리한다.

이후에 회사가 미수수익으로 계산한 100은 그 상대방으로부터 지급받을 법적 권한이 없는 가공자산이기 때문에 회사가 전기오류수정손실이나 대손상각비 100으로 손익계산서상 손실처리할 때, 세무사가 이를 (손금불산입) 가공미수수익 100(△유보)으로 정리해 주는 것이다.

구분	결산 시 가공이자를 계산 안 한 경우	결산 시 가공이자를 계산한 경우
1	손익계산서 이자 0	손익계산서 이자 100
2	(익금산입) 인정이자 100 (상여 등)	(손금산입) 미수이자 100 (△유보) (익금산입) 인정이자 100 (상여 등)
3	소득금액에 미치는 영향 100 (1+2)	소득금액에 미치는 영향 100 (1+2)

한편, 위와 같이 약정이 없는 경우로서 세무상으로 계산된 인정이자에 대하여는 그 지급하는 자의 이자지급에 관한 법적의무 자체가 성립하지 않기 때문에, 이자에 대한 원천징수 및 지급명세서 제출의무는 없다.

사례의 경우 가지급금에 대해 금전소비대차계약에 관한 약정 등이 없음에도 불구하고 허위로 미수이자를 달아두었다 하더라도 이는 세법상 가공자산이므로 (손금산입) 미수이자(△유보)로 세무처리하고 동 금액을 (익금산입) 인정이자(상여 등)로 고사장의 근로소득에 합산해서 세무신고했어야 타당하다.

가지급금에 뒤통수 맞은 사연

■ 무약정 또는 실질 없는 약정의 세무 리스크

원금과 이자 상환에 대한 약정이 없는 가지급금에 대해 임의로 이자수익을 계산하더라도, 세법은 이를 이자수익으로 인정하지 않는다. 이 경우 이자지급에 대한 법적 의무가 성립하지 않으므로 원천징수나 지급명세서 제출의무도 발생하지 않는다.

그러나 이는 법인이 특수관계자에게 무이자로 자금을 대여한 것으로써 해당 특수관계자에게 인정이자 상당액을 상여 또는 배당으로 소득처분하여 소득세를 과세한다는 의미다. 사후적으로 약정서를 보완하더라도 사업연도 종료 후 1년 이내에 이자를 수수하지 않은 부분은 이미 인정이자의 상여·배당 처분 시점이 도래하여 효과를 기대할 수 없다.

한편 이자 약정이 있더라도 매년 이자를 수취하지 않고 만기만 반복적으로 연장한 경우에는 경제적 합리성이 없는 거래로 보아 매년 인정이자를 익금산입하는 것이 타당하다. 형식적인 약정이나 반복 연장은 약정이 없는 경우와 동일한 세무 리스크를 초래할 수 있으므로 주의가 필요하다.

■ 인정이자, 1년 내 회수 못하면 세무 리스크 발생

가지급금에 대해 연말에 약정이 있는 것으로 보아 손익계산서상 이자수익으로 인식하고 미수이자를 계상하여 회수되지 않는 이자를 채권에 해당하는 가지급금의 원금을 늘리는 것으로 회계처리 한 경우, 이자 발생일이 속하는 사업연도의 종료일로부터 1년이 되는 날까지 정당한 사유 없이 회수되지 않으면 대표이사에게 상여처분하여 근로소득세를 부과한다.

따라서 가지급금 인정이자에 대한 상여처분을 피하기 위해서는 반드시 이자 발생일이 속하는 사업연도의 종료일로부터 1년 이내에 입증이 가능할 수 있도록 실제 금융거래를 통해 법인의 계좌로 인정이자 금액을 입금해야 한다.

가지급금 인정이자의 세무처리

Q

**가지급금 인정이자의 세무처리,
어떻게 해야 세무상 문제가 없는 걸까요?**

저는 한 중소법인의 경리직원으로 근무하고 있는 나성실입니다. 회사 대표님은 법인을 설립한 이후 생활비를 모두 가지급금으로 인출해 사용해 오셨고, 저는 매년 결산할 때마다 관행적으로 당좌대출이자율(4.6%)을 적용해 이자를 계산해 왔습니다.

문제는 이자약정 자체가 없었다는 사실이 뒤늦게 드러났다는 겁니다. 세무사 사무실에서 이 부분을 확인하시고 깜짝 놀라시더군요. 저는 솔직히 "지금이라도 자금대여계약서와 이자약정을 소급해서 만들면 문제를 피할 수 있지 않을까?"라는 생각을 했습니다. 어차피 이자발생연도에 법인세도 이미 신고했고, 장부상 이자도 계산되어 있었으니까요.

하지만 세무사님께서 보여주신 조세 심판례(조심 2015중5390)를 보고 생각이 달라졌습니다. 약정서를 소급 작성하더라도, 이자발생일이 속하는 사업연도 종료일로부터 1년 이내에 실제로 이자를 지급하지 않으면, 그 금액이 대표자의 상여로 소득처분 된다는 내용이었기 때문입니다. 그동안 제가 처리해 온 방식은 이자를 실제로 지급하지 않고 가지급금으로 돌려막기만 했던 거라, 이게 모두 근로소득으로 과세될 수 있는 위험이 있다는 걸 알게 됐습니다.

이미 수년간 이자약정 없이 가지급금 이자를 장부상으로만 처리해 왔는데, 지금이라도 소급해서 약정을 작성하면 문제를 줄일 수 있을까요? 아니면 결국 대표님께 상여 처분이 내려지고 세금 폭탄을 맞게 되는 걸까요?

▶ 소급적인 자금대여계약 및 이자약정

당초 가지급금에 대한 자금대여계약 및 이자약정 자체가 없었고 단순히 회계상 당좌대출이자율을 적용하여 미수이자 회계처리한 경우에는 앞서 살펴본 것처럼 가공이자로 인한 미수수익은 회사의 가공자산이기 때문에 (손금산입) 미수수익 (△유보)로 부인하고, 이자약정이 없는 것은 부당한 행위계산이 되기 때문에 인정이자와 무이자와의 차액을 (익금산입) 인정이자 (배당 또는 상여)로 세무처리한다.

이러한 세무처리를 매년 겪지 않으려면 소급적으로라도 실질에 부합하는 자금대여계약서와 약정서를 구비하는 것이 바람직하다. 다만 가지급금 발생일부터 소급작성일까지는 당초 이자지급 약정이 없으므로 제때 이자를 지급할 리는 만무하다.

세법은 약정의 존재뿐 아니라 실제 이자 수취 여부를 중시하기 때문에, 약정이자를 사업연도 종료일로부터 1년 이내에 지급하지 않으면 그 미수이자는 대표자에 대한 상여 등으로 소득처분한다. 따라서 종전 미수이자에 대한 상여처분은 피할 길이 없다.

조심 2015중5390, 2016.1.7.
청구법인통장의 자금이 대표이사 등에게 송금되었다가 즉시 회수된 것으로 나타나고 있어 쟁점미수이자를 실제 회수한 것으로 보기 어려운 점, 처분청은 법인세 등의 신고내용에 오류 또는 누락이 있는 경우 그 과세표준 및 세액을 경정할 수 있는 것이므로 처분청이 쟁점미수이자에 대하여 당초 청구인의 소득금액에 포함하지 않았다가 이후에 포함시켰다고 하여 이를 신의성실원칙의 위반으로 볼 수 없는 점 등에 비추어 쟁점미수이자에 대하여 이자발생일이 속하는 사업연도 종료일로부터 1년이 되는 날까지 현금 회수되지 아니한 것으로 보아 대표이사 등에 대한 상여로 소득처분하여 소득금액변동 통지한 처분은 잘못이 없다.

▶ 가지급금 원금과 이자의 상환기간 및 이자율 약정이 있는 경우

법인이 가지급금을 대여함에 있어 그 상대방과 원금 및 이자의 상환과 이자에 관한 약정이 있는 경우에 그 약정이자가 인정이자율보다 낮지 않다면,* 그 약정에 따라 계상한 이자수익은 이자계산의 근거가 있어 세법상 정당하므로 법인이 손익계산서상 이자수익으로 계산한 것 외에 추가적인 익금(수익) 가산은 없다. 즉, 회사의 회계처리에 대응하여 특별히 세무사가 세무조정을 할 것이 없다는 것이다.

* 만일 인정이자율보다 낮은 이자율로 약정하여 이자수익을 계산했다면, 인정이자율과의 차액에 대한 이자수익을 추가적인 익금(수익)에 가산하여야 한다.

그런데 이렇게 법인이 이자수익으로 계상한 금액에 대해서는 통상 그 익금의 귀속시기를 약정에 의하여 이자를 지급받는 날이나 실제로 이자를 지급받는 날로 보는 것이 원칙이기 때문에, 그 이자를 실제 받거나 약정일이 도래할 때까지는 법인세가 과세되는 익금(수익)에서 제외할 수도 있다.

다만 법인세법은 발생주의(수익을 가져오는 권리의 발생을 수익으로 취급, 실제 수입이 있고 없고의 구분 없이 수익을 계상하는 회계처리방법)에 의하여 계상된 이자수익에 대해 당해 익금(수익)으로 법인세를 신고·납부하여도 이를 문제시하지 않는다.

한편, 법인세법 기본통칙 4-0…6 【가지급금 등의 처리기준】에 의하면 인정이자는 이자발생일이 속하는 사업연도 종료일로부터 1년이 되는 날까지(약정과 관계없이) 미수이자를 회수하지 않으면 안 되도록 규정했기 때문에 통상 발생주의에 따른 이자수익을 당해 익금(수익)으로 하여 법인세를 신고·납부 한다.

☆ 법인세법 기본통칙 4-0…6 【가지급금 등의 처리기준】*

① 특수관계자와의 자금거래에서 발생한 가지급금 등과 동 이자상당액이 다음 각

호의 1에 해당하는 경우에는 이를 영 제106조의 규정에 의하여 처분한 것으로
본다. 다만, 회수하지 아니한 정당한 사유가 있거나, 회수할 것임이 객관적으로
입증되는 경우에는 그러하지 아니한다.

1. 특수관계가 소멸할 때까지 회수되지 아니한 가지급금 등과 미수이자
2. 특수관계가 계속되는 경우 이자발생일이 속하는 사업연도 종료일로부터 1년
   이 되는 날까지 회수하지 아니한 미수이자

② 제1항의 규정에 의한 가지급금 등은 다음 각 호에 게기하는 날이 속하는 사업연
   도에 처분한 것으로 본다.

---

* 해당 규정은 2024.3.15. 조문번호 이동으로 삭제되어 법인세법 집행기준 및 시행규칙과
  시행령 규정으로 분산·흡수 되었으나 이해를 돕기 위해 개정 전 조항으로 설명하였다.

이렇듯 이자발생일이 속하는 해에 법인세를 신고·납부 했다면 추후
도래한 이자 약정일에 실제 이자를 받으면서 이자금액의 원천징수(통상
비영업대금이익이라 하여 25% 상당액 원천징수납부)는 안 해도 된다. 왜냐
하면, 이미 그 이자가 발생한 기간에 이자수익에 대한 법인세를 다 냈
기 때문이다.

반면 약정일이 속하는 해에 법인세를 신고·납부하려고 한다면 그 이
자가 발생한 기간의 미수수익은 익금에서 제외해 두었다가 약정일이
속하는 해에 익금에 가산처리하고, 이자 약정일에 이자를 지급하는 자
는 그 이자금액의 25%를 원천징수 하여 공제지급한 후 원천징수세액
을 관할 세무서에 납부하여야 한다.

여기서 주의할 것은 이자를 지급하는 자는 그 이자에 대한 원천징수

가 있는지의 여부에 불문하고, 그 이자지급에 관한 사항을 지급명세서로 작성하여 이자 지급일이 속하는 해의 다음 연도 2월 말일까지 관할 세무서에 제출하여야 한다는 것이다.

이자를 지급받는 법인 (선택)	이자를 지급하는 자	
이자 발생기준 법인세 신고·납부	기간 경과 분 원천징수 없음	지급명세서 제출 ○
이자 약정기준 법인세 신고·납부	기간 경과 분 원천징수 있음	지급명세서 제출 ○

약정이 있다 하더라도 경제적 합리성이 없는 거래로 판단한 심판례

조심 2021부4620, 2021.12.28.
청구법인은 「법인세법」상 특수관계자에 해당하는 특수관계법인들에 자금을 대여하면서 이자율을 원금상환 시 쌍방의 합의로 정한다고만 약정하고, 만기(5년) 도래 시 이자수익을 수취하지 아니한 채 만기를 계속 연장해 주었다.
이는 건전한 사회통념이나 상 관행에 비추어 경제적 합리성이 있는 거래로 보기 어려워 「법인세법」 제52조 및 같은 법 시행령 제88조 제1항 제6호에 따라 부당행위계산 부인 규정의 적용대상에 해당한다고 보인다.
또한 청구법인은 특수관계법인들과 차입이율을 "원금상환 시 쌍방의 합의하에 정한다"고 약정한 것은, 이자율에 대한 약정이 있는 것이고, "이자율을 연 5%로 하되, 변제시의 당좌대출이자율이 연 5%를 초과할 경우 당사자 간의 합의에 의하여 조정할 수 있다"는 의미로 해석할 수 있다고 주장하면서도, 재무제표에 인정이자 계산 시 차감되는 미수수익을 전혀 계상하지 아니한 점 등에 비추어, 청구법인이 특수관계인에게 자금을 대여하고 이자를 수령하지 아니한 것에 대해 처분청이 부당행위계산 부인 규정을 적용하여 이 건 법인세를 과세한 처분은 달리 잘못이 없다고 판단된다.

가지급금에 뒤통수 맞은 사연

■ 가지급금 이자수익의 세무처리와 원천징수 의무

약정이 있는 가지급금에 대해 이자발생일이 속하는 사업연도에 이미 이자수익을 익금으로 계상하고 법인세를 신고·납부하였다면, 이후 실제로 이자를 지급받더라도 해당 이자금액에 대해 다시 원천징수 할 필요는 없다. 이미 법인 단계에서 과세가 완료되었기 때문이다.

반면, 약정일이 속하는 해에 이자 미수수익을 익금산입 한 경우에는 이자를 지급하는 자가 이자금액의 25%를 원천징수 하여 공제·납부해야 하며, 이자 지급 여부와 관계없이 지급명세서를 다음 연도 2월 말까지 제출해야 한다. 이를 이행하지 않을 경우 원천징수납부지연가산세 및 지급명세서 미제출가산세가 부과될 수 있다.

가지급금을 인출한 특수관계자가 개인인 경우에는 원천징수 이행이 어려울 수 있으나, 법인과 특수관계자 간에 원천징수 대리·위임 계약을 체결하면 회사가 원천징수의무자로서 신고·납부를 대행할 수 있다. 이자는 매년 말 지급된 것으로 보아 다음 연도 1월 10일까지 원천세를 납부하고, 법인세 신고 시 기납부세액으로 공제받게 된다.

■ 포괄약정서와 인정이자, 특수관계자 거래의 핵심 요건

특수관계자가 인출하는 가지급금도 이사회의 승인 또는 약정 등의 형식적 요건을 갖추는 것이 필요하다. 가지급금을 이사회의 승인 없이 빌릴 경우 세법상 부당행위계산부인뿐 아니라 업무상의 횡령·배임 등의 문제가 발생할 수 있기 때문이다.

약정이 없는 가지급금의 경우 회수 가능성이 없는 것으로 보아 특수관계자에게 상여 처분 등으로 확정될 수 있기에 유동적인 가지급금의 성격을 고려하여 거래별 건건이 개별적인 계약 없이, 일정한 범위의 거래에 대해 미리 포괄적으로 약정해 두는 포괄약정서를 작성해 두는 것이 적절하다.

다만, 약정서에 이자율을 표기할 때 특수관계자 간 임의로 정하기보다는 세법에서 규정하는 인정이자율, 즉 '당좌대출이자율' 또는 '가중평균차입이자율' 중 하나를 선택하여 약정하는 것이 바람직하고 약정된 이자는 매년 변제할 수 있어야 한다.

Chapter

9

인정이자는 근로소득

가지급금, 이자만이라도 먼저 갚아야 한다

Q

가지급금 이자, 갚았다가 다시 빌리면 괜찮은 것 아닌가요?

저는 중소기업을 운영하고 있는 고민중입니다. 가지급금에 대해 알아가다 보니 끝도 없는 고민들이 생겨나고 있습니다.

법인에서 제가 일정 금액을 가지급금 형태로 빌려 사용하고 있었는데요, 사실 몇 년 동안 이자를 따로 갚지 않고 그냥 원금에 얹어서 처리해 왔습니다. 그런데 최근 세무사님께 연락이 와서 그동안 갚지 않은 가지급금 인정이자 때문에 근로소득세를 다시 정산해야 한다는 얘기를 들었습니다.

제가 세무사님께 "그럼 이자를 갚았다가 다시 가지급금으로 빌리면 되는 거 아니냐"고 물었더니, "그렇게 해도 실질적으로는 갚은 게 아니라고 본다"고 하시더라고요. 또 임원일 경우 상여, 주주일 경우 배당, 그 외는 기타소득으로 소득처분이 된다고 하면서, 저처럼 출자한 임원의 경우는 근로소득세로 정산된다고 들었습니다.

저는 예전에 개인사업을 한 적이 있는데요, 혹시 개인사업자였다면 상황이 달라졌을까요? 근로소득세가 얼마나 나오게 되는 건지, 수정신고로 가산세 등의 불이익은 없는 건지 걱정입니다. 그리고 정말 이자를 갚았다가 다시 빌리는 건 세법상 전혀 인정이 안 되는 건지 궁금합니다.

▶ 가지급금 인정이자의 소득처분

많은 법인이 대표이사의 가지급금 문제로 고민을 한다. 특히 매년 발생하는 가지급금의 인정이자를 대표이사로부터 어떻게 회수하느냐? 만일 회수하지 못하면 어떻게 사후관리 해야 하느냐가 실무자들에게는 더 고민스럽다.

가지급금 등의 처리기준을 규정한 법인세법 기본통칙 4 - 0…6 【가지급금 등의 처리기준】*을 정리해 보자면, 특수관계인과의 자금거래에서 발생한 가지급금 등과 동 이자상당액이 다음에 해당하는 경우에는 이를 특수관계인에게 지급한 상여 또는 배당 등으로 보아 소득처분하도록 되어 있다. 즉, 가지급금의 인정이자를 이자발생일이 속하는 사업연도 종료일로부터 1년 이내에 갚지 아니하면, 개인에게 소득세가 부과된다는 것이다.

* 해당 규정은 2024.3.15. 삭제되어 법인세법 집행기준 및 시행규칙과 시행령 규정으로 분산·흡수되었으나 그 내용은 그대로 옮겨 갔으며 이해를 돕기 위해 본서는 개정 전 조항으로 설명하였다. 개정 이유는 동 기본통칙이 법원(法源)인지 여부가 쟁점이 되어 법령으로 상향 입법된 것이다.

① 특수관계가 소멸할 때까지 회수되지 아니한 가지급금 등과 미수이자는 특
　수관계가 소멸한 시점에 소득처분 한 것으로 본다.
② 특수관계가 계속되는 경우 이자발생일이 속하는 사업연도 종료일로부터 1
　년이 되는 날까지 회수하지 아니한 미수이자는 그 1년이 되는 날에 소득처
　분 한 것으로 본다.

다만, 회수하지 아니한 정당한 사유가 있거나 회수할 것임이 객관적으로 입증되는 경우에는 그러하지 아니한데, 그 사유는 다음과 같이 매우 제한적이다.

① 채권·채무에 대한 쟁송으로 회수가 불가능한 상태에 있는 경우
② 회수할 채권에 상당하는 재산의 담보제공 또는 소유재산에 대한 강제집행
　으로 채권을 확보하고 있는 경우
③ 당해 채권과 상계 가능한 채무를 보유하고 있는 경우
④ 기타 위와 유사한 사유에 해당하는 경우

결국 법인으로부터 가지급금을 빌려 간 대표이사는 약정이자를 이자발생일이 속하는 사업연도 종료일로부터 1년 내에 법인에 갚아야 하고, 이를 이행하지 않으면 변제하지 않은 이자상당액이 인정상여 등으로 처분되어 대표이사에게 추가적인 소득세를 물리게 된다.

실무 현장에서는 이자발생일이 속하는 사업연도 종료일로부터 1년 이내에 이자를 변제하지 않는 경우가 상당히 많은데, 이때 바로 대표이사에게 추가적인 소득세를 물리는 대신, 앞서 '고사장'의 사례에서처럼

이자를 매년 갚고 같은 금액을 다시 가지급금으로 빌려 간 것으로 보아 인정이자를 가지급금 원본에 얹는 식으로 회계처리하고서 그대로 세무처리를 종결하기도 한다.

> (올해 말) 미수이자 100 / 이자수익 100
> (이듬해) 가지급금 100 / 미수이자 100 ► 미수이자를 가지급금으로 대체

그러나 이런 식의 회계처리로 가지급금 인정이자를 갚았다고 할 수 없으니, 세법상 상여 처분을 면할 수 있는 것은 아니다.

▶▶ 가지급금 인정이자 소득처분 시 가산세 문제

소득처분이 이루어지는 경우, 특히 임원이나 주주에 대한 가지급금 인정이자가 문제되는 상황에서 많은 납세자들이 "수정신고를 하면 가산세가 붙는지"를 가장 먼저 묻는다. 실제로 이자 미납 기간이 수년간 누적된 경우라면 더더욱 부담이 커질 수밖에 없기 때문이다.

그러나 소득처분에 의한 배당·상여 및 기타소득의 지급시기의제 규정에 따라, 세무서에서 통지하거나 납세자가 자진하여 신고·수정신고 하는 경우에는 가산세가 부과되지 않는 것이 원칙이다.

소득처분에 의한 배당·상여 및 기타소득의 지급시기의제라는 규정은 고사장의 경우 가지급금 인정이자를 갚지 않은 실제 이득은 매년마다 본 것이지만, 그 소득의 지급시기를 세법상 의제 규정으로 정하여,

세무서가 통지하게 되면 그 통지일에 소득을 지급한 것으로 보고, 납세자 스스로 신고나 수정신고하게 되면 그 신고일에 소득을 지급한 것으로 보게 되는 규정이다. 따라서 고사장의 경우 자진신고 한다면 과거 3~4년 치의 근로소득만 재정산해서 추가적인 근로소득세만 내면 되고, 신고에 따라 제때 정산한 것으로 보기 때문에 가산세는 없게 되는 것이다.

이렇듯 인정상여 등 소득의 지급시기는 과세관청의 결정(또는 경정)의 경우에는 소득금액변동통지서를 받은 날, 법인이 신고(또는 수정신고)한 경우에는 당해 법인의 법인세 신고기일(또는 수정신고)에 소득이 지급된 것으로 보기 때문에, 회사가 지급시기의제일(통지일 또는 신고일)의 다음 달 10일까지 근로소득 재정산에 따른 추가적인 근로소득세 원천징수세금만 납부하면 별도의 가산세를 적용하지 않는다.

그런데 만일 근로소득 외에 종합소득이 있는 경우라면 법인이 근로소득의 재정산에 의하여 추가적으로 원천징수한 근로소득세 외에, 종합 소득자 스스로 소득금액변동통지일 또는 신고일이 속하는 달의 다음다음 달 말일까지 종합소득세를 추가신고 자진납부 하여야 한다. 이 경우에도 당초 종합소득세 신고기한 내에 신고·납부한 것으로 간주하기 때문에 별도의 가산세는 적용하지 않는다.

▶▶ 소득처분 된 가지급금 인정이자는 근로소득세

많은 분들이 가지급금과 관련해 궁금해하는 것 중에 하나가 "그럼 법인세도 다시 내야 하는 것 아니냐"는 부분이다. 그러나 고사장의 경우와 같다면 가지급금 인정이자는 이미 매년 법인의 영업외수익으로 회계처리되어 해당 연도마다 법인세에 반영·납부가 완료된 상태이다. 따라서 소득처분 시점에 추가로 법인세가 발생하지는 않는다.

다만 문제는 대표자 개인의 소득세이다. 가지급금 인정이자를 실제로 갚지 않은 경우, 세법은 이를 대표자에게 귀속된 소득, 즉 상여로 처분하여 근로소득세를 부과한다. 결과적으로 법인세는 변동이 없지만, 대표자 본인에게 귀속되는 근로소득세 부담이 발생하게 되는 것이다.

고사장의 사례를 예로 들자면 1년 차분 세무조정은 (손금산입) 가지급금 9,200,000원(△유보), (익금산입) 인정이자 9,200,000원(상여)이 된다. 그 세무조정 시기는 이자약정이 있었다면 이자발생일이 속하는 사업연도 종료일로부터 1년이 되는 날이 될 것이고, 이자약정이 없었다면 이자발생일이 속하는 사업연도가 될 것이다.

고사장의 지난 4년간의 인정이자 내역을 계산해 본다면 다음과 같다.

㈜일단실업 고민중 사장의 연간 인정이자 내역

(단위 : 원)

구분	연간 가지급금	누적 가지급금	인정 이자율	인정이자	회계상 가지급금
1년	200,000,000	200,000,000	4.6%	9,200,000 (상여)	209,200,000
2년	200,000,000	400,000,000	4.6%	18,400,000 (상여)	427,600,000
3년	200,000,000	600,000,000	4.6%	27,600,000 (상여)	655,200,000
4년	200,000,000	800,000,000	4.6%	36,800,000 (상여)	892,000,000
계				92,000,000 (상여)	92,000,000 (△유보)

▶️ 이자를 내도 갚아야 하는 가지급금 원금

많은 중소기업 대표들은 법인의 자금을 잠시 빌려 사용하는 가지급금을 단순한 '임시 자금' 정도로 여긴다. 그러나 세법상 가지급금은 법인의 영업과 직접 관련이 없는 자금대여로 보며, 이는 명백한 업무무관 자산으로 분류된다. 이런 가지급금은 그 자체로 매년 인정이자가 계산되어 법인의 영업외수익으로 계상되며, 이 금액에 대해 이미 법인세가 과세되고 있다. 따라서 가지급금은 단순히 나중에 갚으면 끝나는 돈이 아니라, 매년 세무상 부담을 키워가는 불리한 계정인 것이다.

문제는 가지급금을 끝내 갚지 않고 방치하거나, 대표자의 퇴임 또는 법인 청산 등으로 특수관계가 소멸하는 경우이다. 세법은 특수관계가 소멸할 때까지 회수되지 않은 가지급금 등과 미수이자는 특수관계가 소멸한 시점에 소득처분 한 것으로 본다고 규정하고 있다.

즉, 법인이 폐업하거나 대표자가 퇴사하는 등 특수관계가 소멸하는 순간, 회수되지 않은 가지급금 전액이 대표자에게 상여처분되어 근로소득세가 부과된다.

예를 들어 대표자가 법인으로부터 8억 원을 가지급금 형태로 빌리고 이를 끝내 갚지 않은 채 폐업한다면, 세법은 이 8억 원을 대표자가 법인으로부터 상여금을 받은 것으로 보고 근로소득세를 한꺼번에 부과하게 된다. 가지급금의 절반에 가까운 금액이 세금으로 추징될 것으로 예상된다.

가지급금을 갚지 않고 방치한다면, 결국 폐업이나 청산 시점에 거액이 한 번에 소득처분 되어 세금으로 돌아오게 된다. 매년 인정이자에 대한 소득처분은 견딜 수 있을지 모르나, 변제하지 않은 가지급금 원본은 죽을 때까지 따라다닌다.

법인의 대표자가 사망하여 특수관계가 소멸함에 따라 대표자에게 실지 귀속되는 가지급금 및 그 이자를 대표자에게 상여로 소득처분하는 경우, 소득처분 대상 금액만큼의 소득에 대한 피상속인의 소득세 납세의무가 성립하는 것이며 상속인은 상속으로 받은 재산의 한도에서 납부할 의무를 진다(소득세법 집행기준 2의 2-0-2).

가지급금에 뒤통수 맞은 사연

■ 가지급금 인정이자 상환 없으면, 상여·배당 처분

가지급금에 대한 인정이자를 매년 법인의 영업외수익으로 계상하여 법인세를 납부하였더라도, 이자발생일이 속하는 사업연도 종료일로부터 1년 이내에 인정이자를 상환하지 않으면 세법상 소득처분이 이루어진다. 이 경우 가지급금을 인출한 특수관계자의 지위에 따라 과세 형태가 달라진다.

> 임원인 경우 : 상여처분 → 근로소득세 과세
> 주주인 경우 : 배당처분 → 배당소득세 과세

다만, 법인이 자진하여 법인세 신고 또는 수정신고를 통해 상여·배당 처분을 하는 경우에는, 해당 신고일을 소득 지급일로 의제하므로 가산세는 부과되지 않는다. 이 경우 회사는 지급시기의제일의 다음 달 10일까지 근로소득세 등 추가 원천세만 납부하면 된다.

■ 가지급금, 이자만 갚는다고 끝나지 않는다. 원금 상환이 핵심!

가지급금 원금은 그대로 둔 채 인정이자만 상환하거나, 상환하지 못한 인정이자에 대해 상여처분 등을 하면서 대여 기간을 연장하는 것은 가지급금을 해결하는 방법이 될 수 없다. 이는 원금이 해소되지 않은 상태에서 세무상 부담만 반복적으로 발생시키는 구조이기 때문이다.

세법은 특수관계가 소멸할 때까지 회수되지 않은 가지급금과 미수이자에 대해, 특수관계가 종료되는 시점에 소득처분이 이루어진 것으로 본다. 결국 가지급금 원금을 상환하지 못하면 언젠가는 소득세 부담으로 귀결될 수밖에 없으며, 가지급금 정리의 핵심은 인정이자가 아니라 원금 상환에 있다.

이자비용이 소용없다

업무무관 가지급금 상당의 지급이자는 비용처리 되지 않는다

Q

실제로 이익이 없는데 왜 법인세를 내야 하나요?

가지급금에 대해 고민이 많은 고민중입니다. 그동안 저희 회사는 매년 2억 원 이상 현금이 남을 정도로 안정적인 사업을 이어왔습니다. 그런데 지난해 사업이 급격히 나빠지면서 처음으로 자금 부족 사태가 발생했습니다. 저는 거래은행인 ㈜부자은행에서 그동안 쌓아온 신용을 바탕으로 5% 이율의 운전자금 5억 원을 대출받아 가까스로 자금을 메웠습니다.

그해 결산 결과 당기순이익은 0원이 나와서, 솔직히 법인세 부담은 거의 없을 것이라고 생각했습니다. 그런데 며칠 전 세무사 사무실로부터 법인세 600만 원 정도와 지방소득세 60만 원 정도를 납부해야 한다는 연락을 받았습니다. 제 사업장은 올해 실질적으로 이익이 전혀 없고, 저 역시 대표이사로서 급여도 받지 않았습니다. 회계상 당기순이익도 0원으로 나와 있는데, 세금 고지서를 받고 적잖이 당황스러웠습니다.

세무사 사무실에 확인해 보니, 제가 예전에 법인에서 빌려 쓴 가지급금 8억 원에 대한 인정이자 3,680만 원이 수익으로 잡히고, 은행에서 빌린 5억 원의 이자 2,500만 원이 가지급금 때문에 세법상 비용으로 인정되지 않아 소득금액이 6천만 원 이상으로 계산됐다고 하더군요.

즉, 장부상으로는 이익이 없는데도 세법상으로는 소득이 있는 것으로 계산되어 법인세와 지방소득세를 납부해야 하는 상황이 되어 버린 겁니다. 저로서는 도저히 이해가 가지 않습니다.

실제로는 돈을 번 것도 없고 급여도 안 받았는데, 왜 법인세를 내야 하나요? 가지급금 인정이자 때문에 법인세가 나오는 건 그렇다 치더라도, 왜 은행이자는 비용으로 인정되지 않는 건가요? 이런 상황이 앞으로도 반복된다면 세금 부담이 점점 커질 텐데, 정말 걱정입니다.

▶▶ 이익이 없어도 법인세가 부과되는 이유

고사장은 지난 4년간 가지급금으로 총 8억 원을 인출한 상태에서, 사업이 급격히 악화되자 ㈜부자은행으로부터 5억 원의 운전자금을 연 5% 이율로 차입했다. 그해 결산 결과 회계상 당기순이익은 0원이었고, 대표자 본인도 급여를 받지 않았기에 법인세 부담은 없을 것이라 생각했을 것이다.

그러나 다음 해 3월, 거의 700만 원의 법인세와 지방소득세 납부서를 받아 든 순간 고사장은 큰 혼란에 빠졌다. 이익도 없고, 급여도 없는데 세금이 부과된 이유를 쉽게 이해할 수 없었던 것이다.

이러한 상황은 업무무관 가지급금이 존재하는 법인에서 매우 전형적으로 발생한다. 세법은 회계상 이익이 아니라, 세법상 소득금액을 기준으로 과세하기 때문이다. 그리고 그 출발점에는 차입금 이자의 손금불산입이라는 구조가 자리 잡고 있다.

▶▶ 업무무관 가지급금 지급이자 손금불산입

법인이 대표이사 등 특수관계인에게 업무와 무관하게 자금을 대여한 상태에서 차입금 이자가 발생하는 경우, 법인세법은 해당 차입금 이자 중 가지급금에 상당하는 금액을 손금으로 인정하지 않는다.

법인세법 제28조 제1항 제4호 (나)목은 이러한 지급이자 손금불산입 규정을 두고 있으며, 그 입법 취지는 분명하다. 법인이 차입금을 보유하면서 이를 생산적인 사업 활동이 아닌 특수관계자에게 대여하는 비정상적인 자금 운용을 억제하고, 기업의 재무구조 악화를 방지하기 위한 징벌적 성격의 규정이라는 점이다(대법원 2006두1647, 2007.9.20.).

세법은 "가지급금이 없었다면 굳이 은행에서 돈을 빌릴 필요가 없었을 것"이라는 전제를 바탕으로 판단한다. 따라서 실제 자금의 사용처나 차입 시점과는 무관하게, 가지급금과 차입금이 동시에 존재하면 차입금 전액이 가지급금에 대응되는 것으로 간주된다.

고사장의 경우 이미 8억 원의 가지급금이 존재한 상태에서 5억 원의 은행 차입이 이루어졌으므로, 은행 차입금 전액이 가지급금에 충당된 것으로 보게 된다. 그 결과 연 5% 이율에 해당하는 2,500만 원의 이자

비용은 세무상 손금으로 인정되지 않는다.

▶ 인정이자 과세와 허수의 이익 발생

문제는 여기서 끝나지 않는다. 가지급금 8억 원에 대해서는 매년 인정이자가 계산되어 법인의 영업외수익으로 계상된다. 고사장의 경우 인정이자 3,680만 원이 발생했고, 여기에 이자 손금불산입 2,500만 원이 더해지면서 세법상 소득금액은 6천만 원을 초과하게 되었다.

결국 회계상 당기순이익은 0원이지만, 세법상으로는 소득이 존재하는 것으로 계산되어 법인세가 부과된 것이다. 이 때문에 많은 대표자들이 "가지급금은 과거의 일이고, 차입은 최근의 일인데 왜 지금 와서 세금이 늘어나느냐"며 억울함을 토로한다.

그러나 세법은 자금의 시간적 흐름보다 실질적 필요성과 자금 구조를 중심으로 판단한다. 실제로 차입금을 사업 운영에 사용했더라도, 가지급금이 존재하는 한 세법은 이를 인정하지 않는다. 이것이 가지급금이 '눈덩이처럼 세부담을 키운다'고 불리는 이유다.

가지급금은 단순히 대표자가 회사 자금을 가져간 문제로 끝나지 않는다. 지급이자 손금불산입, 인정이자 과세, 그리고 결과적으로 법인세 증가로 이어지는 구조적인 세무 리스크 계정이다. 당기순이익이 0원임에도 법인세가 발생하는 대표적인 원인이 바로 여기에 있다.

key point !

가지급금에 뒤통수 맞은 사연

■ 가지급금이 만들어낸 '세법상 이익'

가지급금이 존재하는 법인은 회계상 당기순이익이 0원이더라도 법인세가 발생하기도 한다. 세법은 차입금 이자 중 가지급금에 대응되는 금액을 손금으로 인정하지 않기 때문이다. 그 결과 실제로는 남은 이익이 없어도, 세법상 소득금액이 계산되어 과세가 이루어진다. 이익도 없고 대표자 급여도 없는데 세금이 부과되는 상황은 결코 예외적인 사례가 아니다.

■ "가지급금이 있었기에 차입이 있었다"는 세법의 논리 : 업무무관 가지급금 지급이자 손금불산입

세법은 자금의 사용처나 차입 시점보다 자금 구조를 본다. 가지급금과 차입금이 동시에 존재하면, 차입금 전액이 가지급금에 충당된 것으로 간주된다. 실제로 차입금을 사업 운영에 사용했더라도, 세법은 "가지급금이 없었다면 차입도 없었을 것"이라는 전제를 적용한다. 이로 인해 업무무관 가지급금의 상당액의 지급이자는 비용이 아닌 손금불산입 항목으로 처리된다.

■ 인정이자와 법인세 증가의 악순환

가지급금은 단순히 과거의 인출 기록이 아니다. 매년 인정이자가 계산되어 영업외수익으로 과세되고, 동시에 차입금 이자 손금불산입이 발생한다. 이중 구조는 세법상 소득금액을 지속적으로 키우며, 사업이 어려워질수록 법인세 부담은 오히려 커진다. 가지급금이 '눈덩이'처럼 불린 이유가 여기에 있다. 가지급금은 단순한 자금인출이 아니라 법인의 세부담을 구조적으로 키우는 위험 요인이다.

가지급금은 손실처리 없다

가지급금은 못 받게 되어도 손금불산입

Q

**대손충당금 1% 설정과 대손처리,
업무무관 가지급금은 정말 불가능한 건가요?**

저는 중소기업 회계·세무 업무를 맡고 있는 나성실입니다.

저희 회사는 매년 법인결산을 할 때 외상매출금이나 받을어음, 장·단기대여금 등 각종 채권에 대해 일률적으로 1%씩 대손충당금을 설정해서 경비처리를 하고 있습니다. 그런데 다른 큰 회사들의 공시된 재무제표를 보면 꼭 1%가 아니더라구요. 도대체 왜 저희는 1%만 적립하고, 큰 회사들은 다르게 하는 건지 궁금해졌습니다.

또 하나 헷갈리는 게 있는데요, 예전에 주변에서 들은 바로는 업무무관 가지급금에 대해서는 대손충당금을 설정할 수 없고, 대손처리도 안된다고 했던 것 같습니다. 맞는 말인가요? 회계에서는 설정할 수 있다고 들었는데, 세법에서는 인정 안 된다는 말도 있고… 정확히 어떻게 적용되는 건지 헷갈립니다.

업무무관 가지급금은 정말 대손충당금 설정이나 대손처리가 불가능한 건가요? 그리고 왜 대부분 회사에서는 1%만 일괄 설정하는 건지도 궁금합니다.

▶▶ 가지급금의 다른 이름 '주·임·종 단기채권'

대부분의 가지급금은 회사 자금을 임·직원, 주로 대주주나 대표이사가 인출해가면서 별도의 사용처를 밝히지 않고 그저 회사로부터 빌려간 돈으로 처리할 때 쓰는 회계계정과목이다.

그러나 회계이론에 따르면 가지급금은, 현금지급은 이루어졌으나 어디에 어떻게 쓰일지 몰라서 회계처리상 용도를 명시하지 않은 지출금을 임시로 회계처리할 때 사용한다.

그래서 기업회계기준에서는 주주나 임원 등이 가져간 가지급금을 '주주, 임원, 종업원 단기채권'이라는 계정과목으로 해서 빌려 간 돈으로 처리한다. 줄여서 '주·임·종 단기채권'이라고 부른다. 다만, 법인 입장에서는 빌려준 돈이기 때문에 차입자에 따라 같은 가지급금이라도 '주·임·종 단기채권'이 아닌 '장·단기대여금'으로 회계처리하기도 한다.

그런데 이러한 '주·임·종 단기채권'이나 '장·단기대여금'도 회수하지 못할 가능성(대손가능성)이 있는 만큼 기업회계기준에서는 대손충당금을 쌓아서, 만약의 경우 미회수 시 일시에 발생한 손실을 미리 회계상 경비로 반영하기도 한다.

▶▶ 중소기업 대손충당금은 1% 일괄 설정

중소기업의 경우 회계처리와 세무조정 과정에서 대손충당금을 채권액의 1% 수준으로 일괄 설정하는 사례가 많다. 이는 우선 세법상 손금산입 한도와 밀접한 관련이 있다.

대손충당금은 장부상의 매출채권·대여금·기타 이에 준하는 채권을 평가하는 회계계정으로, 미래에 발생할 대손(미회수손실)에 추산해서 당해 채권에서 차감하는 방식으로 표기해 두는 것이다. 그럼 매년도 각 채권의 대손충당금의 증감액이 손익계산서에 대손상각비로 손실 또는 이익처리가 되곤 한다.

법인세법 시행령 제61조 제2항 대손충당금의 손금산입 규정에 따르면, 일반 채권에 대한 대손충당금은 해당 사업연도 말 현재 외상매출금, 받을어음, 대여금 등의 잔액의 1% 범위 내에서만 손금으로 인정된다. 다시 말해, 회계상 더 많은 충당금을 설정할 수는 있지만, 세법상 경비(손금)로 인정받을 수 있는 금액은 1% 한도에 불과하다는 뜻이다.

이에 따라 규모가 큰 회사들은 회계기준에 따라 합리적이고 객관적인 대손추산율을 산정하여 1%보다 높거나 낮은 비율로 충당금을 설정하기도 하지만, 중소기업의 경우에는 대부분 세법 한도 내에서 실무를 단순화하기 위해 1%로 일괄 설정하는 것이 일반적이다. 이렇게 하면 세무조정 과정에서 불필요한 가감산 조정이 줄어들고, 세무 리스크도 최소화할 수 있기 때문이다.

또한, 일반기업회계기준에서는 금융자산(유가증권 제외)에 대해 합리적인 기준으로 대손충당금을 설정할 수 있도록 하고 있으나, 세법에서는 회계와 달리 손금 인정 범위를 엄격히 제한하고 있다. 따라서 회계기준상의 충당금과 세법상의 손금 인정액 사이에 차이가 발생할 수 있으며, 중소기업은 이를 단순화하기 위해 법정한도인 1%를 적용하는 경우가 대부분인 것이다.

▶▶ 업무무관 가지급금은 대손충당금 손금불산입

회계상 충당금 설정이 가능하더라도 세법상 손금 인정이 불가능한 채권도 존재한다. 대표적으로 채무보증 구상채권, 특수관계인에 대한 업무무관 가지급금, 부당행위계산부인 대상 채권, 할인·배서어음(재법인 46012-180, 2001.10.17.), 수탁판매금액(국심 89서141, 1989.4.27.), 익금귀속시기가 도래하지 않은 미수이자(서이 46012-10667, 2003.3.31.) 등이 이에 해당한다.

이러한 채권은 영업활동과 직접적인 관련성이 없거나 실질상 회수 가능성이 낮은 경우가 많아 세법은 충당금을 손금으로 인정하지 않는다. 즉, 특수관계인에게 자금을 빌려준 후 회수하지 못하고 있는 업무무관 가지급금의 경우, 회계상으로는 대여금에 대한 충당금 설정이 가능할 수 있으나, 세법상으로는 업무와 무관한 가지급금으로 보아 대손충당금 설정액을 손금으로 인정하지 않는 것이다. 업무무관 가지급금은 세무조사 시 자주 문제되는 항목으로, 충당금을 설정하더라도 세무상 효과가 전혀 없으며 오히려 인정이자 계산 등 불이익이 발생할 수 있다.

결국 회계와 세법은 대손충당금을 바라보는 관점이 다르다는 것을 알 수 있다. 회계는 기업의 재무 상태를 실질적으로 표현하기 위해 폭넓게 충당금 설정을 허용하지만, 세법은 과세의 형평성과 세수 확보를 위해 손금 인정 범위를 좁게 설정하고 있는 것이다.

따라서 기업은 결산 시 충당금 설정 대상 채권과 손금 인정 가능 채권을 구분하고, 회계와 세법의 차이를 세무조정을 통해 명확히 반영해야 한다. 이러한 구분이 이루어질 때 불필요한 세무 리스크를 줄이고, 재무제표의 신뢰성과 세무처리의 적정성을 모두 확보할 수 있다.

▶ 업무무관 가지급금은 대손금 손금불산입

대손금이란, 소멸시효완성 등의 사유로 회수할 수 없는 채권금액을 말한다. 회계상은 회수가 불가능한 채권이 발생하면 대손충당금과 상계하고, 대손충당금이 부족한 경우에는 그 부족액을 대손상각비로 처리한다. 그러나 세법은 대손사유, 대손채권의 범위 및 대손금의 귀속시기에 대하여 엄격하게 규정하고 보수적으로 해석하고 있으며, 앞서 대손충당금 설정제외채권과 같이 채무보증으로 인하여 발생한 구상채권과 특수관계인에 대한 업무무관 가지급금, 특수관계인에게 처분된 소득에 대한 소득세 대납액을 가지급금 등으로 계상한 경우(법기통 19의2 - 19의2…4), 약정에 의하여 채권의 전부 또는 일부를 포기한 금액(법기통 19의2 - 19의2…5)에 대해서는 대손금을 인정하지 아니한다.

업무무관 가지급금은 세법상 명확하게 대손충당금 및 대손처리의 대상에서 제외되는 채권이다. 업무무관 가지급금 자체가 영업활동과 직접적인 관련이 없는 자금의 유출이기 때문에, 회계상으로는 대여금 계정에 충당금을 설정할 수 있다 하더라도 세법상 손금으로 인정되지 않는다.

세법은 충당금 손금 인정 대상을 외상매출금, 받을어음 등 정상적인 영업채권으로 한정하고 있기 때문이다. 따라서 업무무관 가지급금은 충당금을 설정하더라도 세무상 손금에 반영할 수 없으며, 세무조정 시 전액 손금불산입 처리된다.

다만, 국세청 유권해석(서이 46012-10667, 2003.3.31.)에 따르면 대손충당금 손금산입 한도액은 채권의 장부가액의 합계액을 기준으로 계산하며, 한도액 내에서 손금으로 계상된 충당금이라면 설정 제외 채권에 대한 충당금도 손금 인정이 가능하다는 해석이 제시된 바 있다. 그러나 이는 어디까지나 한도 계산상의 기계적 적용에 따른 결과일 뿐, 가지급금 자체가 충당금 대상 채권으로 인정된다는 의미는 아니다.

즉, 가지급금에 대해 충당금을 설정했다고 해서 세법상 대손으로 처리되거나 실질적으로 손금 인정되는 것은 아니며, 이는 기본적으로 업무무관 가지급금이 본질적으로 손비로 인정되지 않는 자산이기 때문이다.

서이 46012 – 10667, 2003.3.31.

【질의】

법인이 장부상 수익으로 계상한 기간경과 분 미수이자(원천징수대상 임)에 대하여 대손충당금을 계상하고, 동 미수이자에 대하여 법인세법에 의거 손익귀속시기 미도래로 익금불산입(유보) 세무조정 함.

1. 이 경우 미수이자가 대손충당금 설정대상채권에 해당되는지.
2. 만약, 해당되지 않는다면 당해 미수이자를 포함한 채권에 대하여 장부상 계상한 대손충당금이 법인세법의 대손충당금 손금범위 이내인 경우 당해 미수이자에 대하여 설정한 대손충당금을 당기의 손금으로 산입할 수 있는지.

【회신】

법인세법 시행령 제61조 제1항 각 호에 규정된 채권 중 법인세법상 익금의 귀속시기가 도래하지 아니한 미수이자의 경우에는 대손충당금의 설정대상이 되는 채권잔액에 포함되지 아니하는 것이며, 이 경우 법인세법 제34조 제1항의 규정에 의한 대손충당금의 손금산입 한도액은 같은 법 시행령 제61조 제2항의 규정에 의하여 동조 제1항 각 호에 규정된 '채권의 장부가액의 합계액'을 기준으로 계산하는 것으로 법인이 손금으로 계상한 대손충당금의 합계액이 동 손금산입 한도액을 초과하지 않는 경우에는 그 손금계상액 전액을 손금에 산입하는 것임.

가지급금에 뒤통수 맞은 사연

■ 세법상 대손충당금 손금산입 한도는 1%, 업무무관 가지급금은 제외!

회계기준은 채권의 회수 가능성을 반영해 합리적인 대손충당금 설정을 허용하지만, 세법은 이를 엄격히 제한한다. 법인세법상 일반 채권에 대한 대손충당금은 기말 채권잔액의 1% 한도 내에서만 손금 인정된다. 이로 인해 중소기업 실무에서는 복잡한 추산 대신 세법 한도에 맞춰 1%를 일괄 설정하는 경우가 대부분이다. 이는 회계상 최선의 평가라기보다, 세무조정을 단순화하고 불필요한 리스크를 줄이기 위한 현실적인 선택에 가깝다.

다만 이 1% 일괄 설정은 외상매출금·대여금 등 정상적인 일반 채권에 한해서만 가능한 것이며, 특수관계인에 대한 업무무관 가지급금은 애초에 이러한 충당금 설정 자체가 세법상 허용되지 않는다.

■ 업무무관 가지급금은 대손충당금·대손처리 모두 손금 불인정

세법은 업무무관 가지급금을 명확히 대손충당금 및 대손처리 대상에서 제외하고 있다. 회계상 충당금 설정이 가능하더라도 세무상 손금으로 인정되지 않으며, 만약 장기 미회수 시 인정이자 계산, 부당행위계산부인 등의 불이익이 발생할 수 있다. 결국 가지급금은 충당금 설정이나 대손처리로 세부담을 줄일 수 있는 항목이 아니다. 따라서 충당금 설정이나 대손처리를 통한 세부담 경감은 실질적 효과가 없으며, 가지급금을 조속히 상환하거나 급여 전환 등의 방식으로 근본적으로 해소하는 것이 세무 리스크를 줄이는 유일한 방법이다.

가지급금은 불량자산

기업평가 가치의 큰 걸림돌, 가지급금

Q

신용평가 시 가지급금은 왜 자산에서 제외되나요?

저는 10년째 건설 관련 사업을 운영하고 있는 중소기업 대표 고민중입니다. 개인사업자로 운영할 때는 연간 2억 원 정도 소득이 있었고, 세금을 내는 것이 부담스럽긴 했지만 뒤끝이 없었어요. 소득금액증명원만 제출해도 은행 신용도 잘 나왔고, 조달청 입찰도 실적이 괜찮게 나와서 사업을 이어가는 것에 큰 어려움이 없었습니다.

그런데 법인으로 전환한 이후 상황이 완전히 달라졌습니다. 재작년부터 사업 실적이 점점 악화되면서 신용대출까지 받게 되었고, 더 이상 예전처럼 회사 자금을 가지급금 형태로 가져가는 방식은 안 되겠다는 생각에 월급을 책정해 정당하게 가져가기로 마음먹었습니다. 하지만 막상 제 연봉을 인건비로 처리하면 회사의 손실이 발생하는 상황이라 실행에 옮기지 못했고, 결국 생활비 등을 다시 가지급금 형태로 인출할 수밖에 없었습니다.

회사에 이익이 나는 것처럼 보이지만 사실 월급으로 가져가지 않고 가지급금 형태로 인출을 계속하다 보니 어느새 가지급금만 10억 원이 쌓여 있더군요. 법인 장부상으로는 자산으로 잡혀 있지만 실제로는 남은 것은 없습니다.

그러던 중 얼마 전 ㈜부자은행에서 대출 연장은 되었지만 이자율이 올라갔다는 연락을 받았습니다. 더 문제는, 재무제표에 가지급금을 주·임·종 단기채권으로 이름을 바꿔도 은행에서는 아예 자산에서 제외하고 평가한다는 말을 들었습니다. 덕분에 법인의 신용평가 점수도 점점 떨어지고 있어 정말 막막한 상황입니다.

신용평가 시 왜 가지급금을 자산에서 제외하는 건가요? 가지급금이 이렇게 쌓여 있으면 법인 신용과 세무상 불이익은 구체적으로 어떤 문제로 이어지는지 궁금합니다.

▶▶ 법인 장부의 숨은 악순환 고리, 가지급금

㈜일단실업의 고사장은 수년간 급여를 책정하지 않은 채 생활비 등을 회사 자금에서 직접 인출하는 방식으로 사업 운영을 이어오면서 가지급금이 누적되어 왔다. 처음에는 일시적인 자금 운용의 편의로 시작된 가지급금이었지만, 해마다 인출액이 쌓이면서 결국 10억 원에 이르렀다. 회사는 겉으로는 당기순이익이 '0원'으로 보이지만, 이는 실제로는 대표자가 급여를 받지 않고 가지급금으로 자금을 가져갔기 때문이며, 만약 급여로 처리했을 경우 상당한 영업 손실이 발생했을 상황이다.

결국 못 갚으면 법인의 회계처리는 대손상각비로 비용 처리할 수는 있지만, 세법상은 가지급금의 대손금을 인정받지 못한다. 따라서 세법상 가지급금 대손상각비 10억 원을 손금불산입하고, 소득처분 10억 원 대표자 상여가 되면서 세금 폭탄이 터지게 되는 것이다.

또한 가지급금이 늘어남에 따라 가지급금 인정이자가 추가로 발생해 회사의 부담이 더욱 커지게 된다. 세무적으로 이 상황은 상당히 불리하다. 가지급금은 회계상 자산으로 계상되지만, 실질적으로는 현금 유출에 불과해 회사의 재무 건전성을 해치는 요인이 되는 것이다. 만약 고사장이 법인의 가지급금을 끝내 상환하지 못할 경우, 회계상으로는 대손상각비로 처리할 수 있으나 세법상으로는 대손을 인정받을 수 없다. 결과적으로 해당 금액 전액이 손금불산입 되고, 대표자 상여로 소득처분 되어 막대한 세금이 부과될 위험이 존재한다고 할 수 있다.

즉, 현재 고사장의 상황은 점점 쌓여가는 가지급금이 기업의 자산을 점차 갉아 먹게 되고, 이 가지급금이 금융기관 신용평가에서 실질 자산으로 인정되지 않음으로써 기업 신용도가 하락하며, 이로 인해 자금 조달 여건이 점점 악화되게 만드는 악순환 구조가 형성된 것이다. 이를 방치할 경우 향후 세금 폭탄과 신용도 하락이라는 이중의 부담이 더욱 가중될 수밖에 없다.

가지급금 문제는 단순한 회계상의 숫자가 아니라, 기업의 재무구조와 대표 개인의 세금 부담에 직결되는 심각한 경영 리스크로 작용하고 있는 것이다.

▶▶ 계정을 달리 해도 기업진단 및 신용평가 시 불량자산

가지급금을 단순히 계정과목(예: 단기대여금, 주·임·종 단기채권 등)으로 바꿔 표시하는 것은 회계처리상 가능한 범위에 있을 수 있다. 다만 금융기관의 신용평가나 정부의 기업진단에서는 형식적 계정명보다 원장(계정별 세부내역)과 실질적 유동성·회수가능성을 중시한다. 예를 들어 가지급금이 급여선급으로 인정되는 경우에는 해당 임·직원의 1월분 급여 범위 내에서만 예외로 인정되고, 이를 초과하는 잔액은 부실자산으로 평가되어 신용평가에서 제외되거나 불이익을 주는 가중치가 부여된다. 따라서 단순히 과목을 바꿔 '보기 좋게' 만드는 것은 아무런 의미가 없을뿐더러 실무적으로 금세 노출될 가능성이 크다.

문제가 되는 것은 의도적으로 재무제표를 왜곡해 외부 이해관계자를 속이려는 경우다. 가지급금을 주·임·종 단기채권이나 단기대여금으로 처리한 것을 회계적으로는 틀렸다고 볼 수는 없지만, 다른 부당한 목적을 가지고 더 심한 행위를 한다면 법적인 문제가 될 수도 있다. 실제로 건설업 등록기준 미달을 숨기기 위해 조작된 재무제표 확인서를 제출한 건설사 관계자와 세무사 사무소가 감사원 감사에서 적발돼 행정처분을 넘어 공무집행방해 혐의로 고발되었던 사건도 있었다.

계정과목을 교묘히 변경하거나 매출·자산을 조작해 기업진단·입찰·대출 심사를 유리하게 만들려 하면, 회계·세무상의 불이익을 넘어서 행정·형사적 책임으로 연결될 수 있는 것이다. 내부적으로는 투명한 원장관리와 가지급금 상환계획 수립 등의 실질적 정리를 통해 문제를 근본적으로 해소하는 것이 최선이다.

▶ 기업진단과 신용평가 시 가지급금은 자산이 아니라 감점 요인

기업의 신용평가란 기업의 수익성, 안정성, 성장성, 활동성과 같은 재무적 평점이나 대외적인 기업환경 등 비재무적 평점을 고려하여 기업의 신용을 등급별로 나타내는 것을 말한다. 신용평가를 통해 그 기업과 거래하려는 이해관계자와 기업 간 정보의 비대칭성을 완화한다는 데 의의를 찾을 수 있다.

그런데 이러한 신용평가 시, 가지급금은 기업의 자산으로 취급하지 않는다. 게다가 가지급금은 기업의 불량자산이라 재무적 평점에도 부정적이지만, 비재무적 평점에도 대표자의 신용을 낮게 평가하는 요인이 되어 부정적이다. 다만, 이런 점을 기업이 더욱더 잘 알고 있기 때문에 계정과목을 바꾸기도 하는데, 이 또한 부정한 행위에 해당하기 때문에 주의해야 한다.

신용평가는 재무적인 것과 비재무적인 것을 다 보는 것이고, 기업진단은 재무상황을 보고 법령이 정한 실질자본금을 확인하는 것이라 같은 것은 아니지만 결론은 두 개의 과정에서 모두 가지급금은 불량자산으로 취급하고 있다.

가지급금은 회계상 단순한 자산 계정으로 보일 수 있지만, 실질적으로는 기업의 재무 건전성을 해치고 세금과 신용 모두에 악영향을 미치는 '보이지 않는 부채'와 같다. 특히 대표이사 생활비나 급여 대체 인출로 발생한 가지급금은 시간이 지날수록 불어나고, 이를 그대로 방치하면 세무조사나 금융권 평가 과정에서 심각한 리스크로 돌아오게 된다.

단순히 계정과목을 변경하거나 형식적으로 숨기는 방식으로는 문제를 해결할 수 없으며, 오히려 상황을 악화시킬 뿐이다.

따라서 가지급금 문제는 조기에 정리하는 전략이 필요하다. 이는 단순한 회계 정리 차원이 아니라 향후 세금 폭탄과 신용도 하락을 막기 위한 경영의 핵심 과제이자, 실질적인 기업 건전성 회복의 출발점이다. 가지급금의 위험을 인지한 지금이야말로 가지급금을 해결할 실질적인 방안을 모색하고 실행에 옮겨야 할 최적의 시점이다.

key point !

가지급금에 뒤통수 맞은 사연

■ 신용등급을 떨어뜨리는 숨은 위험, '가지급금'

가지급금은 급여를 받지 않고 회사 자금을 인출하면서 만들어진 착시적 자산이다. 회계상 당기순이익이 0원처럼 보이더라도, 실제로는 급여 대신 빠져나간 현금일 뿐이며 기업의 재무 체력은 이미 약화되어 있다. 이러한 가지급금은 상환 가능성이 낮은 자산으로 분류되어 금융기관의 신용평가에서 실질 자산으로 인정되지 않고, 기업 신용등급을 떨어뜨리는 직접적인 요인으로 작용한다. 결국 가지급금은 세금 폭탄과 신용도 하락을 동시에 불러오는 구조를 가진다.

■ 계정을 바꿔도 기업진단·신용평가에서 드러나는 실체

가지급금을 단기대여금이나 주·임·종 단기채권으로 변경하여 표기하더라도 실질은 변하지 않는다. 금융기관과 기업진단은 계정명이 아니라 원장과 회수 가능성을 본다. 급여 선급으로 인정되는 범위를 초과하는 가지급금은 불량자산으로 분류되며, 신용평가와 대출 심사에서 즉시 감점 요인이 된다. 형식적 계정 변경은 일시적 착시에 불과하고, 실무에서는 쉽게 드러난다.

■ 가지급금은 자산이 아니라 감점요인

신용평가와 기업진단에서 가지급금은 자산으로 인정되지 않는다. 오히려 대표자의 자금 관리와 기업 지배구조에 대한 부정적 신호로 해석되어 재무적·비재무적 평가 모두에 악영향을 준다. 시간이 지날수록 인정이자가 누적되고, 신용도는 하락하며, 자금 조달 여건은 악화된다. 가지급금은 회계상의 숫자가 아니라, 기업의 세금과 신용을 동시에 무너뜨리는 '보이지 않는 부채'다.

숨겨 둔 가지급금

다른 계정과목이어도
가지급금은 가지급금

Q

가지급금을 다른 계정과목으로 처리하면 법적으로 문제가 되나요?

저는 한 중소기업의 회계 담당자로 근무하고 있는 나성실입니다. 저희 회사 대표님은 법인 자금을 개인적으로 사용하셔서 가지급금이 꽤 많이 쌓여 있는 상황입니다.

제가 근무 초기에 대표님께서 '빌린 돈'이라고 말씀하셔서 이를 재무제표에 대여금 계정으로 표기했었는데, 어느 해에는 이자 계산을 깜빡할 뻔한 적이 있어 다음 해부터는 주·임·종 단기채권으로 변경해 처리했습니다. 이후 대표님이 법인에서 자금을 빌렸다는 말씀과 재무제표의 표기가 맞지 않아 다시 대여금으로 돌려놓았고, 인정이자 계산도 꼼꼼히 해왔습니다.

그런데 세무사무실의 세무사님께서 가지급금을 다른 계정으로 바꾸어 표시하는 행위가 자칫 법적 문제로 번질 수 있다며 주의를 주시더군요. 회계적으로는 틀린 건 아니라는 말씀도 하셨지만, 경우에 따라서는 심각한 문제로 발전할 수 있다고 하셔서 걱정이 됩니다.

단순히 가지급금을 '대여금'이나 '주·임·종 단기채권'으로 표기하는 것만으로도 법적 문제가 생길 수 있는 건가요? 이 경우 어떤 상황에서 문제가 되고, 실제로 법적 리스크가 발생할 수 있는 범위는 어디까지인지 궁금합니다.

▶▶ 가지급금은 이름이 아니라 '실질'로 판단된다.

법인세법상 가지급금은 재무제표에 어떤 계정과목으로 표시되어 있는지가 아니라, 특수관계자에게 자금을 대여하여 법인의 조세부담을 부당하게 감소시킨 실질이 있는지를 기준으로 판단한다. 따라서 법인이 해당 금액을 대여금, 선급금, 외상매출금 등으로 회계처리하였더라도, 특수관계자에게 자금이 인출된 성격이라면 세법상 가지급금에 해당한다.

다만 업무관련성 여부에 따라 업무관련 가지급금은 인정이자 익금산입, 업무무관 가지급금의 경우에는 인정이자 익금산입뿐만 아니라 지급이자 손금불산입, 대손충당금 설정 및 대손금 손금불산입, 처분손실 손금불산입 규정을 적용받게 되는 차이가 있다. 업무관련성은 사실관계 등을 고려해야 하므로 실무상 판단에 어려운 부분이 있다.

특수관계자가 회사 자금을 인출한 경우, 설령 이를 선급금이나 대여금 등 다른 계정으로 처리하더라도 세법은 실질을 우선하여 이를 가지급금으로 본다.

▶▶ 형식적 분류 변경이 키우는 가지급금 리스크

가지급금을 다른 계정과목으로 변경해서 표기하는 행위는 단순한 회계 처리의 문제가 아니라, 경우에 따라 법적 책임으로 이어질 수 있는 중대한 사안이다. 회계상으로는 가지급금이 대여금·선급금·외상매출금 등으로 분류되는 경우가 존재할 수 있지만, 문제는 의도적 조작 또는 실질과 다른 계정 분류를 통해 은행, 공공기관, 발주처 등과 같은 외부 이해관계자를 기만하는 결과를 가지고 올 수 있기 때문이다. 이러한 행위는 재무제표의 신뢰성을 훼손할 뿐 아니라, 경우에 따라 공문서위조나 공무집행방해, 사기죄 등으로 확대될 소지가 있다.

또한 가지급금은 기업의 재무구조에서 실질 자산으로 인정되지 않는다는 이유로 이를 회피하기 위해 대여금이나 외상매출금으로 바꾸어 표기한다 해도 신용평가나 기업진단에서 긍정적인 효과를 기대할 수 없다. 이는 원장 계정의 세부내역을 검토하는 과정에서 쉽게 드러날 수 있기 때문이다.

특히 조사단계에서는 가지급금이 다른 계정으로 숨겨져 있을 경우, 해당 계정을 가지급금이 아닌 것으로 보아 인정이자 계산 및 지급이자 손금불산입 등의 처리를 누락한 내용이 확인되면 세무상 불이익이 발생할 수 있어 더욱 주의가 필요하다.

따라서 가지급금은 그 성격을 명확히 파악한 후 올바른 계정으로 분류하고, 특수관계자 거래 등 사실관계를 철저히 검토하는 것이 필수적이다. 실질을 감춘 형식적 분류 변경은 위험 부담만 키울 뿐이다.

가지급금에 뒤통수 맞은 사연

■ 계정과목이 달라도 가지급금은 가지급금이다.

가지급금은 계정과목이 아니라 자금의 실질적인 성격으로 판단되는 항목이다. 따라서 재무제표상에 대여금·선급금·외상매출금으로 표기되어 있더라도, 특수관계자를 통한 자금인출이라면 모두 가지급금으로 본다. 이러한 경우 업무관련성 여부에 따라 업무관련 가지급금은 인정이자를 익금산입하고 업무무관 가지급금은 인정이자 익금산입뿐만 아니라 지급이자 손금불산입, 대손충당금 설정 및 대손금 손금불산입, 처분손실 손금불산입이 될 뿐이다.

즉, 단순히 계정명을 바꾸는 것으로 가지급금의 성격이 달라지지 않으며, 세법은 실질거래를 기준으로 판단한다는 점을 명확히 인식할 필요가 있다.

■ 의도적 계정 변경은 법적 문제로 확대될 수 있으니 주의!

가지급금을 감추기 위해 의도적으로 계정과목을 변경하는 행위는 단순한 회계처리 문제가 아니라, 경우에 따라 형사적 책임으로 번질 수 있는 심각한 사안이다. 공문서위조, 공무집행방해, 사기 등으로 이어질 가능성이 있으며, 신용평가나 기업진단 과정에서도 가지급금은 실질 자산으로 인정되지 않아 재무적 개선 효과 역시 전혀 없다.

오히려 조사 과정에서 계정 변경이 드러나면 불필요한 의심을 초래하고, 인정이자 계산 누락 및 손금불산입과 같은 세무상 불이익이 발생할 수 있어 주의가 필요하다.

PART

4

가지급금 죽이기
핵심전략

가지급금 해결의 시작

가지급금과 인정이자가 증가하는 원인을 제거하자

Q

도대체 어떻게 해야 가지급금 잔액이 더 이상 늘어나지 않을 수 있을까요?

저는 중소기업을 운영하고 있는 고민중입니다. 사업 초기에 급한 자금이 필요할 때, 회사 자금을 잠시 사용하고 나중에 정산하면 된다고 편하게 생각하고 회사 자금을 인출하기 시작했습니다. 그러나 시간이 지나면서 그 금액은 점점 늘어났고, 이제는 회사 재무구조 전반에 영향을 줄 만큼 커져 버렸습니다.

지금은 문제를 해결하고자 하는 마음을 먹고 있어서, 주변의 조언대로 장기 계획을 통해 급여 등을 조금씩 상환해 나가는 방식으로라도 가지급금을 줄여보려고 마음을 먹었습니다. 그러나 현실은 계획대로 가지급금 잔액이 줄어들기는 커녕 최종 가지급금 잔액은 여전히 해마다 늘어나는 상황을 마주하고 있습니다. 사업을 하다 보면 불가피하게 가지급금이 발생할 수밖에 없는 상황 등이 있다 보니 잔액 유지도 여간 힘든 일이 아닐 수 없습니다.

지금 단계에서 전액을 단기간에 상환하기 어렵더라도, 더 이상 잔액이 증가하지 않아야 뭐든 해볼 수 있을 것 같은데, 가지급금 잔액이 자꾸 늘어나니 매년 법인에 납부해야 하는 인정이자도 점점 더 부담이 됩니다. 어떻게 해야 늘어나는 가지급금과 인정이자를 줄일 수 있나요?

▶ 업무무관 가지급금의 증가 원인

가지급금이 증가한다는 것은 회사 자금이 정상적인 거래 절차나 회계처리를 거치지 않고 외부로 유출되었음을 의미한다. 이러한 자금 유출의 성격이 업무와 관련이 있는지 여부에 따라 세무상 결과가 크게 달라지고, 기업의 재무구조에도 장기적인 영향을 미친다. 특히 업무와 무관한 가지급금은 세무조사 시 상여처분, 지급이자 손금불산입, 인정이자 익금산입 등 불이익으로 이어질 수 있기 때문에 그 원인을 정확히 파악하는 것이 중요하다.

업무와 관련이 없는 가지급금의 대표적인 발생 원인은 대표자 또는 특수관계인의 사적자금 사용이다. 급여나 배당 등의 정상적인 절차를 거치지 않고 회사 자금을 인출해 생활자금으로 사용하는 경우가 이에 해당한다. 이 경우 자금의 상환 가능성이 낮고, 회계상 처리도 불명확하기 때문에 세무상 불이익이 커질 수밖에 없다. 회사 자금을 이용해 특수관계자 명의로 자산을 취득하는 경우도 가지급금 증가의 중요한 요인이다. 골프회원권, 고급 주택, 고급 승용차 등과 같이 업무와 무관한 자산을 법인 자금으로 취득하고 개인 명의로 보유할 경우, 세법상 업무무관 가지급금으로 간주된다.

사업 활동 과정에서 부득이하게 가지급금이 발생하는 경우도 적지 않다. 최근 업계 전반의 인력난이 심화되면서, 불법 체류 외국인이나 신용불량 상태에 있는 근로자를 고용하게 되는 경우가 발생하고, 이로 인해 공식적인 급여 지급 및 세무 신고가 어려워 가지급금이 발생하기도 한다. 실질적으로는 사업과 직접 관련된 매입임에도 불구하고, 거래 상대방의 사정으로 세금계산서 등 적격증빙을 수취하지 못한 경우도 마찬가지이다.

또한 일부 업종의 경우에는 거래수수료나 접대비 지급 관행이 존재하기도 한다. 이 경우 거래처나 사용처를 명확히 특정할 수 없고, 증빙이 미비하기에 회계상 가지급금으로 처리된다. 이러한 경우도 인정이자 계산 및 손금불산입 등 추가적인 세무 부담이 발생할 수 있다.

경영권 방어나 주식 매입을 위한 자금 유출 또한 업무무관 가지급금으로 이어질 수 있다. 회사의 경영권 확보 또는 방어를 위해 대표자 명의로 주식을 매입하고, 이 과정에서 법인 자금을 인출하는 경우가 이에 해당한다. 회사의 경영권을 확보하기 위한 과정이기에 업무관련 가지급금으로 오인하기 쉽지만 이 또한 업무무관 가지급금으로 분류되어 세무상 불이익이 발생하게 된다.

▶ 특수관계자의 자금유출, 급여·상여 또는 배당으로 인출

가지급금은 한번 누적되기 시작하면 매년 인정이자 부담, 손금불산입, 상여처분 등으로 이어지며 기업의 재무구조와 대표자의 세부담에 직·간접적인 영향을 미친다. 특히 누적된 가지급금은 기업의 신용도와 경영 투명성에도 악영향을 미친다. 가지급금을 해결하는 문제는 앞으로 차차 다루어 보더라도 당장에 앞으로 더 이상 늘지 않아야 장기적 플랜으로 해결방안을 모색하여 가지급금을 해결할 수가 있을 것이다. 즉, 해당 가지급금의 발생 원인을 알고 그 추가적인 발생 자체를 차단하는 전략이 가지급금을 해결할 수 있는 시작점이라 할 수 있다.

대표자 또는 특수관계인의 생활자금이나 자산 취득과 관련된 자금 유출은 급여·상여 또는 배당과 같은 정상적인 소득처리 절차로 전환하는 것이 근본적인 해결책이다. 이렇게 하면 법인 자금이 가지급금으로 남지 않으며, 세법상 소득 귀속이 명확해져 세무상 리스크를 줄일 수 있다. 아울러 급여나 배당 정책을 재정비해 정기적으로 소득이 지급되도록 설계하면 불필요한 인출을 줄일 수 있다.

▶ 실질은 비용이지만 잉여금을 누적시킨 경우, 전기오류수정손실 처리

사업 활동 과정에서 부득이하게 발생한 외국인 노동자나 신용불량자에 대한 인건비, 적격증빙의 수취가 불가능한 사업상 매입, 거래수수료 등의 지출은 그 실질이 사업과 관련된 비용임에도 불구하고 세무신고를 위한 형식적 요건을 갖추지 못해 가지급금으로 처리되는 경우가 적지 않다. 이러한 가지급금은 업무무관 가지급금으로 보아 인정이자 계산, 손금불산입 등 각종 세무상 불이익이 발생할 뿐만 아니라, 발생 시점에 비용처리가 되지 않아 법인의 이익이 과대계상 되고 그 결과 법인세를 추가로 부담하게 되며, 실질이 아닌 잉여금이 누적되는 문제로 이어지게 된다.

이와 같은 경우 전기오류수정손실을 활용하여 가지급금을 정리하는 방안을 검토할 수 있다. 전기오류수정손실이란 전기 또는 그 이전 회계연도에 이미 확정·공시된 재무제표에 포함된 회계상 오류를 당기에 발견하여 이를 바로잡는 과정에서 발생하는 손실을 말하며, 계산상의 착오, 회계기준의 잘못된 적용, 사실판단의 오류, 부정·과실 또는 사실의 누락 등이 이에 해당한다.

따라서 과거에 발생한 오류를 전기오류로 인정받기 위해서는 근무일지, 매입 거래명세표, 거래수수료 산정내역 등 거래의 실질을 확인할 수 있는 상세자료와 금융 이체내역을 보관하고 있어야 하며, 이러한 입증자료가 확보되어야 전기오류수정손실을 활용한 가지급금 정리가 가능하다. 실질은 비용이나 매입이었음에도 불구하고 형식 요건의 미비로 가지급금으로 처리되었다는 점이 명확히 입증되어야 한다.

전기오류의 수정으로 인해 자산이 감소하거나 부채가 증가하는 등 누적효과가 발생하는 경우, 그 금액은 원칙적으로 당기 손익계산서상 영업외손실인 전기오류수정손실로 반영한다. 다만 해당 오류가 재무제표의 신뢰성을 중대하게 훼손할 정도로 중요한 경우에는 손익으로 처리하지 않고 전기이월이익잉여금을 직접 수정하며, 당기 재무제표에 비교 표시되는 전기 재무제표를 재작성하게 된다.

결국 전기오류수정손실은 정상적인 영업성과의 결과가 아니라 과거 회계처리 오류를 바로잡기 위한 정산 성격의 손실로서, 요건을 충족하는 경우 가지급금을 합법적으로 정리할 수 있는 실무상 유효한 수단이 된다는 점에서 그 활용 가치를 이해할 필요가 있다.

▶ 업무에 불가피한 거래수수료, 기타소득 처리

업무를 하다 보면 업종의 특성상 불가피하게 거래수수료가 발생하는 경우가 있다. 사업의 연속성을 위해 불가피하게 지출한 거래수수료를 음성적으로 처리하면 자칫 업무무관 가지급금으로 분류되어 세무상 불이익이 발생하게 된다. 이와 같이 업무와 관련하여 불가피하게 발생한 거래수수료는 인적용역 기타소득으로 처리 시 큰 세부담 없이 비용 처리가 가능하다.

소득세법상 기타소득은 일시적·우발적으로 발생하는 소득으로 일시적 인적용역, 재산권에 관한 알선수수료, 사례금 등 다양한 형태가 포함된다. 재산권에 관한 알선수수료와 사례금 등은 필요경비가 인정되지 않지만, 일시적 인적용역의 경우 수입금액의 60%가 필요경비로 인정되는 기타소득에 해당한다.

예를 들어 일시적 인적용역으로 7,000만 원의 용역비를 지급받는다면 4.200만 원은 필요경비로 공제되고, 나머지 2,800만 원만 기타소득금액으로 과세된다. 기타소득금액에 20% 세율로 원천징수하여 원천징수자인 회사가 세무신고를 하며, 소득 귀속자는 연말에 종합소득세 신고 시 정산하거나, 기타소득금액이 건별 300만 원 이하일 경우 분리과세로 종결할 수 있다.

- 기타소득 인적용역소득　　　　　: 7,000만 원
- 기타소득 필요경비(60%)　　　　 : 4,200만 원
- 기타소득 소득금액　　　　　　　: 2,800만 원 (= 7,000만 원 - 4,200만 원)
- 기타소득 원천징수 세율(20%*) : 560만 원 (= 2,800만 원 × 20%)

* 지방소득세 별도, 지방소득세 포함 22% 원천징수

다만 필요경비가 인정되지 않는 기타소득인 재산권에 관한 알선수수료 또는 사례금에 해당하지 아니하고 일시적 인적용역에 해당하려면 인적용역의 범위를 명확히 하여 거증할 수 있어야 한다.

▶▶ 인정이자를 계산하지 않는 가지급금

가지급금이라 하더라도 모든 금액이 인정이자 계산 대상이 되는 것은 아니다. 국외 투자법인의 여비·급료 등 사업 수행 과정에서 발생한 비용을 법인이 대신 부담한 금액은 원칙적으로 인정이자 계산 대상에서 제외된다. 반면 해외 현지법인 설립 과정에서 제공한 대여금은 단순한 비용 대납과 달리 가지급금에 해당하므로, 인정이자 계산 대상이 된다는 점에서 명확히 구별할 필요가 있다.

또한 특수관계인에 대한 가지급금이라 하더라도 그 성격과 거래의 실질에 따라 인정이자를 계산하지 않는 경우가 있다. 특수관계인 간에 보증금이나 선수금 등을 수수하였더라도 해당 거래가 통상의 상관례 범위 내에서 이루어진 경우에는 인정이자 계산 대상에 해당하지 아니한다. 아울러 특수관계인 간 거래에서 발생한 외상매출금 등의 회수가

지연되었더라도 사회통념 및 상관습에 비추어 부당함이 없다고 인정되는 경우에는 인정이자를 계산하지 않는다. 더 나아가 특수관계인에 대한 가지급금 등의 채권이 「채무자 회생 및 파산에 관한 법률」에 따라 정리채권으로 동결된 경우나, 법인이 「국세기본법」에 따른 제2차 납세의무자로서 특수관계인의 국세를 대신 납부하고 이를 가지급금으로 처리한 경우 역시 인정이자 계산 대상에서 제외되는 경우에 해당한다.

한편 귀속이 불분명한 대표이사 상여처분 금액에 대한 소득세 대납액, 직원에게 급여 범위 내에서 지급한 가불금, 직원에 대한 경조사비 또는 학자금 대여액, 그리고 2020년 이후 중소기업의 지배주주를 제외한 직원에게 주택구입 또는 전세자금 목적으로 대여한 금액 역시 인정이자 계산 대상에서 제외된다. 다만 퇴직금 범위를 초과한 가불금이나 2020년 이전에 이루어진 직원 주택자금 대여분의 경우에는 인정이자 계산 대상에 해당할 수 있으므로, 사전에 회수 또는 정산 여부를 점검하는 등 별도의 세무상 대응 방안을 검토할 필요가 있다.

▶ 가지급금 인정이자 줄이기

인정이자는 법인이 특수관계자에게 자금을 무상 또는 저리로 대여한 경우, 세법상 시가 수준의 이자를 수입으로 간주하여 익금에 산입하는 금액을 말한다.

가지급금 인정이자 계산 방식은 과세기간 중 가지급금 잔액에 보유일수를 곱한 값인 가지급금 적수잔액에 인정이자율을 적용하여 1년 기준 일할 계산된 인정이자 금액을 산출하게 된다.

$$\text{인정이자} = (\text{가지급금의 적수} - \text{가수금의 적수}) \times \text{인정이자율} \times 1/365^{(주)}$$

㈜ 윤년의 경우 1/366로 한다.

이때 적용되는 인정이자율은 원칙적으로 가중평균차입이자율을 사용하며, 예외적인 경우 국세청이 매년 고시하는 당좌대출이자율을 사용한다. 당좌대출이자율은 가장 일반적이고 실무적으로 많이 적용되는 기준이다.

현행 당좌대출이자율은 연간 4.6%이다. 당좌대출이자율 4.6%는 통상적인 시장 금리보다 다소 유리하면서 편리하게 적용이 가능하기에 다수의 기업이 선택을 통해 당좌대출이자율을 적용하여 인정이자를 산출한다.

그러나 금리가 하락하거나 회사가 우량차입 조건을 확보해 낮은 금리로 자금을 조달하고 있는 경우라면, 고시이자율을 적용하는 것보다 낮은 가중평균차입이자율로 인정이자를 계산하여 인정이자를 줄일 수 있다. 다만, 인정이자율은 당좌대출이자율과 가중평균차입이자율 중 하나를 선택해 적용할 수 있고, 선택한 이자율은 3년간 의무적으로 적용해야 하므로 적용 가능 여부를 충분히 검토해 결정할 필요가 있다.

주의할 점은 가지급금에 대한 인정이자율은 원칙적으로 가중평균차입이자율을 적용하되, 가중평균차입이자율이 없는 것으로 보는 경우에는 당좌대출이자율 4.6%를 적용해야 한다. 가중평균차입이자율이 없는 경우란 특수관계인이 아닌 자로부터 차입한 금액이 전혀 없거나, 차입금 전액이 채권자가 불분명한 사채 또는 매입자가 불분명한 채권·

증권의 발행으로 구성된 경우를 말하며, 이와 함께 대여법인의 가중평균차입이자율 또는 실제 대여금리가 차입법인의 가중평균차입이자율보다 높은 경우에도 당좌대출이자율을 시가로 보게 된다.

즉, 예외적인 경우를 제외하고 회사의 실제 차입금리가 당좌대출이자율보다 낮은 경우 가중평균차입이자율을 적용하면 인정이자 금액이 줄어들어 익금산입 금액이 감소하고, 결과적으로 법인세 부담도 줄어드는 효과를 얻을 수 있다. 이는 세법상 허용된 합법적 절세 수단으로, 가지급금이 큰 기업일수록 이자율 선택의 효과가 커지기 때문에 실무적으로 매우 중요한 전략적 판단 요소가 된다.

또한 가지급금에 대한 인정이자 계산 시 법인이 특수관계자에게 자금을 저리로 빌려주었더라도 실제 수취이자와 시가(인정이자율) 간의 차이가 5% 미만이면 그 차액에 대해서는 익금산입을 하지 않아도 되는 예외가 있다. 이는 소액에 대해 불필요한 과세를 방지하기 위한 규정으로, 5% 미만일 경우 과세에서 제외되니 이 또한 참고할 만하다.

가지급금 죽이기 핵심전략

■ 급여·배당 전환으로 가지급금 발생 차단

가지급금 문제를 근본적으로 해결하려면 우선 추가 발생 자체를 막는 것이 중요하다. 대표자나 특수관계인이 생활자금이나 개인 자산 취득을 위해 법인 자금을 인출하는 경우, 이를 가지급금으로 처리하지 않고 급여·상여·배당 등 정상적인 소득처리 절차로 전환하면 가지급금이 발생하지 않는다.

이 방법은 소득 귀속이 명확해져 세무상 리스크가 줄어들 뿐만 아니라, 법인의 재무구조도 보다 투명하게 관리할 수 있다는 장점이 있다. 또한 정기적인 급여·배당 정책을 설계해 예측 가능한 인출 구조를 만들면 불필요한 가지급금 누적을 사전에 차단할 수 있다. 가지급금은 누적될수록 인정이자, 손금불산입, 상여처분 등의 불이익이 커지기 때문에 발생 억제 전략이 가장 효과적인 방어 수단이다.

■ 실질이 비용인 경우, 전기오류수정손실 처리

실질적으로는 사업과 관련된 비용임에도 불구하고 적격증빙 미비 등 형식 요건을 갖추지 못해 가지급금으로 처리된 금액은 전기오류수정손실을 통해 정리할 수 있다. 이는 전기 또는 그 이전 회계연도에 발생한 회계처리 오류를 바로잡는 과정에서 발생하는 손실로, 거래의 실질이 비용임을 입증할 수 있는 자료가 확보된 경우에 한해 적용된다. 전기오류수정손실은 당기의 영업성과와 무관한 과거 오류의 정산이라는 점에서, 과대계상된 법인 이익과 누적된 가지급금을 합리적으로 해소하는 수단이 된다.

■ 거래수수료는 '인적용역 기타소득'으로 합법적 처리

업종에 따라 불가피하게 발생하는 거래수수료를 명확한 회계처리 없이 가지급금으로 방치할 경우 이는 업무무관 가지급금으로 분류되어 세무 리스크를 키운다. 그러나 해당 거래수수료를 소득세법상 필요경비 60% 가 인정되는 기타소득인 인적용역 기타소득으로 처리하면 세부담을 줄이면서 합법적으로 비용처리할 수 있다. 다만, 용역의 범위를 특정하여 거증하여야 한다.

■ 인정이자율 전략적 선택

인정이자는 가지급금 적수잔액에 인정이자율을 곱해 1년 기준 일할 계산하며, 가중평균차입이자율 또는 당좌대출이자율 중 하나를 선택할 수 있다. 당좌대출이자율을 선택하면 3년간 의무 적용되므로 회사의 실제 차입금리를 고려해 가중평균차입이자율로 할지 전략적으로 결정하면 인정이자를 줄일 수도 있다.

Chapter

15

업무관련성 입증

어떻게 하면 업무관련 가지급금으로 인정받을 수 있을까?

Q

가지급금의 업무관련성은 어떻게 구분하는 건가요?

중소기업에서 경리 업무를 맡고 있는 나성실이라고 합니다. 요즘 가지급금 때문에 머리가 복잡합니다. 실무를 하다 보면 가지급금이 정말 '피할 수 없는 손님'처럼 자꾸 생기거든요. 거래처 자금 정산이 늦어지거나, 대표님 출장비용이 미리 나가거나, 급하게 자금이 집행되는 경우 등 현실적인 상황에서는 어쩔 수 없는 부분이 많습니다.

그런데 회계처리 단계에서는 업무와 관련이 있다고 생각했던 가지급금이, 세무조정에서는 대부분 업무무관 가지급금으로 분류되어 불이익을 받는 경우가 많습니다. 실제로 세무사무실에서 보내오는 세무조정 내역을 보면 지급이자 손금불산입, 대손금 손금불산입, 처분손실 손금불산입 등이 적용되는 경우가 대부분입니다.

가지급금을 아예 만들지 않는 것이 최선이라는 생각이 들지만, 회사 상황상 그렇게 깔끔하게 처리할 수 없는 경우가 많습니다. 출장비, 투자자금, 계약금 등 불가피하게 가지급금이 발생할 수밖에 없거든요.

그렇다 보니 "어떻게 하면 업무관련 가지급금으로 인정받을 수 있을까" 하는 게 제 가장 큰 고민이 됐습니다. 제 기준에서는 업무상 필요해서 나간 돈이라고 생각하는 경우가 많지만, 세무사님의 판단은 훨씬 더 엄격하더라고요. 가지급금의 업무관련성과 유무는 어떻게 구분하고, 어떤 기준으로 판단되는지 궁금합니다.

▶ 업무관련성 구분의 실익

법인이 가지급금을 보유하고 있을 때 그 자금이 업무와 관련이 있는지 여부를 명확히 구분하는 것은 세무상 매우 중요한 문제다. 업무무관 가지급금으로 판단되면 인정이자 익금산입, 지급이자 손금불산입, 대손충당금 및 대손금 손금불산입, 처분손실 불인정 등 여러 불이익이 뒤따르지만, 반대로 업무관련 가지급금으로 인정받을 경우 인정이자 익금산입만 적용되고 다른 세무상 제재는 면제될 수 있다. 이는 곧 세부담의 크기와 직결되는 사안으로, 단순한 회계상의 분류 문제를 넘어 실질적인 세금 리스크 관리의 핵심이다.

▶ 목적사업에 따른 업무관련성 판단

법인의 목적사업이나 영업활동 등과 객관적으로 관련되지 않는 특수관계자의 자금인출에 해당하는 가지급금, 예컨대 대여금·선급금·외상매출금 등은 세법상 업무무관 가지급금으로 본다. 가지급금이 업무와 관련 있는지 여부에 따라 인정이자, 지급이자 손금불산입, 대손금 처리 여부 등 세무상 규제가 달라지기 때문에, 가지급금의 발생 목적이 법인의 목적사업에 근거하고 있음을 입증하는 것은 매우 중요한 사안이다.

이에 따라 세무실무에서는 관련 심판례나 판례를 통해 가지급금이 실제로 업무관련성으로 인정받은 사례를 검토하고, 주요 쟁점을 파악해 실무 판단의 기준으로 삼는 노력이 필요하다. 특히 대법원은 가지급금의 업무관련성 여부는 주관적 판단이 아닌 객관적 기준에 따라 판단해야 한다고 명확히 판시하고 있다(대법원 2002두4068, 2003.3.11.). 이 판례에서 법원은 구 법인세법 제18조의3 제1항 제3호와 시행령 제43조의2 제2항 제2호에 따라 '업무와 관련 없이 지급한 가지급금'에는 순수한 의미의 대여금뿐만 아니라 구상금 채권 등 대여금에 준하는 채권도 포함된다고 보았다. 또한 적정 이자율에 따라 이자를 수취한 경우라 하더라도 업무와 무관하다면 가지급금에 해당한다고 판시하였다.

 **가지급금의 업무관련성은 해당 법인의 목적사업 및 영업 내용 등을 기준으로 객관적으로 판단해야 한다는 판례**

대법원 2002두4068, 2003.3.11.

구 법인세법(1998. 12. 28. 법률 제5581호로 전문 개정되기 전의 것) 제18조의3 제1항 제3호, 구 법인세법 시행령(1998. 12. 31. 대통령령 제15970호로 전문 개정되기 전의 것) 제43조의2 제2항 제2호 본문에 규정된, '업무와 관련 없이 지급한 가지급금'에는 순수한 의미의 대여금은 물론 구상금 채권 등과 같이 채권의 성질상 대여금에 준하는 것도 포함되고, 적정한 이자율에 의하여 이자를 받으면서 가지급금을 제공한 경우도 포함된다 할 것이며, 가지급금의 업무관련성 여부는 당해 법인의 목적사업이나 영업내용을 기준으로 객관적으로 판단하여야 한다.

결국 가지급금의 업무관련성 판단은 단순히 형식상 자금 흐름만으로 결정되는 것이 아니라, 해당 자금이 법인의 본래 목적사업 또는 영업활동과 실질적으로 관련이 있는지를 객관적으로 증명할 수 있는가에 달려 있다. 따라서 기업은 가지급금이 불가피하게 발생한 경우, 그 자금의 사용 목적과 사업 관련성을 명확히 입증할 수 있는 근거 자료를 철저히 확보해 두는 것이 세무 리스크를 줄이는 핵심이다.

▶▶ 대여금·선급금·외상매출금 등으로 처리한 가지급금의 업무관련성 판단

법인세법 시행령 제53조 제1항은 가지급금을 "명칭 여하에 불구하고 당해 법인의 업무와 관련이 없는 자금의 대여액"이라고 규정하고 있다. 따라서 가지급금은 회계상 어떤 계정과목으로 표시되었는지에 관계없이 그 실질이 특수관계자의 자금인출에 해당한다면 업무관련성 여부를 기준으로 판단해야 한다. 특히 대여금·선급금·외상매출금과 같은 계정은 일반적으로 업무와 관련된 계정으로 인식되기 때문에, 실질적으로는 업무무관 가지급금임에도 불구하고 업무관련 가지급금으로 오인하기 쉬운 특성이 있다. 이는 실무상 상당히 빈번하게 발생하는 문제로, 단순히 계정과목이 업무관련성 있는 항목으로 분류되어 있다고 하더라도 세법상 판단은 전혀 달라질 수 있음을 의미한다.

법인이 대표이사 명의로 취득한 부동산을 반환받을 것을 전제로 대표이사에게 자금을 대여금으로 처리하여 대표이사 명의의 부동산 취득대금을 지급한 사안에 있어 비록 법인이 해당 부동산의 실질적 사용자이자 수익자라 하더라도 부동산의 소유권은 대표이사가 취득한 것이므로 종국적인 경제적 실질은 대표이사에게 있다고 보고 있어 주의가 필요하다. 이러한 거래는 세법상 업무무관 가지급금으로 판단되며, 형식상 대여금으로 처리하였다 하더라도 업무관련성 판단에 주의가 필요한 것이다(부산고등법원 2020누22749, 2021.3.31.).

임·직원의 주택자금 대출도 회계상 대여금으로 처리했다 하더라도 일반적으로 세법상 가지급금에 해당한다. 다만, 법인세법 시행규칙 제44조 제7호의2에 따라 조세특례제한법 시행령 제2조에 따른 중소기업의 경우 지배주주에 해당하지 않고, 법인과 특수관계가 없는 직원에게 주택구입 또는 전세자금을 대여한 경우에는 예외적으로 업무무관 가지급금으로 보지 않는다. 이는 중소기업 근로자의 주거안정을 지원하기 위한 특례로, 해당 규정을 적용하기 위해서는 법인이 중소기업에 해당하고, 해당 직원이 지배주주 등이 아니며, 자금의 사용 목적이 주택자금임이 명확히 입증되어야 한다.

따라서 대여금이라는 계정으로 처리되었다 하더라도, 해당 자금의 성격과 사용 목적에 따라 업무관련 가지급금으로 인정될 수도 있고, 업무무관 가지급금으로 판단될 수도 있으므로 개별 사실관계에 대한 면밀한 검토가 필요하다.

부산고등법원 2020누22749, 2021.3.31.

법인세법 제28조와 같은 법 시행령 제53조가 규정하고 있는 지급이자 손금불산입의 대상이 되는 '업무무관 가지급금'에는 순수한 의미의 대여금은 물론 구상금채권 등과 같이 채권의 성질상 대여금에 준하는 것도 포함되고(대법원 2006.10.26. 선고, 2005두1558 판결 참조), 부동산 실권리자명의 등기에 관한 법률 제4조 제1항, 제2항에 의하면, 명의신탁자와 명의수탁자가 이른바 계약명의신탁약정을 맺고 명의수탁자가 당사자가 되어 명의신탁약정이 있다는 사실을 알지 못하는 소유자와의 사이에 부동산에 관한 매매계약을 체결한 후 그 매매계약에 따라 당해 부동산의 소유권이전등기를 수탁자 명의로 마친 경우에는 명의신탁자와 명의수탁자 사이의 명의신탁약정의 무효에도 불구하고 그 명의수탁자는 당해 부동산의 완전한 소유권을 취득하게 되고, 다만 명의수탁자는 명의신탁자에 대하여 제공받은 매수자금상당의 부당이득반환의무를 부담할 뿐이다(대법원 2005.1.28. 선고, 2002다66922 판결 등 참조). 즉, <u>계약명의신탁의 경우 명의신탁약정의 무효에도 불구하고 명의수탁자가 부동산의 완전한 소유권을 취득하게 되므로, 원고 소유의 이 사건 부동산의 취득을 위해 대여한 가지급금은 업무무관 가지급금으로서 특수관계가 소멸되는 날까지 회수하지 않았다면 원고에게 소득처분 해야 함.</u>

선급금으로 처리된 가지급금의 경우에도 향후 실제 공급이 예정되어 있었다 하더라도, 특수관계자를 통해 인출된 자금이 거래의 실질이 불분명하여 정산되지 않은 상태로 남아있거나, 실질거래라 하더라도 시가보다 현저히 높은 금액으로 이루어져 정당한 거래로 보기 어려운 경우에는 세법상 업무무관 가지급금으로 판단될 수 있으므로 주의가 필요하다.

특수관계에 있는 법인 간의 거래에서 발생한 외상매출금의 경우, 일반적으로 통상의 지급기일 내에 회수되지 않으면 업무무관 가지급금 해당 여부가 문제 될 수 있다. 이때 세법상 판단 기준은 상대방 법인의 자금 사정 악화 등으로 인한 회수 지연이 업무와 관련하여 건전한 사회통념이나 상관행, 경제적 합리성에 부합하는 정당한 사유에 해당하는지 여부이다(조심 2018부3604, 2019.11.14.). 즉, 법인이 특수관계법인에 제품을 공급하여 발생한 외상매출금이 장기간 회수되지 않았더라도, 고의적인 자금 유출이 아닌 정당한 사유가 존재한다면 이를 업무무관 가지급금으로 보지 않을 수 있다(조심 2022중8050, 2023.7.31.).

 **특수관계법인과의 외상매출금 지연회수금액을 업무관련 가지급금으로 본 심판례**

조심 2018부3604. 2019.11.14.
쟁점채권이 대여금 또는 실질적인 소비대차로 전환되어 업무와 관련 없는 가지급금이라 하기에는 상당한 무리가 있어 보이는 점 등에 비추어 <u>쟁점채권을 지연회수한 데에는 업무와 관련하여 정당한 사유가 있었다고 보는 것이 건전한 사회통념이나 상관행 또는 경제적 합리성에 부합된다</u> 할 것이다.

조심 2022중8050, 2023.7.31.
청구법인은 자회사들뿐만 아니라 여러 다양한 거래처들과 사료를 공급하고, 종돈 및 자돈을 공급 및 매입하는 쌍방거래가 지속적으로 발생하면서 사업상 수익을 창출하고 있는 사업구조를 취하고 있는바, 이러한 사업구조에서 발생한 매출채권의 지연회수는 일상적으로 발생 가능한 경제활동으로 보이는 측면이 있는 점 등에 비추어, 특별한 사정이 없는 한 청구법인과 자회사들 사이에서 발생한 쟁점채권은 업무와 관련하여 발생된 채권으로 보이므로, 처분청이 이와 다른 전제에서 쟁점채권을 업무무관 가지급금으로 보아 지급이자의 일부를 손금 부인하여 과세한 처분은 잘못이 있다고 판단된다.

따라서 <u>처분청이 평균회수기간을 초과한 쟁점채권에 대한 인정이자를 계산하여 익금에 산입한 처분은 잘못이 없으나, 매출거래에서 발생한 쟁점채권은 업무와 관련이 없다고 보기 어려워 지급이자를 손금불산입한 처분은 잘못이 있다.</u>

또한 법인이 법인 소속 임·직원의 업무상 중과실로 발생한 손해배상금을 차입하여 대납하고, 해당 임·직원이 일정 기간에 걸쳐 이를 상환하기로 하는 구상권 약정을 체결한 경우, 그 차입금에 대한 이자는 법인의 손금에 산입된다. 다만, 이 경우 법인이 임·직원에 대해 가지는 구상채권은 해당 임·직원에 대한 업무무관 가지급금에 해당한다(서면법인-4856, 2020.12.15.).

따라서 법인으로부터 특수관계자가 자금을 인출한 경우, 그 자금을 대여금·선급금·외상매출금 등 다른 계정과목으로 처리했다 하더라도 실질이 가지급금에 해당한다면 그 업무관련성을 판단해야 한다. 이때 건전한 사회통념과 상관행, 경제적 합리성 등을 기준으로 사실관계를 종합적으로 검토해 업무관련 가지급금인지, 업무무관 가지급금인지 구분하게 된다.

▶▶ 해외 현지법인의 사업 관련 경비

가지급금의 업무관련성은 매우 보수적인 기준으로 사실관계를 판단하기 때문에, 실무상 이를 업무관련 가지급금으로 인정받는 것은 쉽지 않은 일이다. 다만 최근에는 해외 현지법인과 관련된 가지급금에 대해 업무관련 가지급금으로 인정한 사례들이 일부 있어, 해외에 현지법인을 두고 가지급금이 발생한 기업이라면 참고할 만한 부분이 있다.

　법인과 특수관계자인 대표이사가 업무와 관련 없이 소득세 부담을 회피하기 위해 인출한 대여금은 명확한 업무무관 가지급금에 해당하나 판매를 위한 영업활동을 주업으로 하고 있는 현지법인의 인건비 지급을 위한 대여금은 법인의 목적사업 수행과 관련이 있는 것으로 보아 업무관련 가지급금으로 보았다(대전지방법원 2017구합105578, 2018.9.16.).

　또한 청구법인이 리비아 해외 자회사 미수금의 회수지연에 정당한 사유가 있고, 해외 자회사의 채권을 즉시 회수하는 것보다 법인의 정상화를 통하여 안정적으로 청구법인의 이익을 확보하는 것이 경제적 합리성이 있어, 국내 법인으로부터 이자를 수취하지 아니한 데에 경제적인 합리성이 존재한다고 보아 미수금채권을 업무무관 가지급금에서 제외하여 관련 지급이자를 손금산입하는 것이 타당하다고 판단한 부분도 참고가 필요하다(조심 2020서8112, 2024.3.21.).

가지급금의 업무관련성은 해외 현지법인의 목적사업 및 영업 내용 등을 기준으로 객관적으로 판단해야 한다는 판례

대전지방법원 2017구합105578, 2018.9.16.
이 사건 대여금은 이 사건 현지법인의 인건비 등 운영자금으로 대부분 사용되었고, 특히 지출내역에서 인건비가 가장 많은 비중을 차지하고 있는데, 이는 이 사건 현지법인이 자체 원천기술이나 제품 생산설비를 이용한 독자적인 사업이 아닌 판매를 위한 영업활동을 주된 사업으로 영위하고 있고, 환경설비업과 같은 기술영업의 특성상 환경공학 관련 석·박사 이상의 학력을 갖춘 임·직원에게 지급되는 급여수준이 높은데 기인한 것으로 보인다. 따라서 <u>원고가 이 사건 현지법인에게 인건비 등의 명목으로 이 사건 대여금을 대여하였고, 이 사건 현지법인이 앞서 본 바와 같이 원고 제품의 판매를 위하여 일정한 사업을 시행한 사정에 비추어 보면, 이 사건 대여금이 원고의 목적사업 수행과 무관하다고 보기 어렵다.</u>

<u>원고의 현지법인에 대한 대여금이 원고의 업무와 관련 없이 지급되었다고 보기 어려우므로, 이를 업무무관 가지급금으로 보아 관련 지급이자를 손금부인한 것에 대한 경정청구 거부처분은 위법하다.</u>

해외 자회자와의 미수금 지연회수에 정당한 사유가 있다고 보아 업무관련 가지급금으로 본 심판례

조심 2020서8112, 2024.3.21.

청구법인의 주장 내용에 의하면 쟁점B구상채권과 관련하여 청구법인이 대위변제를 하게 된 것은 예상치 못한 리비아 내전으로 인하여 현지의 사업수행에 어려움을 겪던 B가 지급불능상태에 빠지게 됨에 따라, 한국수출입은행과의 지급보증약정에 의하여 이루어진 것이라고 소명하고 있는 등, 청구법인이 지급보증 이후 대위변제를 하게 된 경위 자체는 청구법인으로서는 불가피한 사정으로 보이는 점, 쟁점B미수금은 B가 소재한 리비아의 내전으로 인하여 정상적인 경제활동이 불가능한 상황임에 따라 회수하지 못한 것이므로, 회수지연에 정당한 사유가 있는 것으로 보이는 점, 청구법인이 제출한 B 발생원가 세부내역 및 파견직원 세부 내역 등의 증빙을 제출한 점 등에 비추어 처분청이 쟁점B구상채권과 쟁점B미수금을 업무무관 가지급금으로 보아 경정청구를 거부한 처분은 잘못이 있는 것으로 판단된다.

쟁점미수금과 관련하여 C의 경우 경영악화로 자본잠식 상태에 빠져 지급 불능 상황이었고, B의 경우 소재국인 리비아의 내전으로 인하여 주택, 도로 등 인프라 파괴 및 정세불안으로 정상적인 경제활동이 불가능한 상황이었으므로 청구법인이 회수를 지연한 것 등이 건전한 사회통념이나 상관행에 비추어 경제적 합리성을 결여하였다고 보기 어려운 점, 쟁점B구상채권과 관련하여 B가 채무를 변제할 능력이 없는 상황이었고, 언제 사업을 재개할 수 있을지 전혀 예상할 수 없는 상황이었으며, 청구법인이 조세심판관 회의에서 진술한 바에 따르면 B는 청산되지 않았고, 청구법인은 B의 경영이 정상화 될 경우 채권을 회수하고자 하는 것으로 보이는바, 청구법인이 채권을 즉시 회수하는 것보다 자회사인 B 법인의 정상화를 통하여 안정적으로 청구법인의 이익을 확보하는 것이 경제적 합리성이 있는 것으로 보이는 점 등에 비추어 쟁점B구상채권과 쟁점B미수금, 쟁점C미수금은 정상가격 과세조정 대상에서 제외하는 것이 타당한 것으로 판단된다.

<u>청구법인은 해외 자회사 미수금의 회수지연에 정당한 사유가 있고, 해외 자회사의 채권을 즉시 회수하는 것보다 법인의 정상화를 통하여 안정적으로 청구법인의 이익을 확보하는 것이 경제적 합리성이 있으며, 국내 법인으로부터 이자를 수취하지 아니한 데에 경제적인 합리성이 존재한다고 보이므로 이에 대한 경정청구를 거부한 처분은 잘못이 있다.</u>

key point !

가지급금 죽이기 핵심전략

■ 가지급금의 업무관련성 구분은 세금부담을 좌우

가지급금이 업무무관으로 판단되면 인정이자 익금산입분 아니라 지급이자 손금불산입, 대손충당금 및 대손금 불인정, 처분손실 불인정 등 다양한 세무상 불이익이 발생한다. 반면 업무관련 가지급금으로 인정되면 인정이자만 익금산입하고 나머지 불이익은 적용되지 않는다. 따라서 가지급금이 발생했을 때 자금의 성격과 사용 목적을 명확히 입증해 업무관련성을 인정받는 전략이 세금 리스크를 줄이는 핵심이다.

■ 법인등기부 등본의 목적사업을 체크하여 업무관련성 판단

가지급금의 업무관련성은 법인의 목적사업 및 영업활동과의 객관적 관련성에 따라 판단된다. 단순한 회계처리나 내부적 해석이 아니라, 자금이 사업 목적 수행에 실질적으로 사용됐는지를 증빙해야 하며, 관련 심판례와 판례 분석을 통해 객관성을 확보하는 것이 중요하다. 특히 판례에서는 적정 이자율을 적용했더라도 목적사업과 관련이 없으면 업무무관 가지급금으로 본다고 판시하고 있다.

■ 특수 상황에서는 업무관련 가지급금!

중소기업이 지배주주가 아닌 일반 직원에게 주택자금을 대여한 경우 요건 충족 시 업무무관 가지급금에서 제외된다. 또한 최근 해외 현지법인의 영업활동과 관련된 자금대여에 대해 업무관련 가지급금으로 인정한 사례 등도 있으니 가지급금의 업무관련성 여부를 검토하여야 한다.

Chapter

16

특수관계 성립시점 활용

특수관계 판단 시점에 따른 대손처리 손금여부 차이

Q

**특수관계 판단 시점에 따른,
대손처리가 가능한 가지급금 요건은 어떻게 되나요?**

저는 중소기업을 운영하고 있는 김대여입니다. 얼마 전, '업무무관 가지급금 대손처리'와 관련해 머리가 복잡해졌습니다. 2020년에 거래처 대표에게 돈을 빌려준 적이 있는데, 당시엔 단순한 협력관계였거든요. 그런데 세월이 흘러, 그 대표가 저희 회사 임원으로 오게 되면서 특수관계인이 되어버렸습니다.

문제는 그 채권이 이제 회수불능 상태가 되어 대손처리를 하려는데, 저희 경리직원 말로는 "이건 특수관계자에게 빌려준 가지급금이라 손금 인정이 안 됩니다!"라고 하더군요. 제가 빌려 줄 당시엔 아무런 특수관계가 아니었다고 설명을 해보았지만 달라지는 것이 없었습니다.

담당 세무사님 말씀을 들어보니 2021년 1월 1일 전이냐, 후냐에 따라 결과가 달라지는데, 예전엔 대손이 발생한 시점, 지금은 돈을 빌려준 시점을 기준으로 특수관계 여부를 판단한다고 하셨습니다. 시점별 특수관계 여부에 따라 대손발생시 손금 인정 여부도 차이가 있기 때문에 가지급금 채권에 대해 '언제 빌렸는지', '그때 무슨 관계였는지'를 정확히 기록해 두는 게 얼마나 중요한지도 강조해 주셨습니다.

같은 돈을 빌려줬더라도 언제 빌려줬느냐에 따라 세법상 결과가 완전히 달라진다니, 정말 미묘하지만 중요한 차이 같은데, 이 부분에 대해 정확히 알고 싶습니다. 대손처리 시 특수관계자 판단 시점은 언제이고, 시점별 특수관계자 여부에 따라 손금으로 인정받을 수 있는 가지급금은 어떤 것이 있는 건가요?

▶▶ 대손처리 시 특수관계 성립시점 판단

법인세법에서는 채무보증으로 인해 발생한 구상채권과 특수관계인에게 해당 법인의 업무와 관련 없이 지급한 업무무관 가지급금은 대손금으로 계상할 수 없도록 제한하고 있다.

다만, 특수관계인 판단시점을 명확히 하기 위해 법인세법(제19조 제2항 제2호)을 개정하여 손금산입이 제한되는 가지급금 등의 특수관계인 판단 기준일을 명시하였다. 이에 따라 2021.1.1. 시행일 이후 대여하는 업무무관 가지급금에 대하여는 업무무관 가지급금으로 보는 특수관계자 판단시점을 이전의 대손사유 발생 시점이 아닌 대여 했던 당시에 해당하는 대여시점으로 하고 있어 대손금 손금산입 여부를 활용하여 가지급금을 해결하는데 있어 참고 할 만하다.

> ## ☆ 법인세법 제19조 제2항 제2호 【대손금의 손금불산입】

① 내국법인이 보유하고 있는 채권 중 채무자의 파산 등 대통령령으로 정하는 사유로 회수할 수 없는 채권의 금액[이하 "대손금"(貸損金)이라 한다]은 대통령령으로 정하는 사업연도의 소득금액을 계산할 때 손금에 산입한다. (2018.12.24. 개정)

② 제1항은 다음 각 호의 어느 하나에 해당하는 채권에는 적용하지 아니한다. (2018.12.24., 2020.12.22., 2020.12.29. 개정)

1. 채무보증(「독점규제 및 공정거래에 관한 법률」 제24조 각 호의 어느 하나에 해당하는 채무보증 등 대통령령으로 정하는 채무보증은 제외한다)으로 인하여 발생한 구상채권(求償債權)

2. 제28조 제1항 제4호 나목에 해당하는 가지급금(假支給金) 등. 이 경우 특수관계인에 대한 판단은 대여시점을 기준으로 한다.

즉, 2021.1.1. 이후 대여분에 대하여 대손 발생 시 대여시점을 기준으로 특수관계자 여부를 판단하도록 한 것이다. 따라서 2021.1.1. 이후 발생한 채권의 경우 이후의 대손처리 시점에 해당 채권에 대해 특수관계가 성립하더라도 대여시점에 특수관계가 성립하지 않은 채권이라면 대손으로 인한 손금 인정이 가능하다.

반면에 2021.1.1. 이전에 대여한 채권이 대손처리가 되었을 경우 대손처리 된 당시를 기준으로 특수관계자 여부를 판단하게 된다(대법원 2012두6247, 2014.7.24.). 즉, 2021.1.1. 이전에 대여한 채권의 경우 대여시점에 특수관계자라 할지라도 이후의 대손 시점에 특수관계가 성립하지 않을 시 해당 채권에 대한 손금산입이 가능한 것이다.

 **2021.1.1. 이전에 대여한 채권의 대손처리 시 특수관계자 여부 판단시점에 대한 심판례**

대법원 2012두6247, 2014.7.24.
구 법인세법 제34조 제3항 제2호 등의 입법 취지는 법인이 특수관계자에게 업무와 무관하게 가지급금을 제공하고 그 회수에 노력을 기울이지 아니하다가 대손사유가 발생하여 채권 회수가 불가능하게 된 경우에는 그 대손금을 손금불산입함으로써 특수관계자에 대한 비정상적인 자금대여관계를 유지하는 것을 제한하고 기업자금의 생산적 운용을 통한 기업의 건전한 경제활동을 유도하는 데 있는 점, 법인이 특수관계자에게 업무와 무관하게 가지급금을 제공한 후 대손사유가 발생하기 전에 특수관계가 소멸하였다면 더 이상 비정상적으로 자금을 대여하고 있는 것이라고 볼 수 없으므로 업무무관 가지급금에 대한 세법적 규제를 가할 필요가 없는 점 등을 종합하여 보면, 구 법인세법 구 제34조 제3항 제2호 등에 따라 대손금을 손금에 산입할 수 없는 특수관계자에 대한 업무무관 가지급금인지 여부는 그 대손사유가 발생할 당시를 기준으로 판단하여야 할 것이다.

따라서 2021.1.1.를 기점으로 특수관계자를 판단하는 것에 있어 이전은 대손시점, 이후는 대여시점으로 기준일에 차이가 있기 때문에 대손금의 손금산입여부에 영향을 주게 되는 것이다. 업무무관 가지급금의 대손 처리시점과 최초 업무무관 가지급금의 발생 시기를 명확히 확인함으로써 이를 활용한 가지급금 해결방안을 모색하는 것에 참고 할 수 있다.

대손처리 시 특수관계 판단 기준일

- 2021.1.1. 이전 대여분 : 대손 발생시점
- 2021.1.1. 이후 대여분 : 대여 발생시점

▶▶ 2021.1.1. 이전 업무무관 가지급금

2021.1.1. 이전 대여분에 대해서는 대여시점에 특수관계가 성립하지 않았지만 대손처분 시점에 특수관계가 성립한다면 업무무관 가지급금으로 보아 대손처리 하여도 손금 인정이 불가능할 것이다.

반면에 대여시점에 특수관계가 성립하여 업무무관 가지급금에 해당하였지만 대손처분 된 현재 시점에 특수관계가 해소되었다면, 2021.1.1. 이전 대여시점에 특수관계자에 의한 업무무관 가지급금에 해당한다 할지라도 대손처분 시점에 특수관계자가 해소되어 일반 민사채권의 소멸시효 완성, 상환 능력이 없음을 입증하는 소송 등을 통해 법정 대손사유가 성립하면 대손처리를 통한 손금 인정이 가능하게 된다.

즉, 2021.1.1. 이전에 업무무관 가지급금에 해당하는 채권을 보유하고 있는 법인의 경우 특수관계 해소를 통해 대여금의 대손사유 발생 시 대손처리를 통한 손금 인정을 활용하여 가지급금을 해결하는 것에 적용해 볼 수 있다.

다만, 2021.1.1. 이전의 채권의 경우 대여 발생시점에 특수관계자에 해당하지 않았지만, 대손시점에 특수관계자에 해당하는 경우는 대손처리 시 손금 인정이 불가하니 이 부분에 대한 주의가 필요하다.

▶ 2021.1.1. 이후 업무무관 가지급금

2021.1.1. 이후 대여분에 대해서는 대여시점에 특수관계가 성립하였다면 대손처분 시점에 특수관계가 해소되었다 하더라도 대여시점을 기준으로 특수관계자를 판단하기에 여전히 업무무관 가지급금으로 보아 대손처리 하여도 손금 인정이 불가능하다. 종전의 규정과 혼돈하여 대손시점에 특수관계자 해소를 이유로 대손금을 손금에 산입하지 않도록 해야 한다.

가지급금 죽이기 핵심전략

■ 특수관계자 여부 판단 기준일의 전환점 : 2021.1.1.

법인세법 개정으로 2021.1.1. 이후 대여분부터는 특수관계자 판단 기준일이 '대손시점'에서 '대여시점'으로 변경되었다. 따라서 2021.1.1. 이후의 업무무관 가지급금은 대여 당시 특수관계가 있었다면 대손처리 시점에 관계없이 손금 인정이 불가하다.

■ 2021.1.1. 이전 대여분 : 대손시점 기준 적용

개정 전 규정은 대손사유 발생 시점을 기준으로 특수관계 여부를 판단하였다. 따라서 과거 대여 시 특수관계가 있었더라도 대손 발생 시점에 특수관계가 해소되었다면 손금 인정이 가능하며, 반대로 대여 시점에는 특수관계가 없었으나 대손 시점에 새로 성립했다면 손금불산입 대상이 된다.

따라서 2021.1.1. 이전 대여시점에 특수관계에 해당하여 업무무관 가지급금이였으나 대손시점에 특수관계가 해소된 경우 손금산입을 통해 가지급금을 해결할 수 있다.

■ 가지급금 해결 전략, 시점 확인이 핵심!

대여시점과 대손시점 중 어느 시점을 기준으로 특수관계를 판단하는지에 따라 대손금의 손금산입 가능 여부가 달라진다. 따라서 가지급금 해결을 위해서는 해당 채권의 발생시기(2021.1.1. 전후)와 특수관계 변동 여부를 명확히 구분·관리하는 것이 중요하다.

Chapter

17

임원급여 활용

임원의 근로소득과 퇴직금을 적절히 활용하자

Q

급여 세금을 피하기 위해 쌓여버린 가지급금,
법인에서의 급여인출을 어떻게 해야 할까요?

저는 5년 전부터 개인사업을 하다가, 세금을 좀 줄여보자는 지인의 조언에 따라 법인을 설립한 고민중입니다. 개인사업 할 때는 나름 잘 운영됐고, 순이익이 2억 원 정도 나왔습니다. 그런데 법인을 만들고 나니 세무사 사무실에서 연봉 2억 원이면 근로소득세가 약 4,900만 원 정도 된다는 말을 듣게 되었습니다.

그 말을 듣고 깜짝 놀랐습니다. 개인사업자일 때 순이익 2억 원에 대한 사업소득세가 5,600만 원 정도였는데, 이게 뭐 700만 원 차이밖에 안 나는 거예요. 게다가 법인세도 따로 내야 한다면, '이거 법인 만드는 게 괜히 복잡하기만 한 거 아닌가' 싶었죠. 세금을 줄이기 위해 매년 2억 원씩 가지급금으로 인출하다 보니 지금은 10억 원에 이르는 가지급금이 쌓이게 되었습니다.

그래서 법인설립을 권유한 지인에게 하소연을 했더니, 그 지인은 제가 법인의 장점을 잘못 이해한 것이라고 했습니다. 개인사업자는 이익에서 세금을 내고 남은 돈이 전부 본인의 몫이지만, 법인은 대표자의 급여를 비용으로 처리할 수 있다는 설명을 해주었습니다.

연봉을 2억 원으로 잡으면 법인 이익이 0이 되어 법인세는 없고 근로소득세만 내게 된다는 얘기였습니다. 하지만 전체 세금 차이가 크지 않다고 하자, 친구는 법인의 진짜 장점은 급여를 잡지 않았을 때 나타난다며, 개인사업의 2억 원 이익에는 약 5,600만 원의 세금이 붙지만, 법인은 약 2,000만 원의 법인세만 내면 되기에 3,600만 원 정도 절세 효과가 생긴다고 덧붙였습니다. 지인의 말대로 법인설립 후 절세효과가 있으려면 지금처럼 계속 가지급금으로 자금을 인출할 수밖에 없다는 얘기인 것 같습니다.

결국 저는 지인 말만 듣고 법인을 만들었는데, 급여 설정부터 세금 구조를 잘못 이해해서 오히려 절세는커녕 계산이 꼬여버린 상황이 된 것 같습니다. 법인세율이 유리하다 한들 법인에서 급여를 안 받으면 계속해서 가지급금만 쌓이게 될 텐데... 법인에서 급여를 어떻게 가지고 가야 가지급금을 해결할 수 있을지 고민입니다.

▶▶ 개인사업과 법인사업의 세부담 차이

고사장이 계속적으로 개인사업을 했다면, 개인사업에서 얻은 소득에 대해 종합소득세를 다 내고 남은 돈을 쓰는 것은 자유로운 일이다. 다만, 고사장은 종합소득세로 사업소득의 6~45%까지의 세부담을 하는 것이 싫어서 법인으로 전환했다.

그리하여 법인사업에서 얻은 소득에 대해서는 법인세를 내게 되었는데, 당초 개인사업의 이익을 대표자 급여로 가져가니 법인의 이익은 없고 근로소득세를 내게 되었으나, 이 세부담도 개인사업의 종합소득세와 크게 차이가 나지 않았다.

고사장의 개인사업과 법인사업의 세부담 내역

(단위 : 원)

구분	개인사업	법인사업(급여)	법인사업(가지급)
	종합소득세	법인세/근로소득세	법인세
대표자 급여 계산 전 이익	200,000,000	200,000,000	200,000,000
대표자 급여	200,000,000	200,000,000	0
대표자 급여 계산 후 소득	200,000,000[1]		200,000,000
세율	38%	0%	10%
개인 또는 법인세금[2]	56,000,000	0	20,000,000
근로소득세	0	49,000,000	0[3]

1) 개인사업의 사업소득금액을 계산할 때 대표자 급여는 필요경비로 인정하지 아니한다.
2) 세금을 계산함에 있어 백만 원 단위 아래와 각종 소득공제 또는 세액공제감면은 중요성의 원칙에 입각하여 생략하기로 한다.
3) 매년 가지급금에 대한 인정이자를 납입하지 아니하면 인정이자를 상여로 보아 근로소득세를 부과하고, 법인에 대하여는 인정이자 및 지급이자 손금불산입 등 각종 규제를 가한다.

종합소득세율

개인의 과세표준	종합소득세 세율	누진공제
1,400만 원 이하	6%	–
5,000만 원 이하	15%	1,260,000원
8,800만 원 이하	24%	5,760,000원
1.5억 원 이하	35%	15,440,000원
3억 원 이하	38%	19,940,000원
5억 원 이하	40%	25,940,000원
10억 원 이하	42%	35,940,000원
10억 원 초과	45%	65,940,000원

법인세율

법인의 과세표준	법인세율	누진공제
2억 원 이하	10%	–
200억 원 이하	20%	20,000,000원
3,000억 원 이하	22%	420,000,000원
3,000억 원 초과	25%	9,420,000,000원

결국 고사장은 대표자 급여 없이 법인의 이익을 계산해서 10~22% 의 법인세만 부담했고, 그렇게 남은 회사 자금을 가지급금으로 빌려가 다 보니 5년이 넘어가자 감당할 수 없는 상황을 맞이하게 된 것이다.

▶▶ 근로소득과 퇴직금을 조합한 가지급금 해결

법인 대표자의 가지급금은 시간이 지날수록 인정이자 부담과 각종 세무상 불이익을 초래한다. 그러나 급여와 퇴직금을 전략적으로 조합하면, 과도한 세부담 없이 가지급금을 합리적으로 정리하는 방안을 마련할 수 있다.

사례의 경우 과거에는 대표자의 근속연수가 짧아 퇴직금 요건을 충족하지 못했기 때문에 퇴직금을 활용하는 것은 불가능했다. 그러나 현재는 근속연수가 5년 이상 누적되어 퇴직급여를 받을 수 있는 구조가 마련된 상황이다. 퇴직소득은 개인소득 중에서도 세부담이 현저히 낮은 소득 유형이므로, 이를 잘 활용하면 가지급금을 효과적으로 상환할 수 있다.

예컨대 급여 인출과 퇴직금을 조합하여 5년간의 플랜을 생각해 볼 수 있다. 가지급금이 총 10억 원일 경우, 5년에 걸쳐 매년 2억 원씩 급여 형태로 수령하면서 동시에 회사에 상환하기 위한 목적으로 세후 약 7.5억 원(= (2억 원 - 49백만 원) × 5)을 확보할 수 있다. 급여는 근로소득세 부담이 다소 크지만, 해당 금액이 가지급금 상환으로 이어지므로 실질적인 정리는 가능하다. 이후 남은 금액은 5년이 지난 시점에서 임원퇴직금으로 정산하는 방식이 고려될 수 있다.

또한 법인사업을 5년간 운영해 오고 있으므로 10년 후 임원의 근속연수는 10년이 될 것이다. 임원의 퇴직금 산정은 평균급여, 근속연수, 임원퇴직금 배수를 근거로 계산되는데, 법인설립 후 약 10년이 경과한 시점이라면 연봉 2억 원에 대한 퇴직 전 3년간 연평균급여(2억 원)의 10%에 해당하는 2,000만 원 수준의 평균 급여 기준에, 정관의 임원 퇴직금 규정을 3배수로 정해두었다면 퇴직 시 세후 약 4.6억 원 (= 약 6억 원 - 퇴직소득세 약 63백만 원 - 근로소득세 약 77백만 원) 내외의 퇴직금 수령이 가능하다. 실질 생활 자금, 보험료 등을 고려하면 설계하는 기간이 달라질 수 있겠으나 5년 설계 시 급여와 퇴직금 조합 세후 12.1억 원(= 세후 급여 약 7.5억 원 + 세후 퇴직금 약 4.6억 원) 수령이 가능하니 가지급금 10억 원의 상당한 부분이 상환 가능하다.

고사장의 10년 근속 퇴직금

약 6억 원 = 임원 평균급여(2,000만 원) × 연수(10년) × 배수(3배)*

* 세법상 임원퇴직금은 퇴직 전 3년간 연평균급여의 10%에 근속연수(월할)를 곱한 금액의 2012년 이후 적립분은 3배, 2020년 이후 적립분은 2배까지는 퇴직소득으로 보고, 이 이상 지급하는 분에 대해서는 근로소득으로 간주한다.
* 정관에 임원의 퇴직금관련 배수 규정을 3배수로 명시해 둔 경우로 가정한다.

다만 2020년 이후 적립분에 대해서는 세법상 2배수까지만 퇴직소득으로 인정되며, 이를 초과하는 금액은 근로소득으로 과세된다. 그럼에도 불구하고 초과분은 퇴직금의 성격을 유지하므로 국민연금·건강보험 등 사회보험료가 부과되지 않아, 동일 금액을 급여로 수령하는 것에 비해 여전히 실익이 있다.

아울러 과거 5년간 대표자가 급여 대신 가지급금을 활용하면서 종합소득세가 아닌 법인세 구조를 통해 이미 상당한 절세 효과를 누린 점까지 고려하면, 전체적인 세부담은 과도하다고 보기 어렵다. 향후 급여에 따른 근로소득세 부담이 발생하더라도, 마지막 단계에서 퇴직소득세의 낮은 세율 구조가 적용되면서 최종적인 세부담은 완화되는 구조다.

결국 대표자가 근로소득과 퇴직소득을 균형 있게 조합하는 방식은 가지급금을 무리 없이 정리하면서도 전체 세부담을 관리할 수 있는 현실적인 전략이다. 이는 단순한 절세를 넘어, 법인의 재무 건전성을 회복하고 투명한 기업 운영으로 나아가기 위한 중요한 전환점이 될 수 있다.

▶ 임원 급여 지급액의 정당성에 대한 판단

법인의 경우 대표자의 근로소득은 손금에 해당하여 법인세를 줄일 수 있다. 따라서 법인이 대표자에게 근로소득을 지급하면 그 근로소득에 대해서는 별도의 법인세가 발생하지 않는다. 또한 법인의 자금을 인출할 시 임원의 근로소득으로 처리가 가능하기에 가지급금은 발생하지 않는다. 따라서 임원의 근로소득으로 볼 수 있는 자금이 인출된 경우라면 임원 급여처리를 통해 가지급금이 생기는 것을 해결할 수 있다.

이와 같은 이유로 회사에 자금 여력이 있는 경우, 급여를 단기간에 인상하여 가지급금을 조기에 상환하려는 유인이 발생할 수 있다. 또한 임원의 퇴직금은 퇴직 직전 3년간의 연평균 급여를 기준으로 산정되므로, 급여를 인상해 실효세율이 상대적으로 낮은 퇴직금을 확대하려는 시도 역시 나타난다. 사업 목적에 부합하고 합리적인 수준의 급여 인상은 가지급금 상환을 위한 재원 마련에 도움이 될 수 있으나, 그 정당성이 결여된 과도한 급여 인상은 세무상 문제를 초래할 수 있다.

근로소득세를 부담한다 하더라도 단순히 가지급금을 해결하기 위해 무분별하게 자금을 인출하는 경우, 법인에서 지급한 급여가 임원의 근로제공에 대한 대가가 아닌 단순히 법인의 자금을 인출하기 위한 형식적인 급여의 지급에 해당하여 이익처분의 성격으로 보아 손금에 산입할 수 없을 수 있어 주의가 필요하다.

임원의 경우에는 실질적인 급여에 해당한다 할지라도 보수가 법인의 영업이익에서 차지하는 비중과 규모, 해당 법인 내 다른 임원들 또는 동종업계 임원들의 보수와 현저한 격차 유무, 정기적·계속적으로 지급될 가능성, 보수의 증감추이 및 법인의 영업이익 변동과의 연관성, 다른 주주들에 대한 배당금 지급 여부, 법인의 소득을 부당하게 감소시키려는 주관적 의도 등의 제반 사정을 종합적으로 고려하여 급여가 과다하다고 판단되는 경우에는 손금불산입 될 수 있어 임원 급여를 활용하여 가지급금을 해결하는데 있어 주의가 필요하다(대법원 2015두60884, 2017.9.21.).

대법원 2015두60884, 2017.9.21.
 법인이 임원에게 직무집행의 대가로서 지급하는 보수는 법인의 사업수행을 위하여 지출하는 비용으로서 원칙적으로 손금산입의 대상이 된다. 하지만 법인의 소득을 부당하게 감소시키는 것을 방지하기 위한 구 법인세법 제26조, 법인세법 시행령 제43조의 입법취지 등에 비추어 보면, 법인이 지배주주인 임원(그와 특수관계에 있는 임원을 포함한다)에게 보수를 지급하였더라도, 그 보수가 법인의 영업이익에서 차지

하는 비중과 규모, 해당 법인 내 다른 임원들 또는 동종업계 임원들의 보수와의 현
저한 격차 유무, 정기적·계속적으로 지급될 가능성, 보수의 증감 추이 및 법인의 영
업이익 변동과의 연관성, 다른 주주들에 대한 배당금 지급 여부, 법인의 소득을 부
당하게 감소시키려는 주관적 의도 등 제반 사정을 종합적으로 고려할 때, 해당 보
수가 임원의 직무집행에 대한 정상적인 대가라기보다는 주로 법인에 유보된 이익
을 분여하기 위하여 대외적으로 보수의 형식을 취한 것에 불과하다면, 이는 이익처
분으로서 손금불산입 대상이 되는 상여금과 그 실질이 동일하므로 법인세법 시행
령 제43조에 따라 손금에 산입할 수 없다고 보아야 한다.

다만, 동종업종을 판단할 때에는 비교가능성이 있어야 하는데, 비교
하고자 하는 동종업종 내의 사업체들이 수행하는 영업의 종류가 실질
적으로 유사함은 물론, 회사의 규모, 재배구조 및 경영 현황, 영업이익
률, 대표자의 기여가 어느 정도 대등해야 하는 등의 조건을 충족하는
경우에 한하여 비교 대상으로 보고 있으니 참고가 필요하다(수원지방법
원 2022구합78945, 2024.5.23.).

**임원의 초과 급여 판단 시 비교 타당성이 있는 동종업종 기준에 대한
판례**

수원지방법원 2022구합78945, 2024.5.23.
피고는 조사 당시 동일한 업종 중 매출액이 유사한 업체를 선별한 후, 대표자 급여
액 상위 3개 업체의 최근 3년간 평균 급여와 최상기의 급여의 차액을 초과급여로
산정하였다. 이와 같은 비교가 타당성을 가지려면 각 사업체들이 수행하는 영업의
종류가 원고와 실질적으로 유사함은 물론, 회사의 규모, 재배구조 및 경영 현황, 영
업이익률, 대표자의 기여가 어느 정도 대등해야 하는데 피고가 제출한 자료만으로

▶ 개인과 법인의 사업소득금액이 2억 원일 때 세금비교

이하의 표는 개인사업자와 법인사업자 간의 세부담 구조 차이를 연도별로 비교하여, 사례의 고사장이 법인으로 전환하여 5년간 가지급금 인출 후 향후 5년간 급여 인출로 가지급금을 상환하는 경우 기대할 수 있는 절세 효과를 정리한 것이다. 표의 구성은 크게 현재까지의 5년간 세금 부담, 그리고 향후 5년간 예상 세금 부담으로 구분되며, 각 기간별로 사업소득세·법인세·근로소득세가 어떻게 달라지는지를 나타낸다.

먼저 개인사업자로 유지할 경우 부담하게 되는 사업소득세는 매년 56백만 원 수준으로 일정하게 유지되어, 10년간 총 560백만 원에 이른다. 반면 해당 사례의 법인사업자의 경우에는 과거 5년간 가지급금 인출로 임원 급여가 비용처리 되는 부분이 없었기 때문에 법인세가 매년 20백만 원씩 발생하여 5년간 총 100백만 원이 발생했다. 이후 5년간은 대표자의 보수를 법인에서 지급함에 따라 2억 원에 대한 법인세는 비용처리 되기에 2억 원에 해당하는 법인세는 더 이상 발생하지 않고 급여 인출에 대한 근로소득세가 5년간 각각 49백만 원씩 발생하여 총 245백만 원을 부담하게 된다. 결국 사례의 고사장이 매년 2억 원씩 인출한 자금에 대해 10년간 발생하는 세금은 345백만 원이 된다.

세목별 수치를 종합한 결과, 개인사업 유지 시 총 560백만 원의 세금이 발생하는 반면, 법인전환 후 기존의 가지급금으로 인출하던 방식에서 임원급여 인출로 전환한 경우 총 5년간 100백만 원(법인세) + 5년간 245백만 원(근로소득세) = 345백만 원의 세금이 발생한다. 이에 따라 해당 사례의 경우 법인사업자를 통해 약 215백만 원의 절세 효과가 나타나는 것을 확인할 수 있다.

개인과 법인의 세부담 차이에 따른 절세액

(단위 : 백만 원)

구분	현재까지의 세금비교					향후 5년간 세금 비교					계
	1년	2년	3년	4년	5년	6년	7년	8년	9년	10년	
사업소득세	56	56	56	56	56	56	56	56	56	56	560
법인세	20	20	20	20	20						100
근로소득세						49	49	49	49	49	245
절세액	36	36	36	36	36	7	7	7	7	7	215

▶ 퇴직금 약 6억 원에 대한 부담세액

기업이 임원에게 지급하는 퇴직금을 세법상 손금으로 인정받기 위해서는 그 산정 방식이 반드시 정관 또는 정관에서 위임한 별도의 규정에 명확히 기재되어 있어야 한다. 일반적으로 임원의 퇴직금은 '퇴직 전 3년간 평균급여 × 10% × 근속연수 × 지급배수'라는 산식을 사용하며, 이때 지급배수는 회사의 규모와 업종, 임원의 직책 등을 고려하여 대표이사는 2~3배, 이사는 1.5~2배 등으로 정하는 것이 보편적이다. 중요한 점은 이러한 배수 규정이 임원 재직 중 정관에 존재해야만 세무상 효력이 인정되며, 퇴직 직전이나 퇴직 후에 규정을 신설하거나 변경하는 경우에는 소급 적용이 허용되지 않는다는 점을 주의해야 한다. 따라서 기업은 사전에 정관에 퇴직금 지급 근거와 산정 방식, 직책별 지급배수 등을 명확히 규정함으로써 세무 리스크를 줄이고 주주 간 분쟁을 예방할 수 있으며, 이는 기업의 내부 통제와 경영 투명성 확보 측면에서도 중요한 기능을 수행한다.

2020년 이후 세법상 적용 한도는 2배수이므로 정관에 임원 퇴직금에 대해 3배수로 명시가 되어 있다 하더라도 세법상 한도인 2배수를 초과한 부분에 대해서는 근로소득세가 부과되기에 고사장의 사례에 대한 퇴직금 계산 시 2배수는 퇴직소득세로 계산하고 3배수 중 2배수를 제외한 나머지 1배수 부분에 대해서는 근로소득세를 계산해야 한다.

> 고사장의 약 6억 원 퇴직금에 대한 세금 (세법상 한도 2배수)*
> – 퇴직소득세 과세대상 : 2,000만 원 × 10년 × 2배 = 4억 원
> – 근로소득세 과세대상 : 2,000만 원 × 10년 × 1배 = 2억 원

* 2012년 이후 적립분은 3배. 2020년 이후 적립분은 2배까지 퇴직소득으로 보기에 2020년 이전에 대해 퇴직금 지급 의무가 있는 경우 각각의 기간별로 배수 적용을 달리하여 퇴직소득세를 산정해야 한다. 해당 사례는 2020년 이후의 퇴직금에 해당하여 2배수를 한도로 적용하였다.

세법상 한도 2배수 부분에 대한 퇴직소득세

퇴직소득세 계산순서	금액	비고
1. 퇴직소득금액(=퇴직급여)	400,000,000원	
2. 근속연수공제	15,000,000원	10년 근속
3. 환산급여	462,000,000원	×12/정산근속연수
4. 환산공제	208,400,000원	아래(환산공제) 표 참조
5. 퇴직소득과세표준(=3-4)	253,600,000원	
6. 환산산출세액	76,428,000원	
7. 퇴직소득 산출세액	63,690,000원	×정산근속연수/12

근속연수공제

근속연수	근속연수공제
5년 이하	근속연수 × 100만 원
10년 이하	500만 원 + (근속연수-5) × 200만 원
20년 이하	1,500만 원 + (근속연수-10) × 250만 원
20년 초과	4,000만 원 + (근속연수-20) × 300만 원

환산공제

환산급여	환산공제
8백만 원 이하	환산급여의 100%
7천만 원 이하	8백만 원 + (8백만 원 초과분의 60%)
1억 원 이하	4천520만 원 + (7천만 원 초과분의 55%)
3억 원 이하	6천170만 원 + (1억 원 초과분의 45%)
3억 원 초과	1억 5천170만 원 + (3억 원 초과분의 35%)

세법상 한도 퇴직금 한도 초과분 1배수 부분에 대한 근로소득세

퇴직금 한도 초과 금액	세율	근로소득세
2억 원	38 ~ 40%[1]	약 77,000,000원[2]

1) 사례의 경우 당초 2억 원의 연봉에서 퇴직금 한도초과에 따라 간주되는 근로소득(2억 원)을 합산한 후의 과세표준금액이 5억 원 이하에 해당하여 3억 원까지는 38%, 3억 원 초과분은 40%의 세율을 적용하였음.
2) 최종 산출세액 약 126백만 원에서 당초 연봉 2억 원에 대한 부담세액 약 49백만 원을 차감한 금액

임원퇴직소득은 2011년 말 이전 근로분 퇴직금에 대해서는 법인세법이 정한 임원퇴직금 지급규정(회사가 자율적으로 규정)에 의한다면 별도의 한도가 없었으나, 2012년 이후 근로분에 대해서는 소득세법에 의하여 다음과 같은 한도 제약을 받는다. 이 한도가 넘는 임원퇴직금은 퇴직소득이 아니라 근로소득으로 보아 과세한다.

연도별 세법상 퇴직금 한도 (기간별 퇴직금 한도의 합계)

- 2012~2019년 : 2019년 말 직전 3년간 연평균급여 × 10% × 근속연수* × 3배
- 2020년 이후 : 퇴직 전 3년간 연평균급여 × 10% × 근속연수* × 2배

* 해당하는 각각의 기간의 근속연수를 적용한다.

고사장의 임원퇴직금 약 6억 원 중 2배수에 해당하는 금액은 소득세법이 정한 한도 내 퇴직금이기에 퇴직소득세로 계산하고 2020년 이후 퇴직금에 해당하여 세법상 한도를 초과한 1배수에 대해서는 근로소득으로 간주하여 근로소득세를 계산한다.

퇴직소득 과세표준을 계산할 때 근속연수공제와 환산공제를 차감한다. 퇴직소득 산출세액은 퇴직소득 과세표준에 종합소득세율을 적용하여 산출한 뒤, 12로 나누어 1년 치 퇴직소득 산출세액을 계산하고, 최종적으로 근속연수로 곱하여 계산한다.

세법상 퇴직금 한도 초과분에 해당하는 1배수 부분에 대해서는 근로소득세를 계산하는데 당초 고사장의 연봉이 2억 원에 해당하므로 추가되는 근로소득은 3억 원까지는 38%, 3억 원 초과분은 40%의 세율을 적용하여 근로소득세를 산출하게 된다.

약 6억 원의 퇴직금으로 인한 총 부담세액은 퇴직소득세 약 63백만 원과 근로소득세 약 77백만 원의 합계 금액인 약 140백만 원이다. 즉, 퇴직금 약 6억 원의 약 23% 세금을 부담하게 되는 것이다. 해당 사례의 경우 임원 급여 추가 인출 시 38~40% 세율이 적용될 수 있음을 감안하면 퇴직금 인출로 인한 절세효과가 있고, 퇴직금 인출 부분에 대하여는 보험료가 적용되지 않으니 이 또한 추가적인 실익이 있다고 할 수 있다.

다만, 임원의 퇴직금 지급을 위해서는 먼저 정관에 퇴직금 지급기준과 산정방식이 명확하게 규정되어 있어야 하며, 이러한 규정이 없을 경우 세법상 손금 인정에 문제가 발생할 수 있으므로 정관 정비가 선행되어야 한다. 또한 임원의 퇴직금 중간정산은 근로자와 달리 세법에서 정한 제한적 사유가 충족되는 경우에만 허용되며, 정당한 사유 없이 중간정산을 할 경우 퇴직금으로 인정받지 못해 소득세 과세나 손금 부인 등 세무상 불이익이 발생할 수 있다.

가지급금 죽이기 핵심전략

■ 급여와 퇴직금 조합을 통한 가지급금 해결 전략

대표자의 근속연수가 길어지면 퇴직금 수령이 가능해지고, 이를 활용하면 가지급금 정리 전략의 폭이 넓어진다. 매년 일정 금액은 급여로 인출하여 가지급금을 상환하고, 남은 잔액은 퇴직금을 통해 정리하는 방식은 근로소득세보다 낮은 퇴직소득세 구조를 활용할 수 있어 전체 세부담을 줄이는 효과가 있다.

■ 임원 급여의 정당성 판단 기준과 손금불산입 위험

대표자나 지배주주 임원에 대한 급여는 원칙적으로 손금 인정되지만, 지나치게 높은 급여나 실질적 대가 없는 급여는 '이익처분 상여'로 보아 손금불산입 될 수 있다. 판례에서는 동일 업계 급여 수준, 회사의 이익 구조, 대표자 기여도, 영업이익 대비 급여 비중, 정기적 지급 여부 등 다수의 요소를 종합적으로 고려하여 과다 여부를 판단한다. 즉, 가지급금을 줄이기 위해 급여를 무리하게 올리는 방식은 오히려 법인세 부인·추징 위험을 초래할 수 있어 신중한 운영이 필요하다.

■ 퇴직금 제도를 활용하기 위한 정관 정비 필수!

임원퇴직금을 세법상 손금으로 인정받으려면 퇴직금 기준, 산정 방식, 배수 규정이 정관에 사전에 명확히 존재해야 한다. 퇴직 직전 또는 사후에 규정을 신설하거나 변경하는 경우 소급 적용이 허용되지 않아 손금 인정이 불가능해진다. 또한 정관에 임원 퇴직금 배수를 3배로 규정해 두었다 하더라도, 2020년 이후 적립분에 대해서는 세법이 2배수까지만 퇴직소득으로 인정하므로 초과 1배수는 근로소득세로 과세된다. 그럼에도 퇴직금은 보험료 부과가 없어 급여 대비 세무적 실익이 크기 때문에, 배수 규정을 정비하여 관리하면 가지급금 정리와 절세 전략으로 활용할 수 있다. 따라서 퇴직금 전략은 반드시 "정관 정비 → 세법 한도 검토 → 퇴직금 산정 및 인출 계획" 순으로 설계해야 안정적이며, 이는 임원의 퇴직금 제도 활용 전략의 시작점이자 가지급금 정리 및 절세 전략을 성공적으로 설계하기 위한 필수 요건이다.

임원퇴직금 활용

임원의 현실적인 퇴직을 활용한 가지급금 해결

Q

**임원 퇴직금으로 가지급금 정리하려고 합니다.
임원의 퇴직, 인정될까요?**

1인 법인을 운영하고 있는 고민중입니다. 법인을 운영하면서 급여를 거의 받지 않고 회사 자금을 쓰다 보니, 어느새 가지급금이 꽤 많이 쌓였습니다. 이걸 어떻게 정리해야 할지 고민하던 중에 임원퇴직금을 활용하면 급여보다 세부담이 적다는 이야기를 들었습니다.

그래서 대표이사 자리에서는 내려오고, 퇴직금을 받아 그동안 쌓인 가지급금을 정리하는 방법을 생각하고 있습니다. 다만 회사는 계속 운영해야 하다 보니, 형식적으로만 퇴직 처리하고 실질적인 업무는 계속 맡게 될 것 같습니다.

그런데 이게 정말 세법에서 말하는 '퇴직'으로 인정될 수 있는지 마음이 걸립니다. 퇴직금은 지급만 하면 되는 건지, 아니면 실제로 회사를 떠나야만 하는 건지 헷갈립니다. 혹시 이런 방식이 가지급금 정리를 위한 형식적인 퇴직으로 보이면, 나중에 퇴직금이 아니라 다른 소득으로 다시 과세되는 건 아닐지도 걱정입니다.

퇴직금을 활용해 가지급금을 정리하려면 어디까지가 안전한 범위인지, 세법에서 말하는 '퇴직'은 도대체 어떤 상태를 말하는 건지, 그리고 지금 제 상황에서 어떤 준비가 필요할지 세무사님의 현실적인 조언을 듣고 싶습니다.

▶ 법인전환의 실제 절세효과

사례의 고사장은 개인사업을 계속 유지했다면 10년 동안 약 5.6억 원(매년 5천6백만 원 × 10년)의 사업소득세를 부담해야 했을 것이다. 그러나 법인전환을 선택하면서 지난 5년 동안에는 법인세 총 1억 원(=연간 2천만 원 × 5년)만 부담했고, 앞으로 5년간 대표자 급여를 지급받아 가지급금을 상환할 계획에 따라 5년간 발생할 근로소득세는 약 2.45억 원(=연간 4천9백만 원 × 5년)을 부담하게 된다. 이후 10년 차에 퇴직금을 수령하면서 부담하게 될 퇴직소득세 또한 약 1.4억 원으로 예상된다. 이를 모두 합산하면 법인사업자가 10년 동안 부담하는 전체 세금은 약 4.85억 원으로, 개인사업 유지 시 부담해야 할 5.6억 원과 비교하면 약 0.75억 원 정도의 절세 효과가 발생하는 셈이다.

고사장의 개인사업에서 법인사업으로 전환에 따른 10년간 절세효과

	개인사업의 사업소득세 총액(10년간)	5.6억 원
(−)	법인사업의 법인세 총액(5년간)	1억 원
(−)	법인사업의 근로소득세 총액(5년간)	2.45억 원
(−)	법인사업의 퇴직소득세 총액	1.4억 원
(=)	법인사업을 통한 절세 총액	0.75억 원

표면적으로만 보면 법인전환이 약 0.75억 원 이상 유리하다는 결론에 이르게 된다. 그러나 이러한 단순 비교는 현실에서 발생하는 가지급금 위험과 추가 세부담을 충분히 반영하지 못한 계산이다. 실제로 고사장의 경우 5년 동안 급여를 받지 않고 법인의 자금을 가지급금 형태로 인출해 왔기 때문에 매년 인정이자가 발생했고, 이 인정이자는 근로소득으로 간주되어 별도의 근로소득세를 부담해야 했다. 또한 가지급금이 증가함에 따라 지급이자 손금불산입, 대손금 부인 등 세무상 불이익이 반복적으로 발생하여 법인세 부담이 평소보다 증가하는 결과도 초래했다. 이와 같은 부수적 비용까지 고려하면 법인전환으로 인해 얻은 실질 절세 효과는 계산상 수치보다 훨씬 줄어들게 된다.

더 나아가 법인의 잉여금은 결국 대표자가 급여·배당·퇴직금 등 어떠한 형태로든 인출할 때 다시 한번 과세가 이루어진다. 즉, 법인 단계에서 한 번 과세되고, 대표자 개인에게 귀속될 때 다시 과세되는 이중과세 구조를 피할 수 없기 때문에, 법인의 이익을 개인이 가져오는 단계에서 종합소득세 부담이 다시 발생하게 된다. 이러한 구조적 현실까지 감안한다면 법인전환 자체가 고사장이 기대했던 것만큼 절대적인 절세수단으로 작용하지 않았음을 확인할 수 있다.

결론적으로, 10년이라는 기간 동안 법인전환으로 인해 확보된 절세 효과는 약 0.75억 원 수준에 불과하며, 이는 가지급금 누적에 따른 인정이자, 추가 법인세 부담, 정신적·행정적 비용 등을 고려할 때 결코 큰 절세라고 보기 어렵다. 특히 가지급금은 장기간 지속될수록 세무 리스크가 기하급수적으로 증가하므로, 단순히 법인전환만으로 절세가 된다는 오해는 위험하다. 법인의 수입을 어떤 구조로 대표자에게 이전할 것인지, 정관 규정·퇴직금 제도·급여체계가 적법하게 정비되어 있는지 등을 종합적으로 고려한 재무 전략이 뒷받침되지 않는다면 법인 전환의 장점은 쉽게 상쇄될 수 있다.

▶ 임원퇴직금을 활용한 가지급금 정리

고사장은 법인으로부터 인출한 가지급금 10억 원을 정리하기 위해 앞으로 5년간 연 2억 원에 대한 세후 급여와, 10년 차에 약 5억 원의 임원퇴직금에 대한 세후 수령액으로 총 10억 원을 변제하는 계획을 세웠다. 그러나 이를 실제로 적용하는 과정에서는 세후 금액을 기준으로 설계하였다 하더라도, 평소 생활자금 지출 규모에 따라 실제로 가지급금 상환에 활용 가능한 금액은 당초 예상보다 감소할 수 있다. 이로 인해 종전 급여 수준을 전제로 급여와 퇴직금을 활용하여 5년 이내에 10억 원을 전액 상환하겠다는 계획은 현실적으로 무리가 따를 수 있다. 결국 임원 급여 인상을 통해 세후 급여 및 퇴직금 수령액이 실질적으로 증가하지 않는 한, 급여와 퇴직금만으로 가지급금을 해소하기 위해서는 최소 5년을 초과하는 보다 현실적인 기간이 필요함을 알 수 있다.

여기에 더해 세법상 중요한 검토사항이 존재한다. 임원 급여는 원칙적으로 법인의 손금으로 인정되지만, 최근 대법원 판례는 임원의 급여가 실질적인 직무 수행의 대가가 아니라 단지 법인의 유보이익을 분여하기 위한 형식적 지급에 불과한 경우에는 손금으로 인정할 수 없다고 판단하였다(대법원 2015두60884, 2017.9.21.). 즉 급여가 과도하거나 급여 인상이 합리적 사유 없이 이루어진 경우에는 법인의 손금 산입이 부인될 수 있으며, 이는 곧 추가 법인세 부담으로 이어질 수 있다는 의미이다.

퇴직금도 역시 마찬가지다. 임원퇴직금은 퇴직 직전 3년간 평균급여 × 10% × 근속연수 × 배수(2020년 이후 적립분은 2배수)로 산정되며, 정관 또는 규정에 사전에 명문화되어 있어야 손금 인정이 가능하다. 그러나 대법원은 퇴직급여 규정이 근로 제공에 대한 정당한 대가 지급을 위한 제도가 아니라, 퇴직 직전 급여 인상을 통해 법인의 자금을 분여하기 위한 방편에 불과한 경우에는 퇴직금 산정을 위한 기초 급여를 인정하지 않는다는 입장을 분명히 하고 있다(대법원 2015두50153, 2016. 2.18.). 따라서, 퇴직 직전에 급여를 인위적으로 올리거나 근거 없이 높은 급여를 설정하여 그 금액을 퇴직금 산정의 기준으로 삼았다면, 그 인상분은 손금 인정이 불가능해지고 결국 법인세 부담이 추가로 발생할 수 있다는 것이다.

퇴직급여 형식을 빌려 자금을 분여한 것으로 보아 손금에서 부인한 판례

대법원 2015두50153, 2016.2.18.

구 법인세법(2010. 12. 30. 법률 제10423호로 개정되기 전의 것) 제26조 제1호, 구 법인세법 시행령(2011. 3. 31. 대통령령 제22812호로 개정되기 전의 것, 이하 같다) 제44조 제4항, 제5항이나 관련 규정들의 문언과 법인의 소득을 부당하게 감소시키는 것을 방지하기 위한 입법 취지 등에 비추어 보면, 임원에게 지급할 퇴직급여의 금액 또는 계산 기준을 정한 정관이나 정관에서 위임된 퇴직급여 지급규정(이하 통틀어 '임원 퇴직급여 규정'이라 한다)에 따라 지급된 임원 퇴직급여는 전액이 손금에 산입 되는 것이 원칙이나, 임원 퇴직급여 규정이 근로 등의 대가로서 퇴직급여를 지급하려

는 것이 아니라 <u>퇴직급여의 형식을 빌려 특정 임원에게 법인의 자금을 분여하기 위</u>
<u>한 일시적인 방편으로 마련된 것이라면</u>, 이는 구 법인세법 시행령 제44조 제4항 제
1호 또는 제5항에서 <u>정한 임원 퇴직급여 규정에 해당하지 아니한다.</u> 따라서 임원
퇴직급여 규정이 종전보다 퇴직급여를 급격하게 인상하여 지급하는 내용으로 제정
또는 개정되고, 제정 또는 개정에 영향을 미칠 수 있는 지위에 있거나 그와 밀접한
관계에 있는 사람이 퇴직임원으로서 급격하게 인상된 퇴직급여를 지급받게 되며,
그에 따라 지급되는 퇴직급여액이 퇴직임원의 근속기간이나 근무내용 또는 다른
비슷한 규모의 법인에서 지급되는 퇴직급여액 등에 비추어 볼 때 도저히 재직기간
중의 근로나 공헌에 대한 대가라고 보기 어려운 과다한 금액이고, 규정 자체나 법
인의 재무상황 또는 사업전망 등에 비추어 그 이후에는 더 이상 그러한 퇴직급여가
지급될 수 없을 것으로 인정되는 등 특별한 사정이 있는 경우에는, 퇴직급여 규정
은 실질적으로 근로의 대가로서 퇴직급여를 지급하기 위한 것이 아니라 퇴직급여
의 형식을 빌려 임원에게 법인의 자금을 분여하기 위한 일시적 방편에 불과하므로,
이 경우에는 구 법인세법 시행령 제44조 제4항 제2호에 따라 산정되는 금액을 넘
는 부분은 퇴직급여로 손금에 산입될 수 없다.
그리고 그와 <u>퇴직급여의 형식으로 법인의 자금을 분여하기 위하여 임원의 퇴직 직</u>
<u>전에 퇴직급여의 산정 기초가 되는 월 급여를 아무런 합리적인 이유 없이 인상한 경</u>
<u>우에는 인상되기 전의 월 급여를 기초로 하여 산정되는 금액만이 퇴직급여로 손금</u>
<u>산입 대상</u>이 된다.

　이러한 판례의 취지를 고려하면 고사장이 향후 5년 이내에 임원급여
를 활용해 가지급금을 단계적으로 상환하고, 그 급여를 기초로 퇴직금
을 산정하여 잔여 가지급금을 정리하려는 계획은 일정 부분 세무상 리
스크를 내포하고 있다. 특히 과거 수년 동안 대표자가 급여를 전혀 수
령하지 않다가 변제 목적을 위해 연 2억 원의 급여를 재설정하는 경우,
이는 정상적인 보수체계로 보기 어렵다는 판단으로 이어질 수 있으며,
세무당국이 조세회피 목적의 급여 조정으로 인식할 여지가 존재한다.
이러한 급여를 기초로 산정된 퇴직금 또한 해당 급여 수준의 정당성이

인정되지 않는다면 일부 또는 전부가 손금불산입 될 가능성을 배제할 수 없으니 주의가 필요하다.

다만, 퇴직금 제도의 구조적 특성은 가지급금 정리 측면에서 중요한 장점을 제공한다. 퇴직금은 동일한 금액을 급여로 인출할 때 적용되는 38~45%의 종합소득세율과 비교할 때 훨씬 낮은 퇴직소득세율이 적용되며, 국민연금·건강보험 등 보험료 부과 대상에서도 제외된다. 이와 같은 절세 구조는 퇴직금이 가지급금 정리에 있어 가장 세부담이 낮은 인출수단이라는 점을 명확히 보여준다.

또한 고사장의 사례에서는 과거 개인사업자 시절부터 이미 연 2억 원에 상응하는 소득을 창출해 왔기 때문에, 법인에서도 그 수준의 급여를 지급하는 것이 경제적·실질적으로 무리한 수준이라고 보기 어렵다. 비록 중간에 급여를 0원으로 조정한 이력이 존재한다 하더라도, 앞으로 순차적으로 합리적인 급여 수준과 정관상 퇴직금 규정을 정비한 뒤 계획적으로 변제한다면 세무당국이 이를 조세회피 목적의 급여 인상으로 단정할 가능성은 낮아질 수 있다. 특히 변제 기간이 충분히 확보되고, 보수체계가 정상적·지속적 구조로 관리된다면 급여와 퇴직금의 손금 인정 가능성 또한 높아진다.

궁극적으로 가지급금 문제는 단순한 채무 변제의 문제가 아니라, 법인의 보수체계의 정당성, 퇴직금 규정의 적법성, 급여 조정의 합리성 등 복합적 요소를 세밀하게 조율해야만 해결할 수 있는 사안이다. 이 경우 퇴직금의 낮은 세율과 보험료 제외 구조는 가지급금 정리에 있어 매우 강력한 절세 수단으로 작용하며, 법인의 재무 건전성을 회복하고 대표자의 세부담을 최소화하는 데 실질적 기여를 할 수 있다.

따라서 퇴직금을 중심으로 한 인출·변제 전략은 반드시 정관 정비, 급여체계 정상화, 기간의 합리적 설정 등 사전 준비가 병행되어야 하지만, 이러한 요건들을 충족한다면 고사장이 의도하는 바와 같이 가지급금을 안전하고 효율적으로 정리할 수 있는 유효한 방안으로 기능할 수 있다.

▶▶ 현실적인 퇴직으로 보는 사유

법인이 임원 또는 직원에게 지급하는 퇴직급여는 임원 또는 직원이 현실적으로 퇴직하는 경우에 지급하는 것에 한하여 이를 손금에 산입한다. 퇴직급여는 퇴직급여를 실제로 지급한 경우로서 법에서 정한 현실적인 퇴직으로 인해 퇴직급여를 지급하는 것에 한하여 손금으로 인정하는 것이다. 만일, 실제 퇴직하지 않은 임원에게 가지급금 해결 목적으로 퇴직금을 지급한 것으로 하여 가지급금을 상계하면 이는 가지급금을 해결하는 것이 아니라 실제 임원이 퇴직할 때까지 임원에 대한 업무와 관련 없는 가지급금으로 보아 오히려 가지급금이 늘어나게 될 수 있기에 퇴직급여 지급시 현실적 퇴직에 해당하는 지 여부에 대한 확인이 필요하다.

또한 형식적 퇴직 후 단기간 내 다시 임원으로 선임되는 경우에는 외형상 퇴직이 있었다 하더라도 실질적인 퇴직으로 인정되지 않아, 지급된 퇴직금 자체가 가지급금으로 재분류될 위험이 있다.

다만, 현실적인 퇴직 사유 중 요건을 충족한 임원의 주택구입 등은 가지급금을 해결하기 위한 방안으로 활용해 볼 수 있다. 임원이 중간정산일 현재 임원 본인과 동일 세대에 속한 세대원 모두가 1년 이상 무주택 요건을 충족하고, 중간 정산일 현재 세대주인 경우에는 예외적으로 퇴직금 중간정산이 가능하며, 정산일로부터 3개월 이내에 주택 취득 시 중간정산이 인정될 수 있다. 이때 주택의 취득가액은 중간정산 금액과 반드시 일치할 필요는 없기에, 실무상으로는 기존 주택을 처분한 후 1년이 경과한 시점에 비교적 저가의 주택을 3개월 이내에 취득하고, 중간정산 금액 중 잔액을 가지급금 상환에 충당하는 방식으로 가지급금을 해결할 수 있다.

현실적인 퇴직은 법인이 퇴직급여를 실제로 지급한 경우로서 다음과 같은 경우에 한하여 손금으로 인정된다.

☆ 법인세법 시행령 제44조 ② 【현실적인 퇴직으로 보는 사유】

1. 법인의 직원이 해당 법인의 임원으로 취임한 때
2. 법인의 임원 또는 직원이 그 법인의 조직변경·합병·분할 또는 사업양도에 의하여 퇴직한 때
3. 「근로자퇴직급여 보장법」 제8조 제2항에 따라 퇴직급여를 중간정산(종전에 퇴직급여를 중간정산 하여 지급한 적이 있는 경우에는 직전 중간정산 대상기간이 종료한 다음 날부터 기산하여 퇴직급여를 중간정산 한 것을 말한다)하여 지급한 때
4. 법인의 임원에 대한 급여를 연봉제로 전환함에 따라 향후 퇴직급여를 지급하지 아니하는 조건으로 그 때까지의 퇴직급여를 정산하여 지급한 때 (삭제 2015.2.3.)
5. 정관 또는 정관에서 위임된 퇴직급여지급규정에 따라 장기 요양 등 기획재정부령으로 정하는 사유로 그 때까지의 퇴직급여를 중간정산 하여 임원에게 지급한 때

① 삭제 (2009.3.30.)

② 영 제44조 제1항을 적용할 때 현실적으로 퇴직하지 아니한 임원 또는 직원에게 지급한 퇴직급여는 해당 임원 또는 직원이 현실적으로 퇴직할 때까지 이를 영 제53조 제1항에 해당하는 것으로 본다.

③ 영 제44조 제2항 제5호에서 "정관 또는 정관에서 위임된 퇴직급여지급규정에 따라 장기요양 등 기획재정부령으로 정하는 사유"란 다음 각 호의 어느 하나에 해당하는 경우를 말한다.

  1. 중간정산일 현재 1년 이상 주택을 소유하지 아니한 세대의 세대주인 임원이 주택을 구입하려는 경우(중간정산일부터 3개월 내에 해당 주택을 취득하는 경우만 해당한다)

  2. 임원(임원의 배우자 및 「소득세법」 제50조 제1항 제3호에 따른 생계를 같이 하는 부양가족을 포함한다)이 3개월 이상의 질병 치료 또는 요양을 필요로 하는 경우

  3. 천재·지변, 그밖에 이에 준하는 재해를 입은 경우

④ 영 제44조 제3항에 따라 법인이 임원 또는 직원에게 해당 법인(임원 또는 직원이 전입하는 때에 퇴직급여 상당액을 인수하지 아니한 법인을 말한다. 이하 이 항에서 같다)과 특수관계인인 법인에 근무한 기간을 합산하여 퇴직급여를 지급하는 경우에는 퇴직급여 전액 중 해당 법인이 지급할 퇴직급여의 금액(각 법인으로부터의 전출 또는 각 법인으로의 전입을 각각 퇴직 및 신규채용으로 보아 계산한 금액을 말한다)을 임원 또는 직원이 해당 법인에서 퇴직하는 때에 각 법인의 손금에 산입한다.

⑤ 영 제44조 제4항 제2호에서 "기획재정부령으로 정하는 방법에 의하여 계산한 근속연수"란 역년에 의하여 계산한 근속연수를 말한다. 이 경우 1년 미만의 기간은 월수로 계산하되, 1개월 미만의 기간은 이를 산입하지 아니한다.

가지급금 죽이기 핵심전략

■ 임원퇴직금, 손금이 되기 위해 현실적인 퇴직과 정관 규정 필수!

임원퇴직금은 명칭만으로 손금이 인정되지 않으며, 임원이 실제로 그 지위에서 이탈하는 현실적인 퇴직이 있어야 한다. 직위 변경이나 급여 방식 전환 등 형식적 조치는 퇴직으로 보지 않는다.

또한 정관 또는 위임된 퇴직급여 규정에 지급 기준과 산식이 사전에 명확히 마련되어 있어야 하며, 사후 정산이나 형식적 지급은 손금산입이 배제된다. 실제 퇴직 없이 가지급금 정리 목적으로 지급·상계한 금액은 퇴직급여가 아닌 업무무관 가지급금으로 보아 세무상 불이익이 발생할 수 있으므로 사전 검토가 필수적이다.

■ 퇴직 직전 급여 인상, 가장 위험한 선택

퇴직 직전 급여 인상은 퇴직금 규모를 확대하려는 시도로 의심받기 쉽다. 합리적 사유 없이 인상된 급여는 근로의 대가로 인정되지 않으며, 그 인상분을 기초로 산정한 퇴직금은 손금불산입 대상이 된다. 대법원은 인상 이전의 정상 급여만을 기준으로 퇴직금을 인정하고 있다.

■ 무주택 요건을 활용한 임원 퇴직금 중간정산 전략

임원이 중간정산일 현재 본인과 동일 세대원 전원이 1년 이상 무주택 요건을 충족하고 중간정산일 현재 세대주에 해당하는 경우에는 예외적으로 퇴직금 중간정산이 가능하며, 정산일로부터 3개월 이내 주택을 취득하면 중간정산이 인정될 수 있다. 이때 주택 취득가액은 중간정산 금액과 일치할 필요가 없으므로, 실무상으로는 기존 주택 처분 후 1년이 경과한 시점에 비교적 저가의 주택을 3개월 이내에 취득하고, 중간정산 잔액을 가지급금 상환에 활용하는 방식이 가능하다.

Chapter
19

정기배당과
중간배당 활용

이익잉여금이 있다면,
배당을 활용하자

Q

급여도 퇴직금도 부담된다면, 배당이 대안이 될 수 있을까요?

안녕하세요. 개인사업을 하다가 법인으로 전환한 고민중입니다. 법인에서 급여를 받지 않고 회삿돈을 쓰면 세금을 줄일 수 있을 거라 생각해 가지급금을 쌓아왔는데, 지금 와서 보니 그 선택이 가장 큰 실수였던 것 같습니다. 개인사업 시절 소득을 생각하면 연봉 2억 원이 무리한 수준도 아니었는데, 급여 대신 가지급금을 선택한 대가를 지금 치르고 있습니다.

이제 급여를 받으려 하니 갑자기 급여를 높게 설정하여, 그 급여를 기준으로 퇴직금을 계산하는 것도 문제가 될 수 있다고 하니 선뜻 방향을 정하기가 어렵습니다. 그러던 중 이익잉여금을 재원으로 배당을 받는 방법이 있다는 이야기를 들었습니다.

배당은 14%만 원천징수 되고, 다른 소득이 없다면 일정 금액까지 추가 세금도 크지 않다고 하더군요. 그렇다면 처음부터 급여나 가지급금 대신 배당으로 가져가는 게 더 나은 선택이었을까요?

급여를 받지 않던 대표가 뒤늦게 급여나 퇴직금으로 정리하려 하면 왜 문제가 되는 걸까요? 그리고 법인 이익을 배당으로 받아 갔다면, 지금처럼 가지급금과 세무 리스크에 시달리지 않아도 되었던 건 아닐까요? 법인 대표에게 급여·퇴직금·배당 중 어떤 선택이 가장 현실적이고 안전한지, 지금이라도 방향을 바꿀 수 있는지 알고 싶습니다.

▶▶ 배당으로 해결하기

고사장의 가지급금 문제는 전형적인 법인전환 이후의 고민에서 출발한다. 개인사업자 시절과 달리 법인에서는 급여를 받지 않고 회사 자금을 사용하면, 그 금액은 자연스럽게 가지급금으로 남게 된다. 고사장 역시 세금 부담을 줄이겠다는 생각으로 급여를 받지 않았고, 그 결과 법인 장부에는 수년간 누적된 거액의 가지급금과 함께 상당한 규모의 이익잉여금이 남아 있었다.

문제는 이 가지급금을 어떻게 정리할 것인가였다. 합리적이지 않은 급격한 보수 조정은 조세회피로 의심될 수 있는 리스크가 있고, 그 급여를 기초로 퇴직금을 산정하는 방식 역시 최근 판례상 손금 부인의 위험이 있다는 점이 문제가 될 수도 있다. 이처럼 급여와 퇴직금을 활용하는 방식이 모두 세무 리스크를 동반하는 상황이라면 배당을 통해 해결하는 방식을 생각해 볼 수 있다.

배당은 법인이 이미 법인세를 납부한 후 남은 이익, 즉 이익잉여금을 재원으로 주주에게 지급하는 구조다. 고사장의 경우 급여를 거의 받지 않았기 때문에 법인의 당기순이익이 매년 누적되었고, 그 결과 장부상 이익잉여금은 약 10억 원에 달했다. 다시 말해, 가지급금으로 사용했던 자금의 상당 부분이 이미 법인의 이익 형태로 쌓여 있었던 셈이다.

배당의 가장 큰 특징은 과세 방식에 있다. 급여는 근로소득으로 누진세율이 적용되고, 퇴직금 역시 산정 기준과 '현실적인 퇴직' 요건을 충족하지 못하면 세무상 다툼의 소지가 크다. 반면 배당은 주주에게 지급할 때 14%의 배당소득세를 원천징수 하는 구조에서 출발한다. 물론 배당금이 연 2천만 원을 초과하면 금융소득종합과세 대상이 되지만, 여기에는 중요한 조정 장치가 존재한다.

법인으로부터 직접 받은 배당은 이른바 G배당(그로스업 배당)에 해당하여, 종합과세 시 배당세액공제가 적용된다. 이는 이미 법인 단계에서 법인세를 납부한 이익을 다시 개인에게 과세하는 데 따른 이중과세를 조정하기 위한 제도다. 그 결과, 고사장처럼 다른 근로소득이나 사업소득이 없는 경우라면, 연간 약 1억 3천만 원 수준까지는 원천징수된 14%를 초과하는 추가 세부담이 발생하지 않는 구간이 형성된다.

즉, 소득자가 다른 소득은 없는 경우로서 G배당만 있으면 1억 3천만 원 정도까지 당초 원천징수된 14% 세금 외에 종합소득 합산 신고 시 추가 되는 세금은 없다. 왜냐하면 금융소득이 많아도 배당세액공제를 받아서 누진세율을 적용한 세액이 원천징수세액과 동일하기 때문이다.

이 구조를 활용하면 고사장은 매년 일정 금액의 배당을 받아, 그 순수령액으로 가지급금을 점진적으로 상환할 수 있다. 급여 인상이나 형식적인 퇴직을 전제로 하지 않기 때문에 조세회피 논란에서 상대적으로 자유롭고, 인정이자나 손금불산입과 같은 가지급금 부수 문제도 함께 해소할 수 있다는 점에서 실무적인 장점이 크다.

물론 배당이 모든 상황에서 최선의 해답이 되는 것은 아니다. 이미 다른 종합소득이 있는 경우에는 금융소득종합과세로 인해 세부담이 급격히 증가할 수 있고, 배당 역시 정관과 주주총회 결의 등 절차적 요건을 충족해야 한다. 그럼에도 불구하고, 급여와 퇴직금이 모두 세무상 부담으로 작용하는 상황이라면 배당은 충분히 검토할 가치가 있는 현실적인 대안이다.

가지급금 문제는 단순한 채무 상환의 문제가 아니라, 대표자가 법인에서 어떤 방식으로 보수를 가져갈 것인가에 대한 구조적 선택의 결과라는 점이다. 급여, 퇴직금, 배당은 각각 다른 세무적 성격을 가지며, 어느 하나만을 고집하기보다는 법인의 이익 구조와 대표자의 소득 상황에 맞게 조합해야 한다. 그 과정에서 배당은, 종종 간과되지만 충분히 실효성 있는 해법이 될 수 있다.

▶ 개인과 법인의 사업소득금액이 2억 원일 때 세금비교

이하의 표는 연간 소득금액이 2억 원인 경우, 개인사업자의 사업소득세와 법인전환 후 배당소득으로 수령하는 경우의 세부담을 비교한 것이다.

개인이 2억 원의 사업소득을 올리면 약 5,600만 원의 사업소득세를 부담하게 된다. 반면 법인으로 동일한 2억 원의 소득을 벌 경우 법인세 약 2,000만 원을 납부하고, 남은 이익을 배당으로 수령하면 약 3,300만 원의 배당소득세가 추가로 발생한다. 두 세금을 합산한 총 세부담은 개인사업자의 사업소득세 대비 약 1,500만 원의 세부담 차이가 있다.

이 표는 소득의 형태를 바꾸는 것만으로는 세부담이 유의미하게 크게 달라지지 않는다는 점을 보여준다. 따라서 법인전환이나 인출 방식의 선택은 단순한 세율 비교가 아니라, 가지급금 발생 여부와 장기적인 세무 리스크를 함께 고려해 판단할 필요가 있다.

개인과 법인의 세부담 차이에 따른 절세액

(단위 : 백만 원)

구분	1년 차	2년 차	3년 차	4년 차	5년 차	계
사업소득세	56	56	56	56	56	280
법인세	20	20	20	20	20	100
배당소득세*	33	33	33	33	33	165
절세액	3	3	3	3	3	15

* 법인의 소득금액이 2억 원에 법인세 2천만 원 공제하면 이익(잉여금)이 1.8억 원으로 산출되며, 타소득 없이 배당소득 1.8억 원만 있는 경우 금융소득종합과세 결정세액은 약 3.3천만 원임.

법인전환 이후 대표자가 급여를 수령하지 않고 법인 자금을 사용하는 경우, 해당 금액은 가지급금으로 누적된다. 이 가지급금은 인정이자 과세, 지급이자 손금불산입, 장기 미 정리 시 상여처분 위험 등 다양한 세무 리스크를 동반하므로, 일정 시점에서는 정리가 필요하다.

▶▶ 실효세율을 고려한 정기배당과 중간배당 활용

가지급금 정리 방안 중의 하나인 배당은 법인이 이미 법인세를 납부한 이후의 이익을 주주에게 환원하는 방식으로, 일정 범위 내에서는 상대적으로 안정적인 가지급금 정리 수단이 될 수 있다.

배당이란 영리법인이 보유한 잉여금을 재원으로 주주에게 이익을 분배하는 것을 말하며, 통상적으로는 이익잉여금을 재원으로 하나, 법적요건을 충족하는 경우 자본잉여금도 배당이 가능하다. 배당은 시기에 따라 정기배당과 중간배당으로 구분된다. 정기배당은 1회계기간의 결산을 확정하는 정기주주총회 결의로 이루어지고, 중간배당이란 정기배당 외에 기업의 회계기간 중에 이사회 결의로 일정한 날에 추가적으로 연 1회 현금배당을 하는 것을 말한다.

주의할 점은 중간배당은 회사가 결산기 이전에 이익을 주주에게 배당하는 제도로, 상법이 정한 엄격한 요건을 충족한 경우에만 허용된다. 상법상 중간배당은 정관에 중간배당에 관한 근거 규정이 있어야 하며, 직전 결산기 대차대조표상 배당가능이익의 범위 내에서만 가능하고, 이사회 결의를 통해 실시되어야 한다. 이러한 요건을 충족하지 못한 상태에서 대표자나 특정 주주에게 자금을 지급한 경우, 외형상 '중간배당'이라는 명칭을 사용하였더라도 세무상으로는 이를 배당으로 인정받기 어렵고, 실질에 따라 대표자 등에 대한 가지급금으로 재분류될 수 있다. 이 경우 해당 금액은 업무무관 가지급금으로 보아 세무상 불이익이 발생할 수 있으므로, 중간배당을 통한 자금인출은 반드시 상법상 요건 충족 여부를 선행 검토한 후 신중히 진행할 필요가 있다.

이러한 배당을 정기적으로 실시하면 주주는 비교적 안정적인 현금 흐름을 확보할 수 있고, 이 배당금이 대표자의 가지급금을 상환하는 재원으로 활용되는 방식은 실무상 오래전부터 사용되어 온 전통적인 방법이다. 특히 급여 인상이나 형식적인 퇴직을 전제로 하지 않기 때문에, 보수체계의 비정상성이나 조세회피 논란에서 상대적으로 자유롭다는 장점이 있다.

다만, 배당을 통한 가지급금 정리가 유효하려면 배당소득세의 실효세율이 가지급금을 상여 등으로 처리했을 때의 세부담보다 낮아야 한다는 전제가 필요하다. 배당은 지급 시 14%의 배당소득세가 원천징수되지만, 연간 금융소득이 2천만 원을 초과하면 금융소득종합과세 대상이 된다. 법인으로부터 직접 지급받는 배당은 이른바 G배당(그로스업 배당)에 해당하여, 종합과세 시 배당세액공제가 적용된다. 이로 인해 다른 근로소득이나 사업소득이 거의 없는 경우에는 일정 금액 범위 내에서는 원천징수세율 14%를 초과하는 추가 세부담이 발생하지 않는 구간이 형성된다. 실무적으로는 이 범위 내에서 배당을 활용한 가지급금 상환이 상대적으로 효율적인 방식으로 평가된다.

그러나 배당금액이 커질수록 금융소득종합과세에 따른 누진세율 적용으로 실효세율이 급격히 상승하게 되며, 이 경우 배당을 통한 가지급금 정리의 세무상 이점은 크게 감소한다. 따라서 배당을 통한 가지급금 상환은 금액적 한계를 전제로 한 보완적 수단으로 이해하는 것이 타당하다.

가지급금 죽이기 핵심전략

■ 배당은 이미 과세된 이익을 활용하는 합법적 선택지

배당은 법인이 법인세를 납부한 이후 남은 이익잉여금을 재원으로 주주에게 환원하는 방식이다. 급여를 거의 수령하지 않아 법인의 당기순이익이 누적된 경우, 장부상 이익잉여금은 상당한 규모로 형성되는 경우가 많다. 이와 같은 상황에서는 급여 인상이나 형식적인 퇴직을 전제로 하지 않고도 배당을 통해 합법적으로 자금을 인출할 수 있으며, 보수체계 왜곡이나 조세회피 논란에서도 비교적 자유로운 편이다.

■ 배당소득의 핵심은 '실효세율'

배당은 지급 시 14%의 배당소득세가 원천징수되며, 연간 금융소득이 2천만 원을 초과하면 금융소득종합과세 대상이 된다. 다만 법인으로부터 직접 지급받는 배당은 G배당에 해당하여, 종합과세 시 배당세액공제가 적용된다. 이로 인해 다른 근로소득이나 사업소득이 거의 없는 경우에는 일정 금액 범위 내에서는 원천징수세율을 초과하는 추가 세부담이 크지 않다. 그러나 배당금액이 커질수록 누진세율이 적용되어 실효세율이 급격히 상승하므로, 배당을 통한 가지급금 정리는 실효세율을 고려하여 접근해야 한다.

■ 중간배당, 요건을 놓치면 '배당'이 아니라 '가지급금'

중간배당은 결산기 이전에 주주에게 이익을 배당하는 제도로, 정관 근거, 배당가능이익 존재, 이사회 결의라는 상법상 요건을 모두 충족한 경우에만 인정된다. 이러한 요건을 갖추지 않은 채 대표자나 특정 주주에게 자금을 지급하면, 명칭이 중간배당이라 하더라도 세무상 배당으로 인정받기 어렵고 대표자에 대한 가지급금으로 재분류될 수 있으며, 그 결과 업무무관 가지급금에 따른 세무상 불이익이 발생할 수 있다. 따라서 중간배당은 자금인출 수단이 아니라, 상법 요건을 전제로 한 합법적 이익분배 절차임을 전제하고 신중히 접근해야 한다.

초과배당 활용

초과배당으로 가지급금과 부의 이전 동시 해결

Q

배우자에게 배당하면 세금이 줄어든다? 초과배당의 진짜 효과는?

작은 법인을 운영하고 있는 고민중입니다. 법인전환 이후 급여와 세금 부담 때문에 가지급금이 상당히 쌓여 있는 상황인데, 급여를 더 늘리거나 퇴직금을 활용하기에는 세금 부담과 세무 리스크가 걱정됩니다. 그래서 배당을 통해 자금을 회수하는 방안을 고민하고 있는데, 배당소득이 늘어나면 금융소득종합과세로 오히려 세금이 더 커질까 봐 망설여집니다.

주변에서는 배우자나 자녀에게 주식을 일부 증여한 뒤, 배당을 분산하거나 '초과배당' 구조를 활용하면 세부담을 줄이면서 가지급금 상환 재원을 마련할 수 있다고도 하는데, 이 방법이 실제로 가능한지, 또 증여세나 소득세 문제는 없는지 잘 모르겠습니다.

초과배당은 정말 절세에 도움이 되는 방법인지, 가지급금 상환이나 가족에게 재산을 이전하는 데 활용해도 괜찮은 구조인지 전문가의 설명을 듣고 싶습니다.

▶ 초과배당을 통한 가지급금 해결

배당을 통해 가지급금 상환 재원을 마련하는 방식은 일정 부분 유효한 수단이 될 수 있다. 그러나 가지급금 규모가 상당한 경우에는 배당만으로 이를 해소하기에는 현실적인 한계가 존재한다. 그 가장 큰 이유는 배당소득이 금융소득종합과세 대상이 될 경우, 원천징수세율 14%를 넘어서는 높은 실효세율이 적용되기 때문이다.

특히 법인으로부터 이미 상당한 급여소득을 받고 있는 대표자의 경우, 여기에 연 2천만 원을 초과하는 금융소득이 추가되면 종합소득세 최고세율 구간에 진입하는 사례가 많다. 이 경우 배당을 통한 가지급금 상환은 세부담이 과중해져 실질적으로 선택하기 어려운 방안이 된다.

이러한 한계를 보완하기 위한 방법으로, 주주 간 지분비율에 따라 균등하게 배당하지 않고 특정 주주에게 배당금 또는 배당률을 달리 지급하는 이른바 '초과배당' 구조가 검토되기도 한다. 초과배당은 주주평등의 원칙상 지분비율에 따른 균등배당이 원칙임에도 불구하고, 대주주가 자신의 배당권 일부 또는 전부를 포기함으로써 다른 주주에게 상대적으로 더 많은 배당이 귀속되도록 하는 방식이다.

이와 같은 구조는 배당소득을 분산시켜 금융소득종합과세의 누진구간을 회피하거나 완화하려는 목적에서 활용된다. 다만, 초과배당은 배당의 실질 귀속, 조세회피 목적 여부, 증여세 과세 가능성 등 다양한 세무 쟁점을 수반할 수 있으므로, 적용에 앞서 관련 법령과 판례, 과세관청의 해석을 종합적으로 검토한 신중한 접근이 필요하다.

▶ 실효세율을 고려한 초과배당 설계

배당을 실시할 때 1인 주주 구조와 2인 주주 구조를 비교해 보면, 후자의 경우 배당소득이 여러 주주에게 분산되어 귀속됨으로써 금융소득종합과세를 회피하거나 그 부담을 완화할 수 있는 효과가 발생한다.

아래의 표에서 확인할 수 있듯이, 개인과 법인의 사업소득금액이 각각 2억 원인 상황에서 배당을 전액 1인 주주에게 귀속시키는 경우에는 약 1,500만 원의 절세효과에 그치지만, 이를 2인 주주에게 분산하여 배당할 경우에는 절세액이 약 5,500만 원으로 크게 증가한다.

이처럼 주주 수를 늘리거나 초과배당 구조를 활용하여 배당소득이 특정 개인에게 집중되지 않도록 설계하면, 배당소득에 대해 종합과세 대신 원천징수세율 14%가 적용되는 구간을 유지할 수 있어 세부담을 일정 부분 경감할 수 있다. 다만, 주주 간 지분율이 동일하지 않은 상태에서 배당금을 동일하게 지급하기 위해서는 지분비율에 따른 균등배당 원칙을 조정하는 초과배당 구조가 전제되어야 한다는 점에 유의할 필요가 있다.

사업소득금액 2억 원에 대한 개인과 법인의 세부담 차이 (주주 1인 배당)

(단위 : 백만 원)

구분	1년 차	2년 차	3년 차	4년 차	5년 차	계
사업소득세	56	56	56	56	56	280
법인세	20	20	20	20	20	100
배당소득세*	33	33	33	33	33	165
절세액	3	3	3	3	3	15

* 법인의 소득금액이 2억 원에 법인세 2천만 원 공제하면 이익(잉여금)이 1.8억 원으로 산출되며, 타소득 없이 배당소득 1.8억 원만 있는 경우 금융소득종합과세 결정세액은 약 3.3천만 원임.

사업소득금액 2억 원에 대한 개인과 법인의 세부담 차이 (주주 2인 배당)

(단위 : 백만 원)

구분	1년 차	2년 차	3년 차	4년 차	5년 차	계
사업소득세	56	56	56	56	56	280
법인세	20	20	20	20	20	100
배당소득세*	25	25	25	25	25	125
절세액	11	11	11	11	11	55

* 법인의 소득금액이 2억 원에 법인세 2천만 원 공제하면 이익(잉여금)이 1.8억 원으로 산출되며, 배당소득 1.8억 원을 2인으로 구분하여 타소득 없이 배당소득 각 9천만 원에 대한 금융소득종합과세 결정세액은 당초 원천징수세금 14%를 넘지 아니한 12.6백만 원임 (=2인 약 25백만 원).

그러나 이러한 배당 구조를 활용하더라도 절대적인 절세 효과는 제한적이다. 연간 소득금액이 2억 원인 경우를 기준으로 보면, 개인사업자의 사업소득세는 약 5,600만 원으로 실효세율은 약 28% 수준이며, 법인으로 전환하여 동일 금액을 급여로 수령할 경우 근로소득세는 약 4,900만 원으로 실효세율은 약 24% 수준이다. 한편, 법인 단계에서 법인세를 납부한 후 배당을 통해 소득을 회수하는 경우에는 법인세 약 10%와 배당소득세 원천징수세율 14%가 결합되어, 최소한 약 24% 수준의 세부담이 발생하게 된다.

소득 구분에 따른 2억 원의 부담 실효세율

구분	부담 실효세율
개인사업소득세	28% (= 56백만 원 / 2억 원)
근로소득세	24.5% (= 49백만 원/ 2억 원)
법인세 및 배당소득세	24% (= 법인세 최저세율10% + 배당소득세 최저세율 14%)

명목세율만을 기준으로 보면 개인의 종합소득세율 38%, 배당소득세율 14%, 법인세율 10% 등 각 세율 간 차이가 상당히 큰 것처럼 보인다. 그러나 이를 실효세율 기준으로 비교해 보면, 소득 회수 방식에 따른 실제 세부담의 차이는 명목세율에서 느껴지는 만큼 크지 않다.

특히 법인전환 이후 소득을 급여나 배당의 형태로 회수하는 경우에는 법인 단계의 과세와 개인 단계의 과세가 연속적으로 발생하게 되므로, 일정 수준 이상의 세부담은 구조적으로 불가피하다. 이를 종합하면, 법인전환 이후 소득 회수 구조는 대체로 최소 20% 중후반대의 실효세율을 전제로 이해할 필요가 있다.

이러한 구조 속에서 배당 분산이나 초과배당은 세율 자체를 낮추기 위한 수단이라기보다, 금융소득종합과세로 인한 세부담 급증을 사전에 관리하기 위한 보완적 장치로 평가할 수 있다. 이 방식의 핵심은 배당소득의 귀속 구조를 조정함으로써 누진과세 구간에 급격히 진입하는 상황을 완화하는 데 있다.

특히 배당소득이 특정 개인에게 집중되는 것을 방지하고, 원천징수

세율 14%가 적용되는 구간을 안정적으로 유지할 수 있다는 점에서 실무상 의미가 크다. 법인전환 이후 대표자의 소득 구조가 급격히 변화하는 환경에서는, 배당 분산이나 초과배당이 세부담의 변동성을 줄이고 예측 가능성을 높이는 역할을 수행하며, 결과적으로 법인 단계와 개인 단계를 합산한 세부담을 실효세율 관점에서 보다 합리적으로 관리할 수 있는 전략적 선택지로 활용될 수 있다.

▶ 초과배당으로 부의 이전

초과배당은 본질적으로 가지급금을 직접적으로 해소하기 위한 주된 수단이라기보다는, 배우자나 자녀에게 부(富)를 이전하면서 동시에 법인 자금을 외부로 이전할 수 있는 보조적 수단으로 활용되는 제도이다. 특히 배당이라는 합법적 절차를 통해 법인 자금을 개인 영역으로 이전할 수 있다는 점에서, 자금 이동의 통로로서 의미를 가진다.

세법상 초과배당이 이루어지는 경우에도 배당금 지급 시에는 일반 배당과 동일하게 배당소득세가 원천징수세율 14%로 과세된다. 이는 초과배당 여부와 무관하게 배당소득 전반에 공통적으로 적용되는 기본적인 과세 방식이다.

다만 초과배당 구조에서는 배당권을 포기하거나 과소배당을 받은 주주와 초과배당을 받은 주주 간에 추가적인 과세 문제가 발생한다. 개정 전에는 초과배당을 받은 주주에 대하여 포기·과소배당한 주주로부터 증여받은 것으로 보아 증여세를 과세하되, 증여세 계산 시 소득세 상당액을 공제하는 방식이 적용되었다. 이로 인해 배당금 규모가 크지 않은 경우에는 실질적으로 증여세 부담이 발생하지 않는 사례가 많았다.

그러나 2021년 1월 1일 이후 시행된 개정 상속세 및 증여세법에 따라 초과배당에 대한 과세체계는 크게 변경되었다. 개정 후에는 초과배당금액에 대해 소득세 상당액을 반영한 증여재산가액을 기준으로 우선 증여세를 산출·신고하고, 이후 종합소득세 신고 등을 통해 실제 소득세액이 확정되면 이를 반영하여 증여세를 정산 신고·납부하는 구조로 전환되었다. 즉, 소득세와 증여세 중 하나만 선택하여 과세하던 방식에서 벗어나, 초과배당금액에서 소득세 상당액을 차감하여 가 계산한 뒤 선 과세하고, 이후 실제 소득세액을 반영하여 증여세를 조정하는 이중 정산 구조가 도입된 것이다.

이에 따라 초과배당을 받은 주주에게는 초과배당에 따른 증여세 부담이 형식적으로 선행하여 발생하며, 이후 소득세 정산 결과 남는 경제적 이익이 존재하는 경우에 한하여 증여세가 최종적으로 확정된다. 다만 실무상 배당금 규모가 크지 않은 경우에는 소득세 부담이 대부분을 차지하게 되어, 증여세가 추가로 발생하지 않거나 제한적으로 발생하는 경우도 여전히 존재한다.

결국 개정 이후 초과배당은 과거와 달리 증여세 회피 수단으로 활용되기 어려워졌으며, 현재는 배당소득의 귀속 구조를 조정함으로써 금융소득종합과세의 급격한 누진구간 진입을 완화하는 범위 내에서만 제한적으로 검토할 수 있는 제도로 이해하는 것이 타당하다.

다만 2021년 1월 1일 이후에도 초과배당을 받은 주주는 원칙적으로 소득세와 증여세를 모두 부담하게 되지만, 증여재산공제를 활용할 수 있는 경우에는 증여세 부담을 실질적으로 제거하거나 최소화할 수 있다. 이 구조는 초과배당을 받는 배우자나 자녀가 소득이 없거나 매우 적고, 과거에 증여받은 재산이 거의 없는 경우에 특히 유효하게 작용한다.

이와 같은 경우에는 배당소득세만 부담하면서 법인 자금을 개인 영역으로 이전할 수 있고, 이전된 자금을 활용하여 대표자의 가지급금을 상환하는 재원으로 사용하는 것도 가능하다. 더 나아가 장기적인 관점에서는 배우자와 자녀에게 지분과 배당소득을 점진적으로 이전함으로써, 가업 재산을 단계적으로 이전하는 수단으로도 기능할 수 있다.

초과배당이 부의 이전 수단으로 주목받는 이유는, 과거에는 법인에서 배당을 받아 소득세를 납부한 뒤 다시 배우자나 자녀에게 증여하는 과정에서 이중의 세부담이 발생했으나, 초과배당 제도의 활용을 통해 일정 요건 하에서는 소득세 부담만으로 자산 이전이 가능해졌기 때문이다. 물론 초과배당에 따른 증여 규정이 강화되면서 자녀에게 반복적인 초과배당을 통해 증여세를 회피하는 방식은 사실상 차단되었지만, 최초 증여재산공제를 활용하여 일정 지분을 이전한 뒤 균등배당 구조로 전환하는 방식은 여전히 검토 가능한 전략으로 남아 있다.

따라서 초과배당은 단기적인 절세 수단이라기보다는, 배우자 및 자녀의 소득 수준과 증여재산공제 잔액을 고려하여 법인 자금의 이전, 가지급금 상환의 보조, 장기적 자산 이전을 함께 달성할 수 있는 구조적 도구로 이해하는 것이 타당하다. 실제 적용에 있어서는 증여재산공제 한도, 배당 구조 설계 등을 종합적으로 검토하여 신중하게 활용할 필요가 있다.

급여나 퇴직금을 통한 가지급금 정리가 당장 어려운 경우, 대표자는 소득이 적거나 없는 배우자 및 자녀에게 주식을 증여한 후 배당 구조를 설계하는 방안을 검토할 수 있다. 이때 주식은 반드시 시가로 평가하여 증여해야 하며, 증여재산공제를 활용해 증여세 부담이 발생하지 않도록 범위를 조정하는 것이 중요하다. 현행 세법상 배우자는 6억 원, 직계비속은 5천만 원(미성년자는 2천만 원)까지 증여재산공제가 적용되므로, 이 한도 내에서 주식을 이전하면 증여세 부담 없이 주주 구성을 변경할 수 있다.

수증자별 증여재산공제

구분	증여재산공제
배우자	6억 원
직계존속	5천만 원
직계비속	5천만 원 (미성년자는 2천만 원)
4촌 혈족, 3촌 인척	1천만 원

주식 증여 이후에는 배당 구조를 단계적으로 설계한다. 초과배당에 따른 증여세 상당액이 과세 되지 않기 위해서는 증여재산공제가 남아 있어야 하기에 자녀의 경우 금융소득종합과세를 피할 수 있는 연간 배당금액을 2천만 원 이내로 제한하여 균등배당을 실시하고, 배우자에게는 초과배당을 통해 상대적으로 많은 배당을 지급하는 방식이 활용

될 수 있다. 배우자는 금융소득종합과세 대상이 되더라도 다른 종합소득이 없는 경우 약 1억 3천만 원 수준까지는 추가적인 세부담이 크지 않다는 점을 고려하여, 연간 약 1억 4천만 원의 배당을 지급하는 구조를 설정할 수 있다.

초과배당을 활용한 배당 상세내역

(단위: 원)

구분	대표자 (30%)	배우자 (50%)	자녀 2인 (각각 10%)	총액
배당금액[1]	20,000,000	140,000,000	40,000,000	200,000,000
배당원천세	2,800,000	19,600,000	5,600,000	28,000,000
초과배당금액		40,000,000		40,000,000
소득세 상당액[2]		5,600,000		5,600,000
증여세[3]				
실 수령액	17,200,000	114,800,000	34,400,000	166,400,000
연도				6년
총 수령액				998,400,000

1) 지분율은 대표자 100%에서 증여 이후 지분비율이 대표자 30%, 배우자 50%, 자녀 각각 10%로 변경 된 것으로 가정한다. 자녀에게는 균등배당(2억 원 × 10%, 각각 2천만 원) 하며 대표자의 과소배당으로 배우자에게 초과배당 4천만 원(=1.4억 원 – 2억 원 × 50%)이 발생한다.

2) G배당은 타소득이 없는 경우라면 1.3억 원까지 원천징수된 세금 외에 추가세금이 없으며, 금융소득 2천만 원까지 종합과세하지 않고 분리과세 된다. 따라서 배우자에 한하여 초과배당에 따른 소득세 상당액 560만 원(4천만 원 × 14%)이 발생한다. 실제 소득세액이 소득세 상당액보다 적어 추가 정산증여재산가액은 발생하지 않는다.

3) 최초 증여재산가액은 3,440만 원(4천만 원 – 560만 원)이나 배우자 증여재산공제가 남아 있다고 가정하면 실제 부담할 증여세액은 없다.

소득세 상당액 계산 (2024.3.22. 이후 증여분)

초과배당금액	세율
5,760만 원 이하	초과배당금액 × 14%
5,760만 원 초과 8,800만 원 이하	806만 원 + (5,760만 원 초과배당금액 × 24%)
8,800만 원 초과 1억 5천만 원 이하	1,536만 원 + (8,800만 원 초과배당금액 × 35%)
1억 5천만 원 초과 3억 원 이하	3,706만 원 + (1억 5천만 원 초과배당금액 × 38%)
3억 원 초과 5억 원 이하	9,406만 원 + (3억 원 초과배당금액 × 40%)
5억 원 초과 10억 원 이하	1억 7천406만 원 + (5억 원 초과배당금액 × 42%)
10억 원 초과	3억 8천406만 원 + (10억 원 초과배당금액 × 45%)

이와 같은 방식으로 배당을 실시할 경우, 배당금 지급 시에는 14%의 배당소득세가 원천징수 되고, 배우자에 대한 초과배당분에 대해서는 소득세 신고가 이루어진다. 이러한 절차를 통해 약 6년간 가족 전체가 수령하는 배당금 총액은 약 10억 원 수준에 이르게 되며, 이 금액은 대표자의 가지급금을 상환하는 재원으로 활용할 수 있다.

이 사례는 초과배당과 증여재산공제를 결합하여, 단기간에 급여나 퇴직금을 활용하지 않고도 가지급금 상환 재원을 마련하는 동시에 배우자와 자녀에게 자산을 이전할 수 있는 구조를 보여준다. 다만 실제 적용 시에는 주식 평가의 적정성, 증여재산공제 잔액, 배당 규모에 따른 종합과세 여부 등을 종합적으로 검토하여 신중하게 설계해야 한다. 특히 증여재산공제 적용 시 초과배당금액에 대한 증여세는 별도의 산정 규정이나 합산배제 규정이 없으므로 10년 이내 재차증여 합산규정을 적용해야 하는 것에 주의가 필요하다(대법원 2022두32931, 2024.3.12.).

또한 내가 받는 돈이 아닌 초과배당은 부의 무상이전 수단이 될 수 있을지 모르지만, 법인에 대한 본인의 채무인 가지급금 상환수단으로 활용하기에는 여러 가지 어려운 점이 있다. 부의 무상 이전 이후 해당 자금을 가지급금 상환에 활용하려면, 가지급금을 상환해야 하는 임원 본인에게 자금이 이전되어야 한다. 이 과정에서 증여재산공제 한도가 이미 소진된 상태라면, 동일 자금에 대해 다시 증여세 부담이 발생할 수밖에 없다. 다만, 자금이 여러 수증자에게 분산 이전된 경우에는 실효세율을 고려한 사전 설계가 전제된다면, 가지급금의 일부 상환은 현실적으로 가능할 수 있다. 또한 부의 무상이전 수단이 되는 것조차 가족 외에 다른 주주가 있는 법인에게는 활용하기 어려운 수단이기도 하다. 왜냐하면 초과배당에 대해 상법상 무효를 제기할 수 있기 때문이다.

다만, 주주 간 분쟁의 소지가 있어 초과배당이 어려울 경우라도 증여재산공제를 이용하여 가족에게 주식을 증여하고 배당소득이 분산되도록 유도하는 것은 매우 좋은 절세방법이 될 수 있다.

 **초과배당금액에 대한 증여세 산정 시 증여세 합산규정 적용에 대한 판례**

대법원 2022두32931, 2024.3.12.
초과배당금액에 대한 증여세 산정 시, 초과배당금액에 대한 증여세액의 산정방법을 별도 규정을 두거나 하위법령에 위임하고 있지 않으므로, 구 상증세법 제41조의2에 따라 초과배당금액에 대하여 증여세를 부과할 때 제3항의 "초과배당금액에 대한 증여세액"은 10년 이내 재차증여 가산규정인 구 상증세법 제47조 제2항을 적용

하여 산출한 증여세액을 의미한다. 따라서 <u>초과배당에 대한 별도의 합산배제 규정이 없고, 이를 제외할 경우 조세회피가 가능하여 동일인으로부터 받은 복수의 증여재산에 대하여 이를 합산과세 함으로써 누진세율을 피하기 위해 수 개의 재산을 한 번에 증여하지 아니하고 나누어 증여하는 행위를 방지하고자 하는 입법취지에 부합하지 않으므로 일반적인 증여세 합산과세 규정을 적용하는 것이 타당하다.</u>

가지급금 죽이기 핵심전략

■ 초과배당 증여이익 과세 강화

2021.1.1.부터 시행된 개정 상속세 및 증여세법은 초과배당을 통한 편법적인 부의 이전과 조세회피를 방지하기 위해 과세체계를 강화하였다. 종전에는 초과배당 발생 시 증여세가 소득세 상당액을 초과하는 경우에 한하여 과세하였으나, 개정 후에는 초과배당금액에서 소득세 상당액을 공제하여 최초 증여세를 신고·납부하고 이후 실제 소득세를 반영하여 증여세를 추가로 정산하는 구조로 변경되었다. 즉, 종전과 달리 증여세와 소득세 상당액의 비교 없이 증여세와 소득세를 모두 과세하는 것이다. 이로 인해 2021.1.1. 이전에 비해 초과배당의 절세효과는 크게 축소되었으며, 현재는 최종 소득세 확정 후 증여세를 정산하는 방식이 적용되고 있어 초과배당 활용 시 주의가 필요하다.

■ 소득이 없거나 적고 증여재산가액이 없는 경우, 초과배당을 통한 절세와 부의 이전

최대주주와 특수관계가 없는 주주에게는 초과배당에 대한 증여세가 부과되지 않으며, 특수관계자라 하더라도 배우자 또는 자녀의 소득이 적고 기존 증여재산가액이 없는 경우에는 증여재산공제 범위 내에서 증여세 부담을 최소화한 부의 이전이 가능하다. 또한 법인주주에게 초과배당을 지급하는 경우에도 특정법인을 통한 증여이익에 해당하더라도 과세기준 이하라면 증여세 없이 초과배당이 가능하다. 다만, 2020.1.1.부터는 1년 이내 동일거래에 따른 초과배당 이익을 합산하여 계산하고, 증여세 과세

시 10년 이내 동일인으로부터 증여받은 재산을 합산하도록 하고 있어 사전 검토가 필요하다.

■ 초과배당을 이용한 가지급금 정리의 한계와 활용 전략

초과배당은 부의 무상이전 수단으로 활용될 수 있으나, 가지급금의 귀속자가 직접 수령하는 자금이 아니므로 가지급금 상환에는 구조적 한계가 있다. 또한 상법상 주주 보호를 위한 절차 요건이 엄격하여 절차상 하자가 있는 경우 배당이 무효로 판단되어 오히려 가지급금이 증가하는 위험도 존재한다. 다만, 증여재산공제가 남아있거나 낮은 증여세율 구간을 활용하여 초과배당 이익을 회수하는 경우에는 간접적인 가지급금 정리가 가능하며, 주주 간 분쟁이 있는 경우라도 사전 주식증여를 통해 배당소득을 분산시키는 전략은 유효한 절세방안이 될 수 있다.

직무발명보상금 활용

직무발명보상금 대상과 한도를 확인하자

Q

직무발명보상금으로 가지급금 정리, 지금도 가능한가요?

작은 법인을 운영하고 있는 고민중입니다. 개인사업자 시절 사업소득세 부담을 줄이기 위해 법인전환을 했고, 이후 대표 급여에 대한 세금을 줄이려다 보니 회사 자금을 가지급금 형태로 사용하게 되었습니다. 처음에는 큰 문제가 없어 보였지만, 시간이 지나면서 가지급금 인정이자와 상여처분, 지급이자 손금불산입, 신용평가 악화까지 겹치며 가지급금이 회사의 가장 큰 부담으로 돌아왔습니다. 이제는 이 가지급금을 어떻게 정리해야 할지 막막한 상황입니다.

이런 과정에서 과거에는 직무발명보상제도가 가지급금 정리 수단으로 널리 활용되었다는 이야기를 들었습니다. 회사는 직무발명보상금을 손비로 처리할 수 있고, 연구·인력개발비 세액공제까지 받을 수 있으며, 임·직원이 받는 보상금은 소득세가 비과세되어 회사와 개인 모두에게 유리한 구조였다는 것입니다. 그래서 고액의 직무발명보상금을 설정해 세금 부담 없이 가지급금을 상환하는 사례도 있었다고 합니다.

하지만 최근에는 직무발명보상금은 비과세 한도가 연 700만 원으로 제한되어 있고, 그 초과분은 근로소득으로 과세되며, 대표이사는 비과세 대상에도 해당하지 않는다고 들었습니다. 통상적인 직무발명 보상액 수준을 고려하면, 현재 제도 하에서 직무발명보상금으로 상당한 규모의 가지급금을 상환하는 것이 과연 가능한지 의문이 듭니다. 지금 시점에서 직무발명보상금이 여전히 가지급금 정리 수단으로 활용될 수 있을까요?

▶ 직무발명보상금을 활용한 가지급금 해결 가능성과 한계

직무발명보상금이 가지급금 상환 수단으로 활용될 수 있는지 여부는 제도의 형성과 변화 과정을 함께 살펴볼 필요가 있다. 과거 직무발명보상제도가 가지급금 정리 수단으로 주목받았던 이유는 발명진흥법과 세법이 결합되면서 매우 강력한 세제 효과를 가졌기 때문이다. 발명진흥법에 따라 종업원 등은 직무발명에 관한 특허권 등을 회사에 승계하거나 전용실시권을 설정하는 경우 정당한 보상을 받을 권리를 가지며, 세법은 회사가 지급한 직무발명보상금을 손금으로 인정하는 한편 연구·인력개발비 세액공제 대상에도 포함시켰다.

특히 2017년 이전까지는 종업원이 수령한 직무발명보상금 전액이 소득세 비과세 대상이었기 때문에, 회사는 법인세 부담을 줄이면서 개인에게는 소득세 없이 자금을 이전할 수 있었다. 이로 인해 고액의 직무발명보상금을 설정하여 사실상 가지급금을 세금 부담 없이 정리하는 방식이 가능하였고, 이 구조는 법인세 절감·세액공제·개인 비과세라는 이른바 '삼중혜택'으로 불리며 활용되었다.

그러나 직무발명의 실질이나 특허 가치와 무관하게 보상금이 과다하게 책정되는 사례가 증가하면서, 과세당국은 이를 사실상의 급여 지급 또는 소득 이전 수단으로 인식하게 되었다. 이에 따라 2017년부터 직무발명보상금에 대한 소득세 비과세 범위가 대폭 제한되었고, 현재는 연 700만 원까지만 근로소득 비과세가 적용되며 이를 초과하는 금액은 근로소득으로 과세된다. 그 결과 일정 금액을 넘는 직무발명보상금은 급여 지급과 세부담 측면에서 본질적인 차이가 크지 않게 되었다.

대표이사의 경우 제도 활용 가능성은 더욱 제한적이다. 대표이사의 직무는 경영 및 영업 전반을 포괄하므로 원칙적으로 직무발명이 성립하기 어렵고, 설령 발명이 존재하더라도 비과세 대상 직무발명보상금으로 인정되기 쉽지 않다는 점이 다수의 심판례를 통해 확인되고 있다(조심 2019중2524, 2020.9.25.; 조심 2017중3689, 2018.2.8.). 실제로 대표이사가 수령한 발명 관련 보상금에 대해 비과세를 부인하고 근로소득 또는 사업소득으로 과세한 사례가 반복되고 있으며, 이 경우 직무발명보상금은 가지급금 상환 수단이 아니라 급여 인상과 유사한 세무상 효과를 초래할 가능성이 크다.

또한 금액 규모 측면에서도 현실적인 한계가 존재한다. 비과세 한도를 제한하면서 당시 기획재정부는 통상적인 등록보상액이 연 100만 원 수준에 불과하다는 점을 개정 이유로 제시하였다. 이는 일반 기업에서 직무발명보상금을 통해 수천만 원 또는 수억 원의 가지급금을 상환하는 구조 자체가 제도의 본래 취지와 상당한 괴리가 있음을 시사한다.

조심 2019중 2524, 2020.9.25.

쟁점특허의 성질상 쟁점 건설회사의 업무범위에 속한다고 하더라도 쟁점특허 발명을 하게 된 행위가 대표이사의 직무에 속한다고 보기 어려운 점, 처분청이 제시한 자료만으로는 쟁점특허 발명이 직무발명으로 보기에는 부족한 점 등에 비추어 처분청이 쟁점특허가 해당 쟁점 건설회사의 기술연구소에서 발명하거나 직무발명에 해당한다고 보아 청구법인들에게 이 건 법인세 및 부가가치세를 과세한 당초 처분은 잘못이 있는 것으로 하여 쟁점특허가 대표이사의 직무발명에 해당하지 않는다고 판단된다.

조심 2017중 3689, 2018.2.8.

청구인들은 쟁점지급액이 「소득세법」 제12조 제5호 라목에 따라 비과세되는 직무발명보상금에 해당한다고 주장하나, 청구법인과 실질적인 고용관계에 있는 종업원이라고 보기 어렵고 청구법인의 대표이사로서 임원인 청구인은 비과세되는 직무발명보상금의 대상에 해당하지 아니하는 것으로 보이며 청구인들의 수익행위에 사업활동으로 볼 수 있을 정도의 계속성과 반복성이 있다고 보이므로 쟁점지급액은 사업소득에 해당하는 것으로 보이므로 처분청이 쟁점지급액을 소득세가 비과세되는 기타소득 중의 하나인 직무발명보상금에 해당하지 아니한 것으로 보아 청구인들의 경정청구를 거부한 처분은 잘못이 없는 것으로 판단된다.

▶ 실효세율을 고려한 직무발명보상금의 제한적 활용 가능성

이와 같은 제약에도 불구하고, 직무발명보상금의 소득구분과 실효세율을 정밀하게 검토할 경우 제한적인 활용 가능성은 여전히 존재한다.

직무발명보상금은 지급 시점과 대상자의 지위에 따라 소득구분이 달라지는데, 재직 중 지급되는 경우에는 근로소득으로 보아 연 700만 원까지 비과세, 이를 초과하는 금액은 근로소득으로 과세된다. 반면 퇴직 이후 지급되는 직무발명보상금은 기타소득으로 분류되어 필요경비 60%가 인정되며, 보상금의 40%만을 소득금액으로 하여 과세된다. 동일한 보상금이라 하더라도 소득구분에 따라 과세표준과 실효세율에 상당한 차이가 발생하는 구조이다.

회사 입장에서도 직무발명보상금은 즉시 비용 처리하거나 자산으로 계상한 후 감가상각을 통해 손금으로 인정받을 수 있고, 연구·인력개발비 세액공제 대상에도 포함될 수 있다. 이로 인해 직무발명보상금은 법인 자금을 합법적으로 개인 영역으로 이전하면서도 법인세 부담을 과도하게 증가시키지 않는 수단으로 기능할 수 있다.

따라서 대표이사 본인의 가지급금을 직접 해결하기 위한 핵심 수단으로 보기는 어렵지만, 근로소득이 크지 않은 임·직원이거나 퇴직한 직원에게 기타소득 형태로 지급되는 경우에는 실효세율이 상대적으로 낮게 형성될 수 있다. 이러한 구조에서는 직무발명보상금을 통해 개인에게 이전된 자금을 활용하여 대표자의 가지급금을 간접적으로 상환하는 방식을 검토할 수 있다. 다만 이 경우에도 직무발명의 실질, 소득구분의 적정성, 특수관계 여부 등에 대한 충분한 검토가 전제되어야 하며, 제도의 취지와 괴리된 과도한 활용은 오히려 과세 리스크를 확대시킬 수 있다.

가지급금 죽이기 핵심전략

■ 대표이사, 직무발명이 아닌 업무발명만 인정!

 발명진흥법에 따라 종업원 등은 직무발명에 대한 특허권 등을 계약이나 근무규정에 따라 사용자 등에게 승계하거나 전용실시권으로 설정한 경우 정당한 보상금을 받을 권리를 가지게 되며 이에 따라 지급 받은 대가를 '직무발명보상금'이라 한다. 다만, 대표이사의 경우 경영 및 영업이 본래의 직무이므로 직무발명은 있을 수 없어 업무발명만을 인정하고 있으니 주의가 필요하다.

■ 직무발명보상금 근로소득과 기타소득의 세무처리

재직 중 사용자의 직무발명보상금은 근로소득, 퇴직 후 발생한 직무발명보상금은 기타소득으로 본다. 근로소득으로 보는 직무발명보상금은 연간 700만 원을 한도로 비과세하고, 기타소득으로 보는 경우 필요경비 60%를 인정해 주고 있다. 다만, 보상금을 지급한 사용자 등과 특수관계에 있는 자가 받는 보상금은 비과세 대상에 해당하지 않는다.

회사가 지급하는 직무발명보상금은 즉시 비용 또는 자산계상 후 감가상각을 통해 비용 인정이 가능하고, 동시에 연구·인력개발비 세액공제가 가능하다.

■ 실효세율을 고려한 직무발명보상금을 활용

직무발명보상금의 비과세 한도가 축소되어 이전에 비해 법인의 가지급금을 해결하기 위한 방안으로 활용하기에 어려운 부분이 있다. 그러나 현재 근로소득이 크지 않은 경우 비과세 적용 후 근로소득의 실효세율이 크지 않다면 활용할 여지가 있고, 퇴사한 직원의 경우 기타소득으로 보아 60% 필요경비를 제외한 금액을 소득금액으로 보기에 이 또한 실효세율을 비교하여 가지급금을 해결하기 위한 방안으로 고려해 볼 수 있다.

지적재산권 활용

지적재산권 활용의 핵심, '실질'과 '평가'

Q

제조업이 아닌데도 지적재산권을 활용할 수 있을까요?

작은 법인을 운영하고 있는 고민중입니다. 회사 운영을 하다 보니 어느새 제 개인 계정에 회사 돈을 빼서 쓴 가지급금이 꽤 쌓였습니다. 급여로 받자니 세금이 부담스럽고, 퇴직금이나 배당도 마찬가지라 뾰족한 방법이 없어 고민입니다.

예전에 직무발명보상금이 절세에 도움이 된다고 들었지만, 지금은 한도도 줄고 근로소득으로 과세된다고 해서 실효성이 떨어진다고 하더군요. 그런데 주변에서 특허권이나 상표권 같은 '무형자산'을 개인이 가지고 있다가 회사에 넘기는 방식으로 세금을 줄이면서 가지급금을 정리할 수 있다는 이야기를 들었습니다.

문제는 제가 제조업도 아니고, 지금 당장 특허권 같은 걸 가지고 있지 않다는 점입니다. 이런 경우에도 활용할 수 있는 방법이 있는 건지, 또 세무상 위험은 없는지 궁금합니다.

▶▶ 산업재산권 등 개인 보유권리로 해결하기

직무발명보상금은 한때 법인의 가지급금을 정리하는 효과적인 수단으로 활용되었다. 근로소득 비과세, 법인의 비용 인정, 연구·인력개발비 세액공제라는 삼중 혜택이 가능했기 때문이다. 그러나 현재는 연 700만 원을 초과하는 직무발명보상금이 근로소득으로 과세되면서, 급여 지급과 실질적인 차이가 크지 않게 되었다. 이에 따라 대규모 가지급금 해결 수단으로서의 실효성은 상당 부분 약화되었다.

가지급금 문제의 본질은 임·직원이 회사로부터 자금을 회수하는 과정에서 발생하는 개인소득세 부담을 어떻게 최소화할 것인가에 있다. 급여, 퇴직금, 배당, 초과배당 등 기존 수단이 모두 높은 과세 부담을 수반하는 상황에서, 근로소득이 아닌 사업소득 또는 기타소득 구조를 활용하는 방안이 새로운 대안으로 검토될 수 있다.

▶▶ 지적재산권 거래와 기타소득 과세 구조

임·직원이 보유한 특허권 등 지적재산권을 법인에 양도하거나 대여하는 경우, 거래 형태에 따라 소득구분이 달라진다. 특허권을 일정 기간 계속적·반복적으로 사용하도록 하고 그 대가를 지급받는 경우에는 사업소득에 해당하며, 일시적인 양도나 대여에 따른 대가는 기타소득으로 본다. 특히 특허권을 양도하고 받는 대가는 원칙적으로 기타소득에 해당한다.

사업소득에 해당하는 경우 사업소득금액 계산 시 수입금액에서 공제되는 필요경비는 사실상 입증하기가 쉽지는 않기 때문에 업종별 추계경비(무형 재산권 임대업의 2024년 귀속 단순경비율 46.6%, 기준경비율 9.2%)로 공제하면 된다. 반면 기타소득으로 과세되는 경우에는 수입금액의 60%를 필요경비로 의제하여 공제할 수 있으므로, 실질적으로 과세되는 소득금액은 수입금액의 40%에 불과하다. 이는 근로소득이나 사업소득과 비교할 때 상대적으로 낮은 실효세율을 기대할 수 있는 구조이다. 또한 기타소득 60% 필요경비 규정은 특허권뿐만 아니라 상표권, 영업권, 산업정보, 산업상 비밀 등 다양한 무형자산에도 적용될 수 있어, 제조업이 아닌 업종에서도 활용 가능성이 존재한다.

법인의 입장에서도 지적재산권을 양수하거나 임차함으로써 감가상각비 또는 사용료 명목으로 비용 처리가 가능하다는 점에서 재무·세무상 이점이 있다.

> ☆ 소득세 집행기준 21 − 0 − 8 【특허권의 양도 또는 대여로 받는 대가의 소득구분】

① 특허권의 등록을 한 거주자가 당사자 간의 계약에 의하여 해당 특허권을 일정기간 동안 계속적·반복적으로 사용하도록 하고, 그 대가(실시료)를 지급받는 경우에는 그 대가의 지급방식, 지급시기와 관계없이 사업소득에 해당하는 것이며, 일시적인 특허권의 대여로 인한 대가(실시료)를 지급받는 경우에는 기타소득에 해당한다.

② 특허청에 등록된 특허권 및 개인이 신규의 발명을 고안하여 특허를 출원 중인 상태에서 특허를 받을 수 있는 권리를 양도하고 받는 대가는 기타소득에 해당한다.

▶▶ 임·직원 명의 지적재산권의 인정 요건과 세무 리스크

지적재산권을 활용한 가지급금 해결 방안이 유효하려면, 해당 지적재산권이 실질적으로 임·직원 개인의 소유로 인정되어야 한다. 이를 위해서는 임·직원이 해당 지적재산권을 창출 및 유지를 위해 소요되는 비용을 직접 부담해야 한다. 만일 해당 지적재산권 형성을 위해 법인의 인적, 물적 시설에 해당하는 기업부설연구소 등이 활용되거나 지적재산권 형성을 위한 비용을 법인에서 경비처리 하는 등의 사실이 있을 경우 임·직원 명의의 지적재산권으로 인정하지 않는다(수원지방법원 2024구합60696, 2025.3.27.).

또한 대표이사 개인 명의로 특허를 출원하였더라도, 법인의 자원을 이용하여 발명한 경우에는 발명자를 법인으로 보아야 하며, 단순한 아이디어 제공이나 일반적인 데이터 등의 제공만 있을 뿐, 발명이 가능할 수 있는 구체적인 수단과 방법이 제공되지 않은 경우에는 발명자로서의 실질적 기여를 인정하기 어렵다고 하여 임·직원이 직접 소유한 지적재산권으로 인정되지 않으니 참고가 필요하다(수원지방법원 2021구합67658, 2023.2.2.).

결국 형식상 임·직원 명의의 지적재산권이라 하더라도, 그 가치 형성에 실질적으로 기여한 부분이 입증되지 않는다면, 해당 양수대금은 정상적인 대가로 보기 어렵고 법인에 유보된 이익을 대표자에게 이전하기 위한 외형적 거래로 평가될 수 있다(대법원 2023두57845, 2024.2.15.). 이 경우 양도대금 상여처분 및 양수한 지적재산권에 대한 감가상각 부인 등 세무상 불이익이 발생할 수 있어 사전 검토가 필수적이다.

수원지방법원 2024구합60696, 2025.3.27.
특허권 출원에 있어 대표이사 개인 명의로 출원하였다 하더라도, 법인의 인적·물적
자원을 이용하여 발명한 것이라면 이를 발명한 자는 법인으로 보아야 한다. 또한
대표이사가 발명자라는 근거로 제시된 연구일지는 사후적으로 작성된 것으로, 발
명자로서의 기여를 입증하기에 부족하다. 따라서 대표이사 명의 특허권을 법인이
양수한 것은 부당행위계산 부인의 대상이 된다.

수원지방법원 2021구합67658, 2023.2.2.
원고가 이 사건 특허발명의 완성에 있어서 아이디어를 제공하거나 연구자를 일반
적으로 관리한 것을 넘어 기술적 사상의 창작행위에 실질적으로 기여하였다고 인
정하기 어려우며, 설령 원고가 기술적 사상의 창작행위에 일부 관여하였더라도, 원
고는 이 사건 특허발명의 완성 당시 해당 법인의 대표이사로 재직하였고, 위 특허
발명의 내용이 법인의 업무범위에 속하는 이상 원고가 법인과 별개의 지위에서 독
자적으로 이 사건 특허발명을 완성하였다고 인정하기는 어렵다.

대법원 2023두57845, 2024.2.15. 심불 기각
대표자 A가 1인 주주이자 사내이사로 지배하던 법인이, A 명의로 출원·등록된 상
표권을 법인에게 양수한 거래와 관련하여, 해당 상표는 법인 설립 및 영업 개시 이
후 출원되어 실제 사용자는 법인뿐이었고, 상표 사용 전후로 매출이나 수익이 증가
하지도 않았으며, 제품 경쟁력의 핵심은 상표가 아니라 수입제품의 품질·독점공급
권·유통망에 있었다. 그럼에도 양수대금은 법인의 누적이익을 초과하는 거액일 뿐
아니라, 감정평가·의사결정 과정 역시 대표자 단독으로 이루어졌다. 따라서 상표권
자라 하더라도 상표 가치형성에 기여한 바가 없고, 원고가 영업에 활용함으로써 그
가치가 형성된 것이라면, 상표권 양수대금은 상표권에 대한 정상적인 대가라기보
다 법인에 유보된 이익을 대표자에게 분여하기 위하여 대외적으로 대가형식을 취
한 것에 불과하여 양수대금 전액을 실질상 상여에 해당하는 이익처분으로 판단하

였고, 이에 따라 감가상각비를 손금불산입한 법인세 부과처분은 적법하다고 판시하였다.

▶ 지적재산권의 평가

임원 개인 소유의 산업재산권을 법인에게 양도 혹은 대여함으로써 그 매매대금이나 사용대금으로 임원의 자금 확보가 가능하다. 특히 개인의 산업재산권 양도에 대하여는 기타소득세로 과세하고, 그 양도대금의 60%를 필요경비로 공제하는 규정을 적용받을 수 있으므로 절세가 가능하며, 법인은 산업재산권을 양수 혹은 임차함으로써 감가상각비 또는 사용료 명목으로 비용 처리하는 장점이 있다.

다만, 이러한 산업재산권의 양·수도가 절세수단 내지 가지급금 변제수단으로 활용되려면 상당한 금액의 평가를 수반하여야 한다. 현행 세법 체계에 의하면 상속세 및 증여세법상 평가원칙에 따라 감정평가사의 평가를 통해 무체재산권의 시가를 확정할 수 있다.

감정평가에 관한 규칙 제23조 무형자산의 감정평가에 의하면 감정평가업자는 영업권, 특허권, 실용신안권, 디자인권, 상표권, 저작권, 전용 측선이용권(專用側線利用權), 그 밖의 무형자산을 감정평가할 때에 수익환원법을 적용하여야 한다고 규정하고 있다. 다만, 형식적 시가감정이 조세회피의 수단으로 악용된다면 이는 매우 우려스러운 일이다.

따라서 지적재산권을 가지급금 정리 수단으로 활용하고자 할 경우에는, 권리의 실질과 평가의 합리성을 충분히 검토해야 한다. 감정평가사나 변리사 등 전문가의 검증을 거쳐 정당한 가치 평가가 이루어져야 하며, 형식적인 권리 설정을 통한 절세 시도는 오히려 중대한 세무 리스크로 이어질 수 있음을 유의해야 한다.

가지급금 죽이기 핵심전략

■ 필요경비 60% 적용이 가능한 지적재산권 (기타소득)

임·직원이 보유한 특허권 등 지적재산권을 법인에 일시적으로 양도하거나 대여하는 경우, 그 대가는 기타소득으로 과세될 수 있다. 기타소득은 수입금액의 60%를 필요경비로 의제 공제할 수 있어, 실제 과세되는 소득금액이 40%에 그친다. 이는 급여나 사업소득에 비해 실효세율이 낮아, 가지급금 상환을 위한 자금 확보 수단으로 상대적으로 유리한 구조다.

다만, 개인의 지적재산권이라 하더라도 일시적 대여가 아닌 일정기간 동안 계속적·반복적으로 사용하도록 하고 그 대가를 지급받는 경우에는 사업소득으로 보아 기타소득에서 인정하는 필요경비 60%가 적용되지 않으니 주의가 필요하다.

■ 임·직원 명의의 지적재산권의 핵심은 '실질'

임·직원 명의의 지적재산권을 가지급금 상환에 활용하기 위해서는, 해당 지적재산권의 창출 및 유지에 소요된 비용을 임·직원이 직접 부담했음이 전제되어야 한다. 법인의 연구시설이나 인력 등 인적·물적 자원이 활용되었거나 관련 비용을 법인이 경비 처리한 경우에는 개인 소유의 지적재산권으로 인정되지 않는다. 또한 단순한 아이디어나 일반적인 자료 제공만으로는 발명에 대한 실질적 기여로 보기 어려워, 임·직원 명의의 지적재산권으로 인정받기 어렵다는 점에 유의해야 한다.

개인사업의 법인전환 시 영업권 활용

영업권 가치만큼 법인에서 현금 인출이 가능하다

Q

개인사업자의 영업권, 실제 법인전환 시 얼마나 인정이 가능할까요?

몇 년 전 개인사업을 하다 법인으로 전환한 중소기업 대표 고민중입니다. 법인 운영 과정에서 어쩔 수 없이 대표자 가지급금이 생겼는데, 급여나 배당으로 정리하려니 세금 부담이 너무 커서 방법을 찾고 있습니다.

최근 산업재산권이나 특허권, 상표권 같은 걸 개인이 가지고 있다가 법인에 팔아서 가지급금을 정리할 수 있다는 이야기를 들었는데, 문제는 제 명의로 등록된 특허나 상표가 하나도 없다는 점입니다. 그러다 문득, 예전에 개인사업을 법인으로 전환할 때 '영업권'이라는 걸 평가해서 받을 수도 있었다는 말을 들었습니다. 만약 그게 사실이라면, 저는 이미 받을 수 있었던 돈을 놓친 건 아닌지 억울한 생각도 듭니다.

개인사업자의 영업권은 도대체 무엇이고, 실제로 법인전환 시 얼마까지 인정받을 수 있는 건지, 또 지금 와서라도 활용할 방법은 없는지 궁금합니다. 절세 목적만으로 접근해도 괜찮은 건지도 함께 설명해 주시면 감사하겠습니다.

▶▶ 법인전환 시 활용되는 개인사업자의 영업권

개인사업자가 법인으로 전환할 때 가장 많이 간과하는 요소 중 하나가 바로 영업권이다. 개인사업을 법인에 양도하는 구조는 단순히 자산과 부채만을 넘기는 것이 아니라, 그동안 축적된 거래처, 사업상 편리한 지리적 여건, 신용, 노하우, 양도사업에 관한 인·허가 등의 법률상 지위 등 영업상의 이점을 감안하여 사업 전반의 가치를 포괄적으로 이전하는 거래에 해당한다. 이 과정에서 유형자산과는 별도로 평가되는 무형의 가치가 바로 영업권이다.

세법은 사업 양도·양수 시 이러한 영업권을 재산으로 인정하고 있으며, 일정 요건을 충족할 경우 개인사업자는 법인으로부터 영업권 대가를 받을 수 있다. 문제는 과거에는 이러한 구조가 일반화되어 있지 않았고, 많은 개인사업자들이 법인전환을 하면서 영업권을 아예 고려하지 않거나, 평가 없이 넘어가는 경우가 많았다는 점이다. 그 결과, 법인전환 이후 대표자 가지급금이 발생했음에도 불구하고, 사전에 합법적으로 자금을 회수할 수 있었던 기회를 놓치는 사례가 적지 않다.

▶▶ 영업권의 평가

세법에서 규정한 재산의 평가규정의 원칙은 평가기준일 현재의 시가(時價)이다. 이 경우 시가에는 평가기준일 전후 6개월 내에 매매·감정·수용·경매 또는 공매로 확인되는 가액을 포함한다. 따라서 영업권의 평가도 감정가액에 의할 수 있다. 다만, 시가를 산정하기 어려운 경우에는 해당 재산의 종류, 규모, 거래 상황 등을 고려한 보충적 평가액을 시가로 본다.

앞서 감정평가에 관한 규칙 제23조 무형자산의 감정평가에 의하면 감정평가업자는 영업권, 특허권, 실용신안권, 디자인권, 상표권, 저작권, 전용측선이용권(專用側線利用權), 그 밖의 무형자산을 감정평가할 때에 수익환원법을 적용하여야 한다고 언급한 바 있다.

더 구체적으로 감정평가 실무기준 3.3.1 영업권의 감정평가에 따르면 영업권 평가의 원칙은 수익환원법을 적용하여야 하고, 그럼에도 불구하고 수익환원법으로 감정평가 하는 것이 곤란하거나 적절하지 아니한 경우에는 거래사례비교법이나 원가법으로 감정평가할 수 있다고 규정하고 있다.

그런데 이러한 감정평가에 의하지 않는 경우로서 세법이 정하는 방법도 있다. 예를 들어, 2025년에 자신의 개인사업을 법인에 매각할 때 세법상 영업권 평가액을 알아보자.

개인사업의 영업권을 평가하는 방법의 1단계는 과거 3년간 개인사업장의 순손익액(사업장별 사업소득금액에서 사업소득세와 지방소득세를 공제한 금액을 말한다)을 가지고 가중평균하여 얼마의 순손익을 얻었느냐 계산하는 것이다. 실무적으로 과거 3개년 종합소득세 신고서를 보고 각 연도의 사업소득금액에서 사업소득세와 지방소득세를 차감한 뒤 연도별 가중치를 3 : 2 : 1로 곱하여 가중평균액을 산출한다.

만일 2024년부터 2022년까지의 그 사업장의 순손익액이 2024년 3억 원, 2023년 2.5억 원, 2022년 1.5억 원이라고 가정하면, 해당 사업의 가중평균된 순손익액은 258,333,333원으로 산출된다.

(단위: 원)

해당 사업연도	2024년	2023년	2022년	계
순손익액 (사업소득금액 기준)	300,000,000	250,000,000	150,000,000	$\dfrac{a+b+c}{6}$
가중평균액	×3(a)	×2(b)	×1(c)	258,333,333

2단계는 이렇게 계산된 가중평균액의 50%에서 개인사업장의 자본총액(세무신고 시 제출한 재무상태표 상의 자본상당액)의 10%를 차감해 초과수익금액을 산출한다. 세법에서는 투자자본의 10% 정도가 적정한 수익이고, 이를 초과하는 수익은 초과수익금액이라고 보는 것이다.

위 사례에서 만일 개인사업장의 재무제표상 자본액이 1.5억 원이라면, 초과수익금액은 114,166,667원으로 계산된다.

초과수익금액 산정 (2단계)

(단위: 원)

해당 사업연도	2024년	2023년	2022년	계
순손익액 (사업소득금액 기준)	300,000,000	250,000,000	150,000,000	$\dfrac{a+b+c}{6}$
가중평균액	×3(a)	×2(b)	×1(c)	258,333,333
가중평균액의 50%(A)				129,166,667
기준일 자기자본(B)				150,000,000
이자율(C)				10%
초과수익금액 (=A−B×C)				114,166,667

3단계는 이 초과수익금액이 5년간 계속 유지된다고 가정하고, 이 초과수익금액이 현재에 모두 실현될 때의 가치(이를 현재가치할인 한다고 표현하고, 실무적으로는 초과수익금액에 3.79079를 곱해 산출한다)를 계산해 이를 개인사업장의 영업권 금액으로 본다.

따라서 이 사례에서의 영업권 금액은 432,781,858원(=114,166,667 × 3.79079)으로 평가된다. 이를 전체적인 표로 보면 다음과 같다.

개인사업장의 영업권 산정 (3단계)

(단위: 원)

해당 사업연도	2024년	2023년	2022년	계
순손익액 (사업소득금액 기준)	300,000,000	250,000,000	150,000,000	$\dfrac{a+b+c}{6}$
가중평균액	×3(a)	×2(b)	×1(c)	258,333,333
가중평균액의 50%(A)				129,166,667
기준일 자기자본(B)				150,000,000
이자율(C)				10%
초과수익력				114,166,667
영업권 유효연수				5년
현가계수(5년)				3.79079
영업권				432,781,858

실제 법인전환 과정에서 많은 개인사업자들이 놓치고 지나가는 영업권 문제를, 고사장의 사례를 통해 구체적으로 살펴보고자 한다.

영업권 평가의 출발점은 개인사업자의 순손익액이다. 사례의 고사장은 매년 약 2억 원의 사업소득금액을 올렸고, 연간 세금은 약 5천만 원 수준이었다. 이를 고려하면 연간 순손익액은 약 1억 5천만 원으로 계산된다. 최근 3개 연도의 순손익액을 가중평균 방식으로 산정한다. 사례의 경우, 순손익액 자체가 변동이 없기에 계산 결과 역시 동일하게 도출된다. (1단계)

1단계 : 가중평균 순손익액의 산정

$$\text{가중평균 순손익액}$$

$$\frac{\text{최근 1년 순손익액} \times 3 + \text{최근 2년 순손익액} \times 2 + \text{최근 1년 순손익액} \times 1}{6}$$

다음 단계는 정상수익과 초과수익을 구분하는 것이다. 사례에서는 개인사업 시 실질적으로 유지되던 자본 규모를 약 5천만 원으로 보았다. 이 자본에 대해 통상적인 수익률을 적용하면 정상수익이 계산되고, 전체 순손익액에서 이를 차감한 금액이 초과수익이 된다.

이 사례에서는 초과수익이 약 7천만 원으로 산정되었다. 즉, 단순히 자본에 대한 보상 수준을 넘어 사업 자체의 경쟁력에서 발생한 수익이라는 의미다.

2단계 : 정상수익과 초과수익의 구분

> 초과수익금액 (7천만 원)
> = 가중평균 순손익액(1.5억 원) × 50% − 자기자본(5천만 원) × 10%

초과수익에 일정 배수를 적용하면 영업권의 최소 추정 금액이 계산된다. 원칙적으로 영업권의 평가기간은 5년으로 보아, 초과이익에 대하여 할인율 10%를 적용한 5년 연금현가계수 3.79079를 적용하였다. 그 결과, 영업권 가액은 약 2억 8천만 원 수준으로 산정된다.

이는 세법상 기계적으로 산출한 최소 영업권 금액에 불과하며, 이후 감정평가를 통해 더 높은 금액이 인정될 가능성도 있다.

3단계 : 영업권 금액 산정

> 영업권(2.85억 원) = 초과수익금액(7천만 원) × 3.79079

개인사업자가 보유한 영업권을 법인에 양도하는 경우, 해당 대가는 기타소득으로 과세된다. 2017년 이전에는 영업권 양도금액의 20%가 소득금액으로 보았으나, 현재는 40%가 소득금액으로 간주된다.

즉, 영업권을 3억 원에 양도했다면 1억 2천만 원이 기타소득금액으로 산정되고, 이에 대해 종합소득세가 과세된다. 세금을 한 번 부담하더라도 상당한 현금 유입이 가능했지만, 사례와 같이 많은 사업자들이 영업권이 산정되는 구조를 인지하지 못한 채 법인전환을 진행하는 경우가 자주 발생하고 있어 아쉬움이 있다.

▶▶ 법인전환과 영업권, '언제'와 '왜'가 더 중요

개인사업의 법인전환 시 영업권 평가가 요즘 핫하다. 그래서 절세를 위한 법인전환을 생각하는 개인사업자들의 문의가 많지만, 법인전환 시 가장 중요한 것은 그 목적이 명확해야 한다는 것이다.

그저 개인사업의 영업권을 평가해서 법인에 양도하고, 그 양도대금을 저렴한 세금으로 취하겠다는 식은 좋은 아이디어가 아니다.

법인을 이용한 큰 틀의 절세는 가족이 주주가 되는 법인을 구성하여 지분 배분을 통해 상속세 및 증여세 문제를 선제적으로 해결함과 동시에 주주 배당을 통한 자금 확보로 달성할 수 있다. 다만 법인을 하나의 자산으로 보려면 개인이 보유한 자산이 상당히 필요하다. 법인으로부터 자금을 인출하지 않아도 될 정도의 상황이 되어야 한다는 의미다.

개인 자산을 보유하는 방법 중 하나는 법인전환 시 개인사업의 영업권을 평가하여 법인에게 매각하고 영업권 매각대금을 가져오는 방법이며. 향후 법인에 귀속된 이익을 주주들과 나눠 미래의 상속세 및 증여세를 해결함과 아울러 적절한 주주 배당을 통해 자금을 확보하려는 계획에 따라 실행되어야 한다.

따라서 만약 영업권 양도로 인한 이익을 최대한 취한다고 가정한다면, 법인전환 시기는 개인사업이 가장 잘될 때를 기준으로 해야 한다. 왜냐하면 영업권의 세법상 평가는 과거의 수익실적을 바탕으로 계산하는 것이고, 감정평가도 향후 수익을 예견하여 환원할 때 수익산정 기준을 과거의 수익실적 기준으로 하기 때문이다.

가지급금 죽이기 핵심전략

■ 영업권은 평가가 필요한 자산

개인사업자의 영업권은 법인전환 시 자동으로 정해지는 금액이 아니라, 반드시 합리적인 평가 과정을 거쳐 산정되어야 하는 자산이다.

세법상 영업권 평가는 과거 일정 기간의 순손익액을 가중평균한 뒤, 정상적인 자본수익을 초과하는 초과수익을 계산하고 이를 현재가치로 환산하는 방식으로 이루어진다. 실무에서는 이와 같은 세법상 계산 방식이나 감정평가사의 수익환원법을 통해 영업권 가액을 산정하게 된다. 영업권을 단순한 절세 수단으로 접근하기보다, 객관적 평가에 기반한 자산으로 인식하는 것이 중요하다.

■ 영업권의 가치는 '언제' 전환하느냐에 따라 결정 된다.

영업권의 세법상 평가는 과거 수익 실적을 기준으로 산정되기 때문에, 개인사업의 수익성이 가장 높을 때 법인전환을 검토하는 것이 유리하다. 수익이 하락한 이후에는 동일한 구조라도 영업권 가액이 크게 낮아질 수밖에 없다. 결국 영업권을 활용한 법인전환 전략에서 가장 중요한 요소는 절세 기법이 아니라 전환 시점의 선택이다.

임차보증금 활용

대표자 소유의 건물을 임차할 경우 임차보증금으로 가지급금 정리

Q

대표자 소유의 건물을 임차하고 사용하는 경우,
임차보증금으로 가지급금을 해결할 수 있나요?

개인사업을 하다 세금이 많다는 말에 법인전환을 했고, 이후 생활비와 각종 비용을 법인에서 빌려 쓰다 보니 어느새 가지급금이 10억 원 가까이 쌓여버린 중소기업을 운영하는 고민중입니다.

법인전환 당시에는 영업권도 제대로 챙기지 못했고, 이후에는 급여 인상, 배당, 초과배당, 특허권 매각 등 이른바 '가지급금 없애는 방법'이라는 컨설팅을 계속 받아왔지만, 세금 부담이나 현실적인 자금 사정 때문에 실행하기가 쉽지 않았습니다. 그러다 최근 회사가 제 개인 소유 건물을 임차해 사용하고 있다는 점에서 착안해, 가지급금을 임차보증금으로 전환하는 방법이 있다는 이야기를 들었습니다.

정말 이런 방식으로도 가지급금을 정리할 수 있는 것인지, 그리고 이 방법이 근본적인 해결책이 될 수 있는지 궁금합니다.

가지급금은 대표자가 법인 자금을 개인적으로 사용한 결과 재무제표 상 남게 되는 대여금 성격의 자산이다. 세법은 이 가지급금에 대해 인 정이자 계산, 지급이자 손금불산입, 소득처분 등 다양한 불이익을 부과 하고 있으며, 법인의 신용도와 재무 건전성에도 부정적인 영향을 미친 다. 따라서 많은 대표자들이 급여 인상, 배당, 퇴직금, 무형자산 양도 등 이른바 '가지급금 없애는 방법'을 찾게 된다.

그러나 이러한 방법들은 공통적으로 하나의 전제를 가진다. 회사가 다시 현금을 지급해야 한다는 점이다. 급여든 배당이든, 혹은 무형자산 의 매각대금이든, 결국 법인의 자금이 다시 대표자에게 이전되는 구조 이기 때문에 세금 부담이나 자금 여력의 한계에 부딪히는 경우가 많다.

이와 달리, 가지급금을 임차보증금으로 대체하는 방식은 새로운 현 금 유출 없이 재무제표상의 계정과목을 변경하는 접근이다. 대표자가 개인 소유 부동산을 법인에 임대하고 있고, 그 임대차 구조가 월세 위 주로 되어 있는 경우, 일정 부분을 전세 또는 보증금 형태로 전환할 여 지가 생긴다.

이때 핵심은 단순한 계약 변경이 아니라, 임차보증금의 적정 가액을 객관적으로 입증하는 것이다. 최근에는 감정평가를 통해 월세를 전세 로 환산한 보증금 가액을 산정하는 것이 가능하며, 이 평가 금액만큼 법인의 자산을 '가지급금'에서 '임차보증금'으로 대체 처리할 수 있다. 그 결과, 가지급금 계정은 감소하고, 세법상 문제의 대상이 되던 가지 급금 규제도 그 범위만큼 해소된다.

임차보증금 대체 방식의 장점은 명확하다. 법인이 추가로 현금을 지급하지 않아도 되고, 인정이자나 손금불산입 등 가지급금에 따르는 세무 리스크를 일시적으로 제거할 수 있다. 특히 고액의 가지급금이 누적된 법인에게는 부담을 완화하는 현실적인 정리 수단이 될 수 있다.

다만, 이 방식은 어디까지나 구조 조정에 가까운 임시적 해법이라는 점을 인식해야 한다. 향후 법인이 해당 부동산에서 이전하게 되면, 임차보증금은 다시 반환 대상이 되고, 그 순간 보증금은 다시 대표자에 대한 채권, 즉 또 다른 형태의 가지급금으로 전환될 가능성이 높다. 결국 이는 가지급금을 '완전히 없애는 방법'이라기보다는, 시간을 벌고 관리 가능한 형태로 바꾸는 방법에 가깝다.

가지급금을 둘러싼 수많은 컨설팅 기법들은 상황에 따라 유효할 수도, 무의미할 수도 있다. 문제는 특정 기법 자체가 아니라, 대표자가 자신의 재무 상황과 법인의 지속 가능성을 충분히 이해한 상태에서 선택하고 있는지 여부다.

고사장의 사례가 보여주듯, 가지급금 문제는 단기간에 해결할 수 있는 '비술'의 영역이 아니다. 다만, 법인의 구조와 자산 관계를 정확히 들여다본다면, 불필요한 현금 유출 없이도 일정 부분 정리의 실마리를 찾을 수는 있다. 임차보증금 대체 방식은 바로 그 가능성을 보여주는 하나의 사례이다.

가지급금 죽이기 핵심전략

■ 회사 자금을 다시 빼 오지 않는 가지급금 정리 방식

급여 인상이나 배당과 같은 전통적인 가지급금 정리 방법은 모두 법인의 현금이 다시 대표자에게 지급되는 구조라는 공통점을 가진다. 이 과정에서 근로소득세, 배당소득세, 보험료 등 추가 부담이 발생해 실행이 쉽지 않은 경우가 많다. 반면, 개인 소유 부동산을 법인에 임차한 구조에서는 월세를 전세 또는 임차보증금으로 전환함으로써 새로운 현금 유출 없이 가지급금 계정을 줄이는 접근이 가능하다.

■ 임차보증금 대체의 핵심은 '객관적 가치 입증'

임차보증금 대체 방식의 성패는 계약서 변경이 아니라 보증금의 적정 가액을 얼마나 객관적으로 입증하느냐에 달려 있다. 감정평가를 통해 월세를 전세로 환산한 보증금 가액을 산정하고, 그 금액만큼 가지급금을 임차보증금으로 대체 처리하면 세법상 가지급금 규제의 적용 대상에서 벗어날 수 있다. 이를 통해 인정이자 계산, 손금불산입 등의 부담을 일정 부분 해소할 수 있다.

■ '완전한 해결'이 아닌 '관리 가능한 전환'

임차보증금 대체는 가지급금을 완전히 소멸시키는 방법이 아니라, 재무제표상 문제의 성격을 바꾸는 구조 조정에 가깝다. 향후 법인이 이전할 경우 보증금 반환과 함께 다시 가지급금이 발생할 수 있다는 점에서 임시적 해법이라는 한계를 가진다. 그럼에도 불구하고 본문의 사례처럼,

당장의 세무 리스크를 줄이고 시간을 벌기 위한 현실적인 선택지로는 충분한 의미를 가진다.

개인 소유 부동산 활용

개인 보유 부동산 매각 시
양도소득세를 확인하자

Q

**대표자 명의의 자산을 법인에 팔아서 가지급금을 없애고 싶은데,
이 경우 어떤 세금 문제를 확인해야 할까요?**

작은 법인을 운영하고 있는 고민중입니다. 회사를 운영하다 보니 어느새 제 명의로 사용한 돈이 '가지급금'으로 꽤 쌓이게 되었습니다. 최근 세무사님 조언으로 제 소유 오피스를 법인에 전세로 주고, 그 전세보증금으로 가지급금 일부를 정리했습니다. 그런데 문득 이런 생각이 들었습니다. "아예 가지고 있는 오피스텔을 법인에 팔아버리면, 가지급금을 한 번에 없앨 수 있지 않을까?"

약 20년 전에 약 3억 원, 취득세·등록세·법무비용 등 1천만 원에 매입한 오피스텔인데, 현재 주변 시세를 확인해 보니 전세보증금은 3억 원 정도, 매매로 하면 4억 원 정도는 받을 수 있을 것 같았습니다. 세무사님께 문의하니, 제가 오피스텔을 법인에 매각하면 개인에게는 양도소득세가 부과되고, 법인은 다시 취득세를 부담해야 한다고 하더군요.

결국 가지급금을 없애기 위해 또 다른 세금을 내야 하는 구조라는 생각이 들었습니다. 가지급금을 정리하겠다고 부동산을 법인에 매각하면서 복잡한 세금

문제들이 있는 것 같은데, 가지급금을 없애기 위해 개인 자산을 법인에 파는 것, 세금을 납부하고도 가지급금을 없애는 것에 실익이 있을까요?

▶▶ 개인소유 부동산으로 해결하기

가지급금을 정리하기 위해 실무에서 자주 활용되는 방법 중 하나는 앞서 소개한 대표자 개인 소유의 부동산을 법인에 임대하고, 그 임차보증금으로 가지급금을 상환하는 방식이다. 이 방법은 법인의 현금 유출을 최소화하면서도 가지급금을 줄일 수 있고, 부동산 소유권이 이전되지 않아 추가적인 취득세나 양도소득세 부담이 발생하지 않는다는 점에서 비교적 안정적인 수단으로 평가된다.

이 과정에서 대표자들은 종종 한 걸음 더 나아가 개인 소유의 부동산을 법인에 아예 매각하는 방안을 검토하게 된다. 표면적으로는 부동산 매각대금으로 가지급금을 한 번에 정리할 수 있다는 점에서 매력적으로 보이기 때문이다. 그러나 이 방법은 세무 측면에서 신중한 검토가 필요하다.

대표자가 개인 소유 부동산을 법인에 유상으로 양도하는 경우, 개인에게는 양도소득세가 과세된다. 취득가액과 양도가액의 차이에 따라 양도차익이 발생하고, 보유기간에 따른 장기보유특별공제를 적용한 후에도 상당한 세부담이 남을 수 있다. 특히 2019년 이후 개정된 제도에 따라 장기보유특별공제는 보유기간 15년 이상이 되어야 최대 30%까지

적용되므로, 보유기간이 짧은 부동산일수록 세부담은 더욱 커진다.

한편, 법인은 해당 부동산을 취득하면서 취득세를 부담하게 된다. 업무용 오피스텔이나 상가의 경우 취득세율은 약 4% 중반 수준으로, 취득가액이 클수록 취득세 부담 역시 만만치 않다. 결과적으로 대표자 개인의 양도소득세와 법인의 취득세를 합산하면, 가지급금을 정리하기 위해 오히려 수천만 원의 추가 비용이 발생하는 구조가 되기도 한다.

더 나아가 매매가액을 시세보다 높게 책정하는 경우에는 부당행위계산 부인 문제가 발생할 수 있다. 특수관계인인 대표자와 법인 간의 거래에서 시가를 벗어난 고가 매매는 법인이 대표자에게 이익을 분여한 것으로 보아, 그 초과분에 대해 상여처분 등 불리한 세무조정이 이루어질 수 있다. 이 경우 가지급금을 줄이려다 오히려 추가적인 과세 위험을 초래할 수 있다.

이처럼 개인 자산을 법인에 매각하는 방식은 가지급금을 단기간에 해소할 수 있다는 장점은 있으나, 양도소득세와 취득세라는 이중의 세부담, 그리고 부당행위계산 부인에 따른 세무 리스크를 동시에 안고 있는 방법이다. 따라서 단순히 "가지급금을 해결 한다"는 결과만을 기준으로 판단하기보다는, 발생하는 세금과 비용 대비 실질적인 재무적 효과가 있는지를 면밀히 따져볼 필요가 있다.

▶▶ 개인이 부담해야 하는 양도소득세

고사장이 보유한 오피스텔은 최근 주변 상가의 공실 증가로 시세가 크게 상승하지 않은 상태로, 전세로 전환할 경우 약 3억 원 수준의 전세보증금이 형성되는 반면, 매매로 처분할 경우에는 약 4억 원 내외의 시가가 형성될 것으로 판단되었다.

해당 오피스텔의 취득가액은 약 3억 원이며, 취득세·등록세·법무비용 등 취득과 직접 관련된 부대비용을 포함하면 취득 관련 비용은 약 1천만 원이 추가된 상태였다. 이러한 조건을 전제로 오피스텔을 시가 4억 원에 매각할 경우, 취득가액과 필요경비를 차감한 양도차익은 약 9천만 원이 발생하게 된다.

개인 소유 사업용 부동산의 양도에는 양도차익에 대해 양도소득세가 과세되며, 보유기간에 따라 장기보유특별공제가 적용된다. 고사장의 사례에서는 최대 공제율인 30%를 적용하는 경우를 가정하면, 양도차익에서 장기보유특별공제를 차감한 양도소득금액은 약 6천3백만 원으로 산정된다. 여기에 양도소득 기본공제를 적용하면 과세표준은 약 6천만 원 수준이 된다. 이 과세표준에는 24%의 양도소득세율이 적용되며, 산출된 세액에 지방소득세를 포함할 경우 고사장이 부담해야 할 양도 관련 세금은 1천만 원에 약간 미달하는 수준으로 계산된다. 특히 장기보유특별공제는 2019년 이후 보유기간이 15년 이상인 경우에만 최대 30%가 적용되므로, 실제 보유기간이 이에 미치지 못한다면 세부담은 더욱 증가할 수 있다.

오피스 매각에 따른 양도소득세

(단위 : 원)

	양도가액	400,000,000
(−)	취득가액	300,000,000
(−)	기타필요경비	10,000,000
(=)	양도차익	90,000,000
(−)	장기보유 특별공제	27,000,000
(=)	양도소득금액	63,000,000
(−)	양도소득 기본공제	2,500,000
(=)	과세표준	60,500,000
(×)	세율	24%
(=)	양도소득 산출세액	8,760,000
	지방소득세	876,000
	계	9,636,000

양도소득세 세율

과세표준	세율	누진공제
1,400만 원 이하	6%	−
5,000만 원 이하	15%	1,260,000원
8,800만 원 이하	24%	5,760,000원
1.5억 원 이하	35%	15,440,000원
3억 원 이하	38%	19,940,000원
5억 원 이하	40%	25,940,000원
10억 원 이하	42%	35,940,000원
10억 원 초과	45%	65,940,000원

양도소득세 장기보유특별공제율 (1세대 1주택 외)

보유기간	공제율
3년 이상 4년 미만	6%
4년 이상 5년 미만	8%
5년 이상 6년 미만	10%
6년 이상 7년 미만	12%
7년 이상 8년 미만	14%
8년 이상 9년 미만	16%
9년 이상 10년 미만	18%
10년 이상 11년 미만	20%
11년 이상 12년 미만	22%
12년 이상 13년 미만	24%
13년 이상 14년 미만	26%
14년 이상 15년 미만	28%
15년 이상	30%

▶▶ 법인의 취득세 부담과 부당행위계산 부인에 따른 세무상 위험

개인이 보유하던 오피스를 법인에 매각하면, 개인에게는 양도소득세가 과세되는 반면, 법인은 해당 부동산을 취득하면서 취득세를 부담하게 된다. 오피스를 4억 원에 취득하는 경우, 업무용 오피스텔이라 하더라도 취득세와 지방교육세를 합한 실질 세율은 약 4.6%가 적용되며, 이에 따라 법인이 부담해야 할 취득세만 해도 약 1천8백만 원 발생한다. 이로 인해 개인이 부담하는 양도소득세와 법인이 부담하는 취득세를 합산하면, 가지급금 1억 원을 해소하기 위해 약 3천만 원에 가까운 세금 비용이 추가로 소요되는 구조가 된다.

또한 개인과 법인 간의 자산 거래에서는 부당행위계산 부인 규정이 중요한 판단 기준으로 작용한다. 특수관계에 있는 임·직원이 법인에게 시가보다 높게 고가로 양도하면, 오히려 개인과 법인의 매매거래를 통해 법인이 개인에게 이익을 분여 받은 것으로 보아서 개인에 상여처분이 이루어 질 수 있다.

자산의 매각가액을 시세보다 높게 설정할수록, 개인 측에서는 소득세나 양도소득세 부담이 오히려 증가하게 되는 것이다. 즉, 가지급금을 줄이기 위해 매매가액을 무작정 높게 책정하는 전략은 법인과 개인 모두에서 세무적으로 불리한 결과를 초래할 가능성이 크다. 이러한 점에서 자산 거래 시 가격 산정은 원칙적으로 시가에 따라 이루어져야 하며, 시세가 명확하지 않은 경우에는 감정평가사의 감정을 통해 객관성을 확보하는 것이 필요하다.

가지급금을 해결하기 위해 개인 자산을 법인에 매각할 경우, 법인이 부담해야 할 취득세와 부당행위계산 부인에 따른 세무 리스크가 실익 판단의 핵심 요소가 된다. 따라서 부동산 매각을 통한 가지급금 정리는 단순히 "얼마를 없앨 수 있는가"의 문제가 아니라, 그 과정에서 발생하는 확정적인 세금 비용과 과세 위험을 함께 고려해야 한다.

key point !

가지급금 죽이기 핵심전략

■ 임차는 '구조 개선', 매각은 '세금 발생'

개인 소유 부동산을 법인에 임대하고 임차보증금으로 가지급금을 상환하는 방식은, 법인의 자금 유출을 최소화하면서 재무구조를 정리할 수 있는 방법이다. 소유권 이전이 발생하지 않기 때문에 양도소득세나 취득세 부담이 없고, 가지급금 축소라는 목적에 집중할 수 있다. 반면, 부동산을 법인에 매각하는 방식은 단기간에 가지급금을 해소할 수 있으나, 그 과정에서 세금이 확정적으로 발생하는 구조라는 점에서 성격이 다르다.

■ 개인은 양도소득세, 법인은 취득세

개인이 보유하던 부동산을 법인에 매각하면 개인에게는 양도소득세가, 법인에는 취득세가 각각 발생한다. 장기보유특별공제는 일정 요건을 충족한 경우에만 적용되며, 해당 사항이 있다 하더라도 보유기간이 충분하지 않은 자산일수록 개인의 세부담은 커질 수 있다. 이와 함께 법인의 취득세 부담까지 고려하면, 개인 보유 부동산을 활용한 가지급금을 해결하기 위해 상당한 세금 비용이 수반될 수 있으니 사전 확인이 반드시 필요하다.

■ 무조건 고가 매각은 부당행위계산 리스크

대표자와 법인 간의 부동산 거래는 특수관계자 거래에 해당하므로 거래가격의 적정성이 중요하다. 매각가액이 시가를 초과할 경우 법인이 대표자에게 이익을 분여한 것으로 보아 부당행위계산 부인이 적용될 수 있다. 이 경우 초과 금액에 대해 상여처분 등 불리한 세무조정이 이루어질 수 있어, 가지급금을 줄이려는 의도와 달리 추가적인 과세 부담이 발생할 수 있다. 따라서 이러한 거래는 시가에 근거한 합리적인 가격 산정을 전제로 검토되어야 한다.

Chapter

26

개인 소유 동산 활용

가지고 있는 주식을 법인에 팔 때, 대주주 여부 확인!

Q

내가 가진 주식, 회사에 팔면 세금이 있을까요?

저는 작은 법인을 운영하고 있는 고민중입니다. 회사에 가지급금이 있어서 정리할 방법을 고민하던 중, 문득 개인적으로 보유하고 있는 상장주식이 떠올랐습니다.

주식은 코스닥에 상장된 종목이고, 흔히 말하는 '개미 투자자' 수준입니다. 이 주식을 팔아서 현금을 만들거나, 혹시 법인에 넘겨서 가지급금을 정리하는 방법도 가능한지 궁금해졌습니다. 그런데 주변에서는 "상장주식은 거래소에서 팔아야 세금이 없다", "법인에 팔면 오히려 세금이 생긴다", 또 "대주주가 되면 얘기가 달라진다"는 말들이 엇갈려서 혼란스럽습니다.

개인이 가진 상장주식을 법인에 양도하는 경우에도 세금이 나오나요? 대주주 기준이라는 것은 정확히 무엇을 기준으로 판단하는 건지, 그리고 실제로 가지급금을 정리하는 데 도움이 되는 방법인지 알고 싶습니다.

개인이 보유한 상장주식은 거래소를 통해 장내에서 매각하는 경우와, 특정 상대방에게 장외로 양도하는 경우에 따라 세무상 취급이 달라진다. 속칭 '개미'라고 불리는 개인의 주식거래는 주로 코스피 주식, 코스닥 주식, 코넥스 주식과 같이 거래소에 상장되어 있는 주식을 거래하는 것을 의미한다. 이러한 상장주식을 사고팔 때에 있어 주식을 살 때는 세금이 없지만, 주식을 팔 때는 세금이 있다.

일단 주식을 매각할 때 증권거래세와 농어촌특별세를 과세하는데, 세율(매각금액에 적용)은 다음과 같다.

구분	상장주식			비상장주식
	코스피	코스닥	코넥스	
증권거래세	0.05%	0.20%	0.1%	0.35%
농어촌특별세	0.15%	–	–	–

거래소에 상장된 주식인 코스피, 코스닥, 코넥스 주식을 장내에서 거래할 때는 증권회사가 증권거래세와 농어촌특별세를 원천징수 신고·납부해 준다. 따라서 대다수의 개인투자자들은 주식과 관련한 이런 세금에 별로 신경 쓰지 않는다.

그런데 개인이 상장주식을 거래할 때 얻는 주식양도차익에 대해서는 양도소득세 납세의무가 있을까? 그것은 대주주 여부와 거래 장소에 따라 다음과 같이 달리 적용된다.

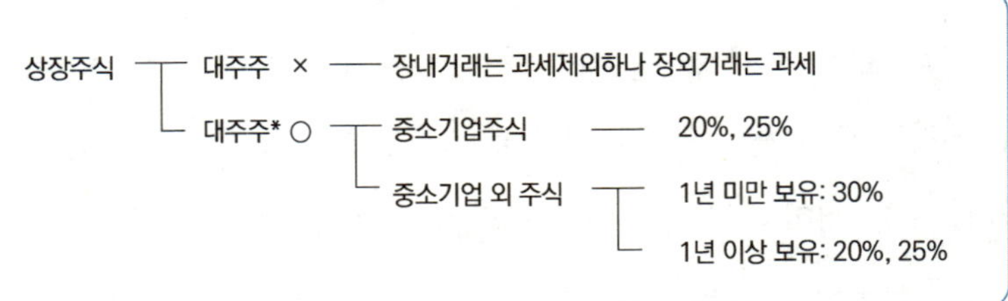

* 대주주 세율은 과세표준 3억 원을 기준으로 종래 20% 단일세율에서 20%와 25% 2단계 초과누진세율로 변경됨.

상장주식의 대주주가 아닐 경우에는 장내에서 거래하면 양도소득세 납세의무가 없다. 사실상 개미들은 특별히 장외거래로 상장주식을 거래할 특별한 이유가 없기 때문에 대부분이 양도소득세 납세의무가 없는 것이다. 그러나 장외 거래할 경우에는 양도소득세가 과세된다. 세금을 부담하더라도 장외거래를 선택하는 이유는, 장외거래가 단순한 '매매 방식'이 아니라 지분을 누구에게, 얼마만큼, 어떤 조건으로 이전할 것인지를 통제할 수 있는 수단이기 때문이다. 장내거래는 시장가격에 따라 분산 매각될 수밖에 없어 대량 매각 시 주가 하락이라는 시장 충격을 피하기 어렵고, 특정 상대방에게 경영권이나 의미 있는 지분을 일괄 이전하는 데에도 한계가 있다. 반면 장외거래는 거래 상대방을 특정하고 가격·지급 방식·부수 조건을 사전에 합의할 수 있어, 경영권 이전, 주주 간 지분 정리, 계열사 구조조정 등 목적이 명확한 거래에서는 세금 부담을 감수하더라도 오히려 실질적인 거래 효율과 경제적 합리성이 더 크다고 판단되는 경우가 있는 것이다.

대주주는 통상 1년 미만 보유자가 아닌 한, 종래 20% 단일세율 제도를 적용하였는데 현재 중소기업 외 주식은 과세표준 3억 원을 기준으로 20%와 25%로 2단계 초과누진세율구조로 과세하고, 중소기업 주식은 2020년부터 2단계 초과누진세율로 과세하고 있다.

그리고 현재 상장주식의 대주주란 코스피 주식은 종목별 지분율 1% 이상 또는 시총 50억 원 이상, 코스닥 주식은 지분율 2% 이상 또는 시총 50억 원 이상, 코넥스 주식은 지분율 4% 이상 또는 시총 50억 원 이상 보유자를 대주주로 보아 주식 양도소득세를 부과하고 있다.

비상장주식의 경우에는 종목별 지분율 4% 이상, 시총 10억 원 이상 보유자를 대주주로 본다. 다만 비상장주식은 장외거래로 이루어지기 때문에 대주주 유무에 관련 없이 모든 비상장주식 거래는 양도소득세 과세대상이 된다.

상장주식와 비상장주식 모두 대주주에 해당하면 중소기업주식에 대하여 10%, 그 외의 경우 20% 양도소득세율이 적용되기에 주식 양도소득세 산정 시 대주주 해당 여부를 반드시 확인해야 한다.

대주주 요건(2024.12.31. 개정)

구분	지분율	시가총액
코스피	1% 이상	50억 원 이상
코스닥	2% 이상	50억 원 이상
코넥스	4% 이상	50억 원 이상
비상장주식	4% 이상	10억 원 이상*

* 비상장 벤처기업의 경우 시가총액 40억 원 이상

또한 상장주식의 대주주 판단에 있어 시가총액 기준은 주식의 양도일 현재를 기준으로 판단하지 않는다. 대주주 여부는 주식의 양도일이 속하는 사업연도의 직전 사업연도 종료일 현재를 기준으로, 해당 주주가 보유하고 있는 개별 종목별 시가총액을 기준으로 판정한다. 따라서 양도 시점 이후 주식시장이 급격히 상승하여 주식가액이 기준 금액을 초과하더라도, 직전 사업연도 말 기준 시가총액이 대주주 요건에 미달한다면 해당 연도 중 언제 양도하더라도 양도소득세가 과세되지 않을 가능성이 있다.

다만, 이러한 판단은 시가총액 기준만으로 단정할 수는 없다. 상장주식의 대주주 여부는 시가총액뿐만 아니라 지분비율 요건을 함께 충족하는지 여부에 따라 결정되기 때문이다. 코스피 상장주식의 경우에는 시가총액이 기준 금액에 근접하더라도 지분비율 1%를 초과할 가능성이 낮아 시가총액 기준이 실질적인 판단 요소가 되는 경우가 많다. 반면, 코스닥 시장의 소형주식은 투자금액이 상대적으로 크지 않더라도 지분비율이 2%를 초과하는 사례가 발생할 수 있어, 시가총액 기준에 미달하더라도 대주주에 해당할 수 있다는 점에서 주의가 필요하다.

이처럼 상장주식의 대주주 판단은 단순히 주식가액의 크기만을 기준으로 할 수 없으며, 기준 시점과 지분비율 요건을 함께 고려하여 종합적으로 판단해야 한다. 이러한 구조를 정확히 이해하지 못할 경우, 예상치 못한 양도소득세 부담이 발생할 수 있으므로, 가지급금 정리를 위한 법인과 상장주식 거래 시 대주주 해당 여부에 대한 사전 검토가 중요하다고 하겠다.

가지급금 죽이기 핵심전략

■ **상장주식은 '시장에 파느냐, 법인에 파느냐'가 다르다.**

상장주식은 거래소를 통한 장내 매각과 특정 상대방에게 양도하는 장외 매각에 따라 세무상 취급이 달라진다. 개인이 장내에서 매도하는 경우에는 증권거래세만 부담하지만, 법인에 직접 양도하는 경우에는 장외거래로 보아 양도소득세 과세 문제가 발생할 수 있다.

■ **대주주 여부가 양도소득세의 분기점이다.**

상장주식의 양도소득세 과세 여부는 대주주 해당 여부에 따라 달라진다. 대주주가 아닌 개인은 장내 거래 시 양도소득세가 없지만, 장외거래로 양도하면 대주주 여부와 관계없이 과세 대상이 된다. 대주주에 해당하는 경우에는 거래 장소와 무관하게 양도소득세가 과세된다.

■ **상장주식을 법인에 파는 순간, 세금이 생길 수 있다.**

대주주가 아닌 개인이라면 장내 매각 시 세금이 없던 상장주식도, 법인에 양도하는 순간 장외거래로 전환되어 양도소득세 부담이 발생할 수 있다. 따라서 상장주식을 활용한 가지급금 정리는 거래 방식에 따른 세금 차이를 비교한 후 신중하게 판단해야 한다.

자기주식 매매 활용

자기주식 취득, 상법 절차를 확인하자

Q

내 회사 주식을 팔아서 가지급금을 갚아도 될까요?

작은 중소기업을 운영하고 있는 1인 주주 김주식입니다. 회사에 가지급금이 상당히 쌓여 있어서 이를 정리할 방법을 찾고 있습니다. 개인적으로는 부동산도 없고, 상장주식도 많지 않아 결국 제가 가진 것은 회사 주식뿐입니다. 그래서 제 명의로 보유하고 있는 회사 주식을 회사에 다시 팔아서, 그 대금으로 가지급금을 정리하는 방법을 고민하게 되었습니다.

예전에 자기주식을 회사에 매각해서 세금도 적게 내고 가지급금을 정리했다는 이야기를 들은 적이 있는데, 지금도 그런 방법이 가능한지 궁금합니다. 비상장 중소기업 주식을 회사에 매각할 경우 세금은 얼마나 나오는지, 그리고 세무상 문제는 없는지 알고 싶습니다.

특히 최근에는 세법이 많이 바뀌었다고 들었는데, 여전히 자기주식 매각이 현실적인 선택인지, 아니면 오히려 세무조사나 추가 과세 위험이 더 큰 방법인지 전문가의 의견을 듣고 싶습니다.

▶▶ 법인의 자기주식 매각으로 해결하기

가지급금이 장기간 누적되면 대표자는 개인 자산을 활용한 변제 방안을 고민하게 된다. 부동산이나 금융자산이 충분하지 않은 경우에는, 결국 자신이 보유한 회사 주식까지 검토 대상에 오르게 된다. 이 과정에서 대표자 1인이 전부 또는 대부분의 지분을 보유한 중소기업에서는, 대표자가 보유한 주식을 회사에 다시 매각하여 그 대금으로 가지급금을 상환하는 이른바 '자기주식 매각' 방식이 대안으로 거론되기도 한다.

자기주식 매각을 통한 가지급금 정리는 과거 한때 실무에서 널리 활용된 방식이었다. 2015년 말까지는 비상장 중소기업 주식을 매각할 경우 주식 양도차익에 대해 단일세율 10%의 양도소득세만 부담하면 되었기 때문에, 상대적으로 낮은 세율로 큰 금액의 가지급금을 정리할 수 있었다.

특히 중소기업은 보통 수천만 원 수준의 자본금으로 설립되지만, 영업이익이 누적되면서 법인의 이익잉여금과 대표자의 가지급금이 함께 증가하는 경우가 많다. 이때 대표자는 늘어난 가지급금을 상환해야 하지만, 급여나 배당만으로는 부담이 커 현실적인 대안을 찾기 어려워지곤 한다.

이러한 상황에서 과거에는 대표자가 보유한 회사 주식을 회사에 매각하는 방식이 활용되었다. 예를 들어, 설립 당시 5천만 원에 취득한 주식을 회사가 10억 원에 매입하는 경우, 주식 매매차익은 9억 5천만 원이 된다. 2015년 말 이전에는 이 매매차익에 대해 10%의 단일세율이 적용되었으므로, 약 9천5백만 원의 주식 양도소득세만 부담하면 되었다.

대표자는 주식 매각대금으로 가지급금을 일시에 정리할 수 있었고, 동일한 금액을 급여로 수령할 때보다 세부담이 크게 낮았기 때문에 당시에는 자기주식 매각이 효율적인 절세 수단으로 인식되었다.

> (2015년 말 이전) 주식양도세 (9.5천만 원)
>
> = (양도가액 10억 원 – 취득가액 5천만 원) × 10%

세법 개정 이후 자기주식 매각을 통한 가지급금 정리는 과거와 같은 절세 효과를 기대하기 어려워졌다. 2015년 말 개정으로 비상장 중소기업 주식이라 하더라도 대주주에 해당하는 경우에는 주식 양도차익에 대해 20%의 양도소득세율이 적용되도록 변경되었고, 2020년부터는 과세표준 3억 원을 초과하는 부분에 대해서는 25%의 초과누진세율이 적용되면서 세부담이 더욱 증가하였다.

예를 들어, 대표자가 설립 당시 5천만 원에 취득한 회사 주식을 회사에 10억 원에 매각하는 경우를 가정해 보자. 이 경우 전체 주식 매매차익은 9억 5천만 원이지만, 현행 세법에서는 이를 단일세율로 과세하지 않는다. 먼저 과세표준 3억 원까지는 20%의 세율이 적용되고, 이를 초과하는 부분에 대해서는 25%의 세율이 적용된다. 이에 따라 주식 양도소득세는 약 2억 2천만 원 수준으로 산출된다.

이처럼 현행 세법에서는 과거와 달리 주식 매각을 통해 가지급금을 정리하더라도 상당한 세금 부담이 발생하게 된다. 그 결과 자기주식 매각을 통한 가저급금 해결 시 세부담과 실익을 함께 고려한 신중한 판단이 요구된다.

> (현재 기준) 주식양도세 (2.2억 원)*
>   = (양도가액 3.5억 원 – 취득가액 5천만 원) × 20%
>   + 과세표준 3억 원 초과분 (10억 원 – 3.5 억 원) × 25%

* 과세표준 3억 원까지 20%와 3억 원 초과분 25%를 합한 금액 222,500,000원

▶ 상법상 자기주식 취득 요건

대표자가 보유한 자산이 사실상 회사 주식뿐인 경우, 일정 수준의 세금을 부담하더라도 자기주식 매각을 통해 가지급금을 정리하는 방안을 검토하게 된다. 자기주식 거래는 법적으로 가능한 수단이지만, 그 실행은 상법상 요건을 엄격히 충족하는 것을 전제로 한다.

특히 자기주식 취득은 국세청이 주의 깊게 살펴보는 법인 세무조사 사유 중 하나로, 절차나 요건을 조금이라도 소홀히 할 경우 주식 매각 대금이 다시 가지급금으로 재분류되는 등 불리한 세무상 결과로 이어질 수 있다. 그럼에도 불구하고 상법이 요구하는 요건을 충실히 준수하고, 거래의 실질과 형식을 명확히 갖춘 경우에는 자기주식 매각이 가지급금을 정리하는 하나의 현실적인 방법이 될 수 있기에 그 상법상 절차의 내용과 의미를 확인할 필요성이 있다.

상법 개정에 따라 2012년 4월 15일부터는 비상장법인도 원칙적으로 자기주식을 취득할 수 있게 되어, 법인이 이를 활용할 수 있는 범위가 확대되었다.

다만 세법 해석과 판례에 따르면, 자기주식 취득이 주식 소각, 경영권 분쟁 방지, 외부 투자 유치 등 합리적인 경영상 목적에 따른 경우에는 과세관청이 이를 문제 삼지 않고, 양도자는 주식 양도소득세를 부담하며 법인 역시 특별한 세무상 쟁점 없이 처리되는 것으로 보아 상법상 규정을 위반하지 않고 적법·유효하게 취득한 자기주식은 업무무관 자산으로 보지 않는다(법규법인 2013-171, 2013.8.1.).

반면 자기주식 취득이 상법상 자본충실의 원칙이나 주주평등의 원칙에 위배되는 경우에는 해당 거래는 무효로 보며, 자기주식 취득대금은 업무무관 가지급금에 해당할 수 있다. 이 경우 자기주식 취득행위는 부당행위계산 부인 대상이 되어, 실질적으로 대표자에게 자금을 이전한 거래로 재분류될 위험이 있다. 특히 법인 자금을 자기주식 거래로 가장하여 대표자가 인출한 것으로 판단되는 경우에는 세무상 불리한 결과가 뒤따를 수 있다.

따라서 자기주식 양도를 통해 가지급금을 정리하고자 하는 경우에는, 상법상 절차를 철저히 준수하고 거래의 경영상 목적과 객관성을 명확히 갖추는 것이 필수적이다. 이해관계를 달리하는 다른 주주의 참여 또는 동의 등 거래의 객관성을 뒷받침할 수 있는 사실관계를 함께 확보해야만 세무상 위험을 최소화할 수 있다.

☆ 자기주식과 관련한 상법규정 제341조와 동법 시행령 제10조

상법 제341조【자기주식의 취득】

① 회사는 다음의 방법에 따라 자기의 명의와 계산으로 자기의 주식을 취득할 수 있다. 다만, 그 취득가액의 총액은 직전 결산기의 대차대조표상의 순자산액에서 제462조 제1항 각 호의 금액을 뺀 금액을 초과하지 못한다. (2011. 4. 14. 개정)

 1. 거래소에서 시세(時勢)가 있는 주식의 경우에는 거래소에서 취득하는 방법 (2011. 4. 14. 개정)

 2. 제345조 제1항의 주식의 상환에 관한 종류주식의 경우 외에 각 주주가 가진 주식 수에 따라 균등한 조건으로 취득하는 것으로서 대통령령으로 정하는 방법 (2011. 4. 14. 개정)

② 제1항에 따라 자기주식을 취득하려는 회사는 미리 주주총회의 결의로 다음 각 호의 사항을 결정하여야 한다. 다만, 이사회의 결의로 이익배당을 할 수 있다고 정관으로 정하고 있는 경우에는 이사회의 결의로써 주주총회의 결의를 갈음할 수 있다. (2011. 4. 14. 개정)

 1. 취득할 수 있는 주식의 종류 및 수 (2011. 4. 14. 개정)

 2. 취득가액의 총액의 한도 (2011. 4. 14. 개정)

 3. 1년을 초과하지 아니하는 범위에서 자기주식을 취득할 수 있는 기간 (2011. 4. 14. 개정)

③ 회사는 해당 영업연도의 결산기에 대차대조표상의 순자산액이 제462조 제1항 각 호의 금액의 합계액에 미치지 못할 우려가 있는 경우에는 제1항에 따른 주식의 취득을 하여서는 아니된다. (2011. 4. 14. 개정)

④ 해당 영업연도의 결산기에 대차대조표상의 순자산액이 제462조 제1항 각 호의 금액의 합계액에 미치지 못함에도 불구하고 회사가 제1항에 따라 주식을 취득한 경우 이사는 회사에 대하여 연대하여 그 미치지 못한 금액을 배상할 책임이 있다. 다만, 이사가 제3항의 우려가 없다고 판단하는 때에 주의를 게을리하지 아니하였음을 증명한 경우에는 그러하지 아니하다. (2011. 4. 14. 개정)

상법 시행령 제10조 【자기주식 취득의 방법】

회사가 제9조 제1호에 따라 자기주식을 취득하는 경우에는 다음 각 호의 기준에 따라야 한다. (2012. 4. 10. 개정)

1. 법 제341조 제2항에 따른 결정을 한 회사가 자기주식을 취득하려는 경우에는 이사회의 결의로써 다음 각 목의 사항을 정할 것. 이 경우 주식 취득의 조건은 이사회가 결의할 때마다 균등하게 정하여야 한다. (2012. 4. 10. 개정)

   가. 자기주식 취득의 목적 (2012. 4. 10. 개정)

   나. 취득할 주식의 종류 및 수 (2012. 4. 10. 개정)

   다. 주식 1주를 취득하는 대가로 교부할 금전이나 그 밖의 재산(해당 회사의 주식은 제외한다. 이하 이 조에서 "금전 등"이라 한다)의 내용 및 그 산정 방법 (2012. 4. 10. 개정)

   라. 주식 취득의 대가로 교부할 금전 등의 총액 (2012. 4. 10. 개정)

   마. 20일 이상 60일 내의 범위에서 주식양도를 신청할 수 있는 기간(이하 이 조에서 "양도신청기간"이라 한다) (2012. 4. 10. 개정)

   바. 양도신청기간이 끝나는 날부터 1개월의 범위에서 양도의 대가로 금전 등을 교부하는 시기와 그 밖에 주식 취득의 조건 (2012. 4. 10. 개정)

2. 회사는 양도신청기간이 시작하는 날의 2주 전까지 각 주주에게 회사의 재무 현황, 자기주식 보유 현황 및 제1호 각 목의 사항을 서면으로 또는 각 주주의 동의를 받아 전자문서로 통지할 것. 다만, 회사가 무기명식의 주권을 발행한 경우에는 양도신청기간이 시작하는 날의 3주 전에 공고하여야 한다. (2012. 4. 10. 개정)

3. 회사에 주식을 양도하려는 주주는 양도신청기간이 끝나는 날까지 양도하려는 주식의 종류와 수를 적은 서면으로 주식양도를 신청 할 것 (2012. 4. 10. 개정)

4. 주주가 제3호에 따라 회사에 대하여 주식 양도를 신청한 경우 회사와 그 주주 사이의 주식 취득을 위한 계약 성립의 시기는 양도 신청기간이 끝나는 날로 정하고, 주주가 신청한 주식의 총수가 제1호 나목의 취득할 주식의 총수를 초과하는 경우 계약 성립의 범위는 취득할 주식의 총수를 신청한 주식의 총수로 나눈 수에 제3호에 따라 주주가 신청한 주식의 수를 곱한 수(이 경우 끝수는 버린다)로 정할 것 (2012. 4. 10. 개정)

자기주식 취득은 가지급금 정리 수단으로 자주 검토되는 방법이지만, 그 과정에서 상법상 절차를 어떻게 이해하고 준수해야 하는지는 오랫동안 실무상 논란의 대상이 되어 왔다. 특히 대표이사 개인의 주식만을 법인이 취득하는 경우, 주주평등의 원칙에 반하지 않는지 여부는 가장 민감한 쟁점 중 하나였다.

과거에는 상법상 절차 준수의 의미가 매우 엄격하게 해석되는 경향이 있었다. 대표이사를 제외한 다른 주주들이 주식양도를 청구하지 않아 결과적으로 대표이사만 주식을 양도하게 된 사안에서, 조세심판원은 이를 "실질적으로 법인이 특정 주주만 선택하여 그 주식만을 취득한 것"으로 보아 상법에 위배된다고 판단하였다(조심 2016서1700, 2016.7.7.).

이 사건에서 심판원은 자기주식 취득이 법인 보유자금을 자기주식 거래의 형식을 가장하여 대표자 등이 인출하는 수단으로 활용된 경우, 이를 실질적으로 업무무관 가지급금 거래로 볼 수 있다고 보았다. 이로 인해 가지급금 해소를 목적으로 대표이사의 주식만을 취득하는 구조는 상법상 허용되기 어렵다는 인식이 실무에 널리 퍼지게 되었다.

이러한 해석은 다른 주주가 존재하는 법인의 경우, 대표이사 보유 주식만을 대상으로 자기주식을 취득하는 것이 곧바로 주주평등의 원칙 위반으로 이어질 수 있다는 우려를 낳았다. 그 결과, 상법상 자기주식 취득이 제도적으로 허용된 이후에도 실제 활용에는 상당한 부담과 혼란이 존재하였다.

그러나 최근 대법원 판결을 통해 상법상 절차 준수의 의미에 대한 판단 기준은 일정 부분 정리되었다. 대법원은 자기주식 취득과 관련하여 취득목적 통지를 누락한 경우라 하더라도 이를 당연 무효로 볼 수는 없다고 판시하였다. 또한 "배당가능이익을 재원으로 하여 자기주식을 취득해야 한다"는 규정의 취지는 차입금으로 자기주식을 취득하는 것 자체를 전면적으로 금지하는 의미는 아니라고 보았다(대법원 2017두 63337, 2021.7.29.).

이 판결은 상법상 절차를 형식적으로 일부 누락하였다는 사정만으로 곧바로 자기주식 취득을 무효로 단정할 수는 없으며, 전체 주주에 대한 통지 여부, 공정한 산정방식의 존재, 취득 목적의 정당성 등을 종합적으로 고려해야 한다는 점을 분명히 한 것이다. 즉, 상법상 절차 준수는 기계적인 요건 충족의 문제가 아니라, 주주평등의 원칙과 자본충실의 원칙을 실질적으로 침해하였는지 여부를 중심으로 판단되어야 한다는 취지로 이해할 수 있다.

다만 이러한 판단 변화가 상법상 절차를 느슨하게 적용해도 된다는 의미는 아니다. 상법 규정을 위반하지 않고 적법·유효하게 자기주식을 취득하였는지 여부는, 그 결과에 따라 거래 자체가 무효로 될 수 있을 만큼 여전히 중대한 사항이다. 특히 다른 주주의 이익을 침해하거나, 자기주식 취득이 단순히 대표자의 자금 회수 수단으로 기능하는 경우라면 과세상 불리한 판단으로 이어질 가능성은 여전히 높다.

결국 자기주식 취득과 관련한 최근 판례의 흐름은, 상법상 절차 자체를 두려워하여 제도 활용을 포기할 것이 아니라, 다른 주주에게 불이익이 발생하지 않도록 절차와 구조를 충실히 설계하라는 메시지로 이해하는 것이 타당하다. 가장 이상적인 방식은 모든 주주의 주식을 균등하게 매입하는 것이나, 균등 매입이라 하더라도 경영 목적과 무관한 무분별한 자기주식 취득은 문제가 될 수 있다. 따라서 가지급금 해소라는 목적과 함께, 경영권 안정 등 합리적인 경영상 필요성이 존재하는지를 종합적으로 검토한 후 자기주식 취득 여부를 결정하는 것이 중요하다.

 **자기주식 취득에 절차상의 공정한 산정방식과 목적이 있었다면 상법상 무효로 볼 수 없다고 판단한 판례**

대법원 2017두 63337, 2021.7.29.

주주들에게 일부 이사회 결의 내용이 누락된 통지가 이루어졌고 특정 주주로부터만 주식을 취득했더라도, 전체 주주에게 통지하였고 공정한 산정방식과 목적이 있었던 경우라면 주주평등원칙 위반이나 상법 위반으로 보아 무효로 단정할 수 없다. '자기주식 취득의 목적' 등이 누락되어 주주들에게 통지되었으나, 이사회에서 결의한 자기주식 취득의 목적은 과다한 이익잉여금 적립으로 인한 재무적 낭비를 제거하고 주식가치를 제고하기 위한 것인 점이라 명시하고, 주식 1주를 취득하는 대가로 교부할 금전은 「상속세 및 증여세법」이 정한 비상장주식의 평가방법에 기초하여 산정하였으며, 주주들이 이 사건 거래를 전후하여 이의를 제기한 것으로 보이지도 않는 점 등을 이유로, 원고가 자기주식 취득의 통지를 하면서 이사회에서 결의한 사항의 일부를 누락하였다는 이유만으로 주주들의 공평한 주식양도의 기회가 침해되었다고 보기 어렵다고 보았다. 또한 원고가 모든 주주들에게 자기주식 취득의 통지를 한 점 등에 비추어 보면, 원심이 든 사정만으로 원고가 처음부터 대표이사가 보유하고 있던 주식만을 취득하려고 하였다고 단정할 수 없어 이 사건 거래를 무효로 볼 수 없다.

또한, 자기주식 취득자금이 차입금이라는 이유만으로 배당가능이익을 재원으로 하지 않았다고 볼 수는 없으며, 상법은 취득금액이 배당가능이익을 초과하지 않아야 한다는 취지를 담고 있을 뿐 차입금 사용 자체를 금지하는 것은 아니라는 이유로, 원심의 법리 오해를 지적하며 사건을 다시 심리·판단하도록 한다.

가지급금 죽이기 핵심전략

■ 자기주식 양도에 따른 적용세율 변화

과거에는 대표자가 보유한 비상장 중소기업 주식을 회사에 매각할 경우 주식양도차익에 대해 10% 단일세율만 적용되어, 큰 금액의 가지급금을 상대적으로 낮은 세부담으로 정리할 수 있었다. 그러나 2015년 이후 대주주에 대한 세율 인상과 2020년 초과누진세율 도입으로 인해, 현재는 양도차익의 상당 부분에 대해 20~25%의 세율이 적용되고 있다.

■ 상법상 절차를 위반하면 자기주식 취득은 '무효'가 될 수 있다.

자기주식 취득은 상법이 허용한 제도이지만, 자본충실의 원칙과 주주평등의 원칙을 전제로 한다. 이를 위반할 경우 거래 자체가 무효로 판단되며, 지급된 주식 매수대금은 업무무관 가지급금으로 재분류되어 부당행위계산 부인의 대상이 될 수 있다. 특히 대표자 개인의 주식만을 형식적으로 매입한 경우, 국세청은 이를 대표자에 대한 자금 유출로 해석할 위험이 크다.

■ 최근 판례는 '형식'보다 '실질'을 중심으로 판단

최근 대법원은 자기주식 취득 과정에서 일부 절차가 누락되었다는 사정만으로 당연 무효로 볼 수는 없으며, 전체 주주에 대한 공정한 기회 부여, 취득 목적의 정당성, 가격 산정의 객관성 등을 종합적으로 고려해야 한다는 입장을 밝혔다. 이는 상법상 절차를 완화했다기보다, 자기주식 취득이 대표자의 자금 회수 수단이 아닌 합리적인 경영상 목적에 기초한 거래인지 여부를 실질적으로 검토하겠다는 방향 전환으로 이해하는 것이 타당하다.

자기주식 소각 활용

자기주식 취득,
양도 목적 VS 소각 목적

Q

자기주식을 팔면 양도소득세, 없애면 배당소득세?

회사 운영을 하다 보니 어느새 대표자인 제가 회사에서 빌려 쓴 돈, 이른바 가지급금이 꽤 커졌습니다. 매년 인정이자 부담도 크고, 세무상 불이익도 많다고 해서 고민 끝에 '자기주식 취득'을 통해 가지급금을 정리해 볼 수 있다는 이야기를 들었습니다.

그런데 알아볼수록 문제가 간단하지 않더군요. 상법상 절차를 조금이라도 잘못 지키면 자기주식 취득 자체가 무효가 될 수 있고, 양도 목적이면 주식 양도소득세를 내야하고, 소각이나 유상감자로 보면 의제배당으로 배당소득세가 과세된다고 합니다. 특히 자기주식을 소각하면 세율이 최대 45%까지 갈 수 있다는 이야기를 듣고는, '차라리 정기배당으로 천천히 갚는 게 맞는 건가' 하는 생각까지 들었습니다.

가지급금을 줄이기 위해 자기주식을 매입하는 것이 과연 현실적인 선택인지, 매매·소각·유상감자 중 어떤 방식이 가장 안전하고 합리적인지 대표 입장에서 꼭 알아야 할 핵심 기준을 설명해 주시면 감사하겠습니다.

자기주식 취득을 통해 가지급금을 정리하고자 하는 경우, 가장 핵심적인 법적 쟁점은 상법 규정을 위반한 자기주식 취득의 효력과, 그에 따라 주식 매매대금이 업무무관 가지급금에 해당하는지 여부이다.

우선, 상법상 요건을 갖추지 못한 자기주식 취득은 원칙적으로 무효에 해당한다. 이는 자기주식 취득이 자본충실의 원칙과 주주평등의 원칙을 전제로 허용되는 예외적 자본거래이기 때문이다. 따라서 상법이 정한 절차를 위반한 자기주식 취득은 그 법률효과 자체가 부인되며, 이 경우 회사가 지급한 주식 매수대금은 적법한 주식취득의 대가로 지급된 것으로 볼 수 없다.

또한 배당가능이익의 의미에 대한 법원의 해석도 중요하다. 대법원은 배당가능이익이란 채권자의 책임재산과 회사 존립을 위한 재산적 기초를 확보하기 위해, 직전 결산기 순자산액에서 자본금과 법정준비금 등을 공제한 배당 한도를 의미하는 것이지, 회사가 실제로 보유하고 있는 특정한 현금이나 예금 자체를 의미하는 것은 아니라고 판시하였다(대법원 2023두31256, 2023.4.13.).

이에 따르면, 회사가 자기주식을 취득함에 따라 순자산이 감소하면 그만큼 배당가능이익도 감소하게 되는데, 이는 자기주식을 차입금으로 취득한 경우에도 동일하게 적용된다. 즉, 상법 제341조 제1항 단서는 "자기주식 취득가액의 총액이 배당가능이익을 초과해서는 안 된다"는 규정은, 자기주식 취득의 한도를 제한하는 규정일 뿐, 차입금이나 외부 재원을 활용한 자기주식 취득 자체를 전면적으로 금지하는 취지는 아니라는 것이다.

판례에서는 배당가능이익에 대하여 자기주식 취득가액의 총액이 배당가능이익을 초과하여서는 안 된다는 것을 의미할 뿐 차입금으로 자기주식을 취득하는 것이 허용되지 않는다는 것을 의미하지 않는다 하였기에 자기주식 취득을 통해 가지급금을 해결하고자 하는 법인은 상법상 절차를 적법·유효하게 준수할 경우 판례에서 의미하는 배당가능이익을 한도로 자기주식 매입을 통한 가지급금 해결을 고민해 볼 수 있게 되었다.

상법상 자기주식 취득 시 배당가능이익의 의미에 관한 판례

대법원 2023두31256, 2023.4.13. 심불 기각
상법 제341조 제1항은 본문에서 회사는 일정한 방법으로 자기의 주식을 취득할 수 있다고 규정하면서 단서에서 "다만, 그 취득가액의 총액은 직전 결산기의 대차대조표상의 순자산액에서 제462조 제1항 각 호의 금액을 뺀 금액(이하 '배당가능이익'이라고 한다)을 초과하지 못한다."라고 규정하고, 상법 제462조 제1항은 각 호에서 '자본금의 액'(제1호), '그 결산기까지 적립된 자본준비금과 이익준비금의 합계액'(제2호), '그 결산기에 적립하여야 할 이익준비금의 액'(제3호), '대통령령으로 정하는 미실현이익'(제4호)을 규정하고 있다.
배당가능이익은 채권자의 책임재산과 회사의 존립을 위한 재산적 기초를 확보하기 위하여 직전 결산기상의 순자산액에서 자본금의 액, 법정준비금 등을 공제한 나머지로서 회사가 당기에 배당할 수 있는 한도를 의미하는 것이지 회사가 보유하고 있는 특정한 현금을 의미하는 것이 아니다. 또한 회사가 자기주식을 취득하는 경우 당기의 순자산이 그 취득가액의 총액만큼 감소하는 결과 배당가능이익도 같은 금액만큼 감소하게 되는데, 이는 회사가 자금을 차입하여 자기주식을 취득하더라도 마찬가지이다. <u>따라서 상법 제341조 제1항 단서는 자기주식 취득가액의 총액이 배당가능이익을 초과하여서는 안 된다는 것을 의미할 뿐 차입금으로 자기주식을 취득하는 것이 허용되지 않는다는 것을 의미하지는 않는다.</u>
<u>따라서 원고의 자기주식 취득은 상법에 따라 적법하게 이루어진 것으로 무효라고 할 수 없고 무수익자산의 매입에 해당한다고 볼 수 없으며, 이 사건 주식의 매매대금은 정당한 대가로서 업무무관 가지급금으로 볼 수 없다.</u>

▶▶ 자기주식 취득 목적에 따른 차이 (양도 VS 소각)

자기주식 매매는 가지급금을 상환하기 위한 행태가 아닌, 유통주식수를 줄여서 기업의 가치를 제고하거나 주식매수선택권(Stock-option) 보상이나 인수합병(M&A) 실행을 위해서 실시되는 것이 더 일반적이고 바람직한 방향이다.

그러나 당초 상법 개정의 취지에는 맞지 않게, 자기주식 매매가 가지급금이 많은 회사의 가지급금 죽이기 수단으로 변질되면서부터 조세회피 문제가 제기되었다. 그러다가 2016년부터 중소기업 주식의 매각 시 주식 양도소득세율이 과거 10%에서 두 배인 20%까지 증가했고, 2020년부터는 주식양도세율 최고세율이 25%까지 오르니 자기주식 매매가 더 이상 조세회피 할 수단이 되지 못하는 것으로 인식되었다. 그러나 업무무관 가지급금 보유 시 매년 부담해야 하는 인정이자와 차입금 이자비용 손금 불인정 및 가지급금 채권에 대한 대손 및 처분손실을 인정하고 있지 않아 그 불이익이 상당하고, 상여 처분 시 부담해야 하는 최고 45% 대비 자기주식 양도세율 20~25%가 상대적으로 적은 부담이기에 자기주식 취득을 통한 가지급금을 해결하는 방법에 대해 다시 관심을 가지기 시작했다.

다만, 상법상 적법·유효한 절차 및 경영상의 목적에 대한 충분한 고민 없이 여전히 종업원 등 이름으로 명의 신탁된 주식들을 거둬들이면서 대주주의 가지급금 변제까지 하는 마법의 도구로 쓸 수 있는 것처럼 표현하는 것은 매우 우려스러운 부분이다.

자기주식 취득을 통해 가지급금 문제를 해결하고자 할 경우, 가장 먼저 검토해야 할 사항은 법인이 취득한 자기주식을 어떤 목적하에 보유하는지이다. 상법과 세법은 자기주식 취득 자체를 문제 삼기보다는, 그 취득 목적과 이후의 처리 방식에 따라 전혀 다른 법적·세무적 효과를 부여하고 있기 때문이다.

법인이 자기주식을 취득하는 경우, 이는 크게 양도 목적의 취득과 소각 목적의 취득으로 구분된다. 양도 목적의 자기주식 취득이란, 회사가 일시적으로 자기주식을 보유하되 장차 기업 외부의 제3자에게 다시 양도할 것을 전제로 하는 경우를 말한다. 이 경우 주식을 양도한 주주는 주식 양도소득세 과세대상이 되며, 중소기업 주식의 경우 일반적으로 20~25%의 양도소득세율이 적용된다.

반면, 소각 목적의 자기주식 취득은 회사가 취득한 자기주식을 다시 유통시키지 않고 소멸시키는 것을 전제로 하며, 회계상으로는 이익처분에 따른 자기주식 소각으로 보아 미처분 이익잉여금과 자기주식을 상계 처리하게 된다. 세법상 자기주식 소각은 의제배당에 해당하므로, 주주에게 귀속되는 소득은 배당소득으로 보아 과세된다. 이 경우 금융소득이 연 2,000만 원을 초과하면 6%에서 45%에 이르는 종합소득세율이 적용될 수 있어, 세부담 측면에서는 양도 목적의 자기주식 취득과 뚜렷한 차이가 발생한다.

이러한 이유로, 가지급금 정리를 목적으로 자기주식 취득을 검토하는 과정에서 양도 목적의 자기주식 취득이 세율 측면에서 유리하다고 인식되는 경우가 많다. 그러나 단지 세부담을 낮추기 위한 이유만으로 자기주식 취득의 목적을 양도 목적이라고 단정할 수는 없다. 세무상 양도 목적의 자기주식 취득으로 인정받기 위해서는, 취득 이후 실제로 해당 주식을 외부에 처분하려는 구체적이고 객관적인 행위가 수반되어야 하기 때문이다.

예를 들어, 회사의 홈페이지나 전자공시시스템, 일간지 등을 통해 자기주식 양도 사실을 공고하고, 제3의 매수자를 적극적으로 탐색하는 행위가 이루어져야 한다. 이러한 절차 없이 장기간 자기주식을 보유하면서 실질적으로는 소각과 동일한 효과를 발생시키는 경우라면, 과세관청은 해당 자기주식 취득을 형식상 양도 목적이라 하더라도 실질은 소각 목적에 해당한다고 판단할 여지가 크다.

다만, 이러한 사정만으로 자기주식 취득을 일률적으로 무수익자산의 매입으로 보거나, 소각을 전제로 한 취득으로 단정할 수는 없다는 점 역시 유의할 필요가 있다. 대법원 판결에서, 자기주식은 유통주식 수를 감소시켜 기업 가치를 제고할 수 있고, 회사의 영업성과와 순자산 증가에 따라 주식가치 상승 가능성도 배제할 수 없는 자산인 만큼, 설령 장기간 보유되고 있더라도 이를 곧바로 무수익자산으로 보아 소각 목적의 취득으로 단정할 수는 없다고 판시하였다(대법원 2023두31263, 2023. 4.27.).

또한 자기주식을 언제, 어떠한 조건으로 처분할 것인지는 본질적으로 경영상 판단에 속하는 문제이고, 상법 역시 자기주식의 처분 시한을 규정하고 있지 않다는 점에서, 단지 외부 매각이 이루어지지 않았다는 사정만으로 양도 목적을 부정하거나 소각을 예정한 취득으로 해석하는 것은 허용되기 어렵다는 취지를 분명히 하였다.

결국 자기주식 취득이 양도 목적에 해당하는지 여부는, 단순히 세율의 유불리나 보유기간만으로 판단할 수 있는 문제가 아니라, 취득 당시의 목적, 취득 이후의 경영상 판단과 행위, 그리고 자기주식이 가지는 경제적 수익 가능성을 종합적으로 고려하여 판단해야 할 사항임을 이 판례는 시사하고 있다.

반대로 소각 목적의 자기주식 취득은, 소각과 동시에 주식이 소멸하므로 별도의 양도 절차나 사후관리가 필요하지 않다는 점에서 실무적으로는 비교적 명확한 구조를 가진다. 다만, 앞서 살펴본 바와 같이 의제배당에 따른 종합소득세 부담 가능성을 함께 고려해야 한다는 점에서, 단순히 '깔끔하다'는 이유만으로 선택할 사안은 아니다.

특히 비상장 중소기업의 경우, 현실적으로 외부 제3자에게 자기주식을 재양도하는 것이 쉽지 않은 사례가 많다. 이러한 상황에서는 형식적으로는 양도 목적의 자기주식 취득을 표방하더라도, 결과적으로는 소각으로 귀결되는 경우가 적지 않다. 따라서 자기주식 취득을 통해 가지급금 문제를 해결하고자 한다면, 자기주식 취득의 목적 설정 단계에서

부터 향후 처리 방향까지를 함께 고려한 종합적인 판단이 반드시 선행되어야 한다.

 **상법상 적법·유효하게 취득한 자기주식이 무수익 자산의 매입에 해당하는지 여부에 대한 판례**

대법원 2023두31263, 2023.4.27.
'무수익자산'이라 함은 법인의 수익파생에 공헌하지 못하거나 법인의 수익과 관련이 없는 자산으로서 장래에도 그 자산의 운용으로 수익을 얻을 가망성이 희박한 자산을 말한다.

원고가 자기주식을 취득하여 소각하지 않더라도 자기주식의 취득으로 그 유통가능성을 없앰으로써 주식가치가 제고될 수 있고, 원고가 안정적인 영업활동으로 순자산을 증가시키면 그 주식가치가 상승하게 되므로 이 사건 주식의 취득으로 인하여 시세차익의 가능성이 없다고 볼 수 없다. 또한, 원고 회사의 주주 구성이 모두 임원이거나 가족들로 이루어져 원고가 이 사건주식을 제3자에게 매각할 가능성이 적고 원고가 이 사건 주식 취득 이후 현재까지 이를 매각하지 않고 보유하고 있기는 하다. 그러나 원고가 어떠한 시점과 조건하에 이 사건 주식을 처분할 것인지는 경영상 판단에 해당하고 상법상 자기주식의 처분시한을 규정하고 있지도 아니하므로, 앞서 본 사정만으로 이 사건 주식의 취득이 무수익자산의 매입에 해당한다고 단정할 수 없다. 원고가 이 사건 주식 취득대금을 마련하기 위하여 대금을 차입하였고 이에 대한 이자비용이 발생하고 있으나, 차입금에 의한 자기주식 취득이 허용되는 이상 원고가 회사 자금으로 주식 취득대금을 지급하든지 아니면 차입금으로 주식 취득대금을 지급하든지 여부는 무수익자산의 매입과 직접 관련이 없다.

따라서 이 사건 자기주식 취득이 상법상 취득 절차를 위반하여 무효라고 할 수 없으므로, 자기주식 매입대금은 정당한 대가로 업무무관 가지급금으로 볼 수 없고, 이 사건 주식의 취득으로 주식가치가 제고될 수 있고, 원고의 영업활동과 미처분 이익잉여금의 규모에 비추어 이 사건 주식의 취득이 무수익 자산의 매입에 해당하지 않는다.

▶▶ 자기주식 소각 의무화 개정 이슈

최근 자기주식을 양도 목적으로 취득하는 거래에 대해서는 그 적용에 주의가 요구된다. 이는 현행 상법상 자기주식 취득이 원칙적으로 제한되는 가운데, 자기주식 취득 후 일정 기간 내 소각을 의무화하는 방향의 상법 개정 논의가 본격화되고 있기 때문이다. 특히 개정안은 자기주식의 보유 자체를 예외적인 상태로 보고, 원칙적으로 소각을 전제로 하되, 제한적인 사유와 엄격한 절차가 충족되는 경우에만 보유 또는 처분을 허용하는 구조를 취하고 있다.

이와 같은 입법 흐름을 고려할 때, 단순히 '향후 제3자 양도'를 전제로 자기주식을 취득하는 방식은 더 이상 관행적으로 접근할 수 있는 영역이 아니며, 자기주식 취득 단계에서부터 그 목적, 보유 기간, 처분 방식이 상법상 허용 범위에 명확히 부합하는지 면밀한 검토가 선행되어야 한다. 만약 이러한 요건을 충족하지 못한 채 자기주식을 취득할 경우, 향후 소각 의무 위반 문제는 물론, 이사 책임이나 거래의 법적 성격 부인 등 추가적인 법적·세무적 리스크로 이어질 수 있다.

따라서 자기주식을 양도 목적으로 취득하려는 경우에는 반드시 현행 상법 제341조를 비롯한 자기주식 관련 규정과 함께, 개정안의 방향성과 규율 체계를 종합적으로 검토한 후 구조를 설계해야 하며, 형식적인 '자기주식 취득'이라는 외관만으로 안전하다고 판단해서는 안 된다. 자기주식 취득은 더 이상 단순한 재무기법이 아니라, 엄격한 법적 통제하에 이루어져야 하는 고위험 거래 영역이라는 점을 인식할 필요가 있다.

☆ 상법 일부개정법률안 (의안번호 2214519)

<u>제안이유</u>

○ 코리아 디스카운트를 해소하기 위해서는, 주주들에게 '특정주주·경영진이 그 권한을 악용하여 회사의 이익을 사유화하지 않을 것'이라는 신뢰를 줄 필요가 있음.

○ 그런데 현행법상 자기주식에 대한 규제가 미흡하여, 경영진이 회사의 재산으로 자기주식을 취득한 다음, 특정주주의 이익을 위해 자기주식을 임의로 활용함으로써 일반주주의 이익이 침해되는 사례가 빈번히 발생하고 있음.

○ 또한 회사의 자기주식은 회계상 자본으로 취급되고 있지만, 현행법 일부 조항의 경우 자기주식이 자산임을 전제로 하고 있어 일관성이 부족하다는 지적이 있음.

○ 이에 회사의 자기주식 제도를 정비하여 자기주식에 관한 일반주주 보호장치를 마련하고, 자기주식에 관한 회계와의 일관성을 확보하며, 회사의 자본충실을 도모하고자 함.

<u>주요내용</u>

1. 자기주식의 성격

　가. 자기주식은 아무런 권리가 없음을 법률에 명시함(안 제341조의3 제1항).

　나. 자기주식의 자본으로서의 성격을 명확히 함.

　　1) 자기주식을 교환 또는 상환 대상으로 하여 사채를 발행하지 못하도록 함(안 제341조의3제2항).

　　2) 자기주식은 질권의 목적으로 하지 못하도록 함(안 제341조의3제3항).

　다. 회사 합병·분할 시 자기주식에 분할신주를 배정하지 못하도록 함(안 제529조의2 및 제530조의13).

2. 자기주식의 소각의무

　가. 회사가 자기주식을 취득하는 경우 취득일로부터 1년 이내에 소각하는 것을 원칙으로 함(안 제341조의4 제1항).

나. 다만, 임·직원 보상 등 일정한 요건에 해당하여, 회사가 자기주식보유처분계획을 작성한 다음 주주총회의 승인을 받은 경우, 그 승인된 계획에 따라 보유 또는 처분할 수 있도록 함(안 제341조의4 제2항).

다. 자기주식보유처분계획에 관하여 매년 주주총회의 승인을 받도록 함(안 제341조의4 제3항).

라. 자기주식보유처분계획 승인 없이 자기주식을 취득일로부터 1년 이내에 소각하지 않거나 또는 자기주식보유처분계획의 내용에 위반하여 자기주식을 보유하거나 처분한 경우, 이사 개인에 대하여 5천만 원 이하의 과태료가 부과될 수 있도록 함(안 제635조 제3항 제9호·제10호).

3. 자기주식의 예외적 보유·처분 방법

가. 자기주식 소각의무에도 불구하고 회사가 예외적으로 자기주식을 보유·처분하는 때에는 각 주주에게 그가 가진 주식 수에 따라 균등한 조건으로 처분해야 함(안 제342조 제1항).

나. 다만 일정한 사유에 해당하는 경우 회사는 주주 외의 자에게 처분할 수 있음(안 제342조 제2항·제3항).

다. 회사가 자기주식을 처분하는 때에는 그 성질에 반하지 아니하는 범위 내에서 신주 발행절차를 준용함(안 제342조 제4항).

4. 기존 자기주식에 관하여 이 법 시행 이후 새로이 취득하는 자기주식의 경우와 동일한 의무를 부과하되, 소각의무 발생시기와 관련하여 직접취득 자기주식의 경우 6개월의 추가 유예기간을 부여함(안 부칙 제2조 등).

▶️ 자기주식 소각과 유상감자

자기주식을 매입하여 유통에서 제거하는 방법에는 크게 자기주식 소각과 유상감자가 있다. 두 방법 모두 회사가 주주로부터 주식을 유상으로 취득한 뒤 이를 소멸시키는 구조라는 점에서는 유사하지만, 법률적 표현과 절차에서 차이가 있다.

감자란 회사의 자본금을 줄이는 절차를 의미하며, 자본금을 감소시키는 과정에서 주주에게 대가를 지급하는 경우 이를 유상감자라고 한다. 한편, 회사가 자기주식을 유상으로 취득한 뒤 이를 소각하는 경우에는 형식상 감자라는 표현 대신 자기주식 소각이라는 용어를 사용하게 된다. 실질적으로는 모두 주식이 소멸된다는 점에서 경제적 효과는 동일하다.

이와 같이 자기주식 소각이나 유상감자가 이루어질 경우, 세법상 가장 중요한 쟁점은 주주에게 귀속되는 소득의 성격이다. 세법은 배당이 이익잉여금의 분배라는 형식으로 이루어지지 않더라도, 그 실질이 배당에 해당한다면 이를 배당소득으로 과세하도록 하고 있다. 이를 의제배당이라 한다.

즉, 회사가 유상감자를 하면서 주주에게 감자대가를 지급하거나, 자기주식을 취득한 후 이를 소각하면서 대가를 지급하는 경우, 그 대가 중 주식의 취득가액을 초과하는 부분은 주주에게 귀속되는 의제배당 소득으로 보게 된다. 의제배당 금액은 다음과 같이 계산된다.

한편, 주식의 매매가, 자산거래인 주식의 양도에 해당하는지 또는 자본거래인 주식의 소각 내지 자본의 환급에 해당하는지는 법률행위 해석의 문제로서 그 거래의 내용과 당사자의 의사를 기초로 하여 판단하여야 할 것이지만, 실질과세의 원칙상 단순히 당해 계약서의 내용이나 형식에만 의존할 것이 아니라, 당사자의 의사와 계약체결의 경위, 대금의 결정방법, 거래의 경과 등 거래의 전체 과정을 실질적으로 파악하여 판단해야 한다고 판시하고 있다(대법원 92누3786, 1992.11.24. 선고 판결 등 참조).

이러한 기준에 따라, 자기주식 거래가 실질적으로 주식의 양도에 해당한다면 개인 주주에게는 주식 양도소득세가 과세되고, 해당 거래에는 증권거래세도 함께 부과된다. 반면, 거래의 실질이 주식의 소각이나 유상감자에 해당한다면 이는 주식의 양도가 아닌 자본거래로 보아 증권거래세는 과세되지 않지만, 주주에게는 의제배당에 따른 배당소득세가 과세된다. 이를 정리하면 다음과 같다.

법인의 주식처리	매입 후 주식소각	매입 후 주식보유
주주의 과세문제	배당소득세 과세대상	양도소득세 과세대상

의제배당으로 과세되는 경우, 배당소득은 금융소득에 해당하므로 연간 금융소득 합계가 2,000만 원을 초과하면 6%에서 최고 45%까지의

누진세율이 적용된다.

그러나 가지급금 규모가 크고, 이를 정리하기 위하여 대부분의 주식을 소각하거나 유상감자 하는 경우에는 의제배당금액이 급격히 증가하여 종합소득세 부담이 매우 커질 수 있다. 예를 들어 감자대가가 10억원이고 주식취득가액이 5천만 원에 불과하다면, 의제배당금액은 9억 5천만 원에 달하게 되어 고율의 종합소득세가 부과될 수 있다.

감자 시 의제배당 (9.5억 원) = 감자대가 (10억 원) − 주식취득가액 (5천만 원)

▶ 자기주식의 고가 또는 저가 거래에 따른 리스크

또한 자기주식 거래와 관련하여 주식의 평가 문제 역시 중요한 쟁점이다. 자기주식을 시가보다 고가 또는 저가로 거래할 경우, 주주와 법인 간의 거래가 부당행위계산 부인의 대상이 되어 소득처분 등 추가적인 세무상 불이익이 발생할 수 있다. 특히 특수관계 있는 주주가 관련된 경우에는 그 위험이 더욱 커진다.

자기주식 소각이나 유상감자의 경우에도 마찬가지로, 시가가 아닌 고가 또는 저가로 감자가 이루어지면 특수관계에 있는 주주가 얻은 이익에 대하여 증여세가 과세될 수 있다. 즉, 주식 매매이든 소각·감자이든 간에, 주식가치 평가는 반드시 세법상 평가 규정을 충실히 따를 필요가 있다.

결국 자기주식 매매는 상법상 절차 준수, 세무조사 위험, 향후 다시 양도하는 문제 등 복합적인 부담이 존재하고, 자기주식 소각이나 유상감자는 구조적으로는 단순하지만 의제배당에 따른 종합소득세 부담이 클 수 있다는 한계를 가진다. 이러한 점을 종합적으로 고려할 때, 일부 경우에는 자기주식 거래보다는 정기적인 배당을 통해 점진적으로 가지급금을 정리하는 방식이 현실적인 대안이 될 수도 있다.

비상장주식의 유상거래와 관련하여 발생하는 보다 구체적인 세무상 쟁점은, (부록)「비상장주식의 유상거래 시 세무상 문제」에서 자세히 살펴보기로 한다.

자기주식 취득목적에 따른 주주와 법인의 세무문제

구분	주주	주식발행법인
양도 목적	① 양도소득세 (법인주주는 법인세) ② 증권거래세 ③ 저가 양도 시 부당행위계산부인 ④ 고가 양도 시 상여처분 　(양도가액은 시가로 의제)	① - ② - ③ 저가매입이익을 익금산입 ④ 시가초과액 부당행위계산부인
소각 목적	① 의제배당 ② 증권거래세 비과세 ③ 불균등 감자 시 주주(특관자) 증여	① - ② - ③ -

가지급금 죽이기 핵심전략

■ 배당가능이익의 의미와 자기주식 취득의 법적 기준

자기주식 취득에서 말하는 배당가능이익은 회사가 보유한 현금의 크기가 아니라, 직전 결산기 순자산에서 자본금·법정준비금 등을 차감한 배당 한도를 의미한다. 상법은 이 한도를 초과하지 않는 범위 내에서 자기주식 취득을 허용하고 있다.

자기주식 취득으로 순자산이 감소하면 배당가능이익도 함께 줄어들며, 이는 차입금 등 외부 재원을 활용한 경우에도 동일하다. 즉, 상법은 자기주식 취득의 재원보다는 취득가액이 배당가능이익 범위 내에 있는지를 핵심 기준으로 삼는다. 다만 자기주식 취득은 예외적으로 허용되는 자본거래이므로, 상법상 절차를 적법·유효하게 갖추는 것이 전제가 된다.

■ 자기주식 취득 목적에 따른 법적·세무적 효과

자기주식 취득은 취득 목적과 이후 처리 방식에 따라 법적·세무적 효과가 달라진다. 법인은 자기주식을 일시적으로 보유했다가 외부에 재양도하는 양도 목적의 취득과, 취득한 주식을 소멸시키는 소각 목적의 취득으로 구분할 수 있다.

양도 목적의 경우 주식을 양도한 주주에게는 주식 양도소득세가 과세되고, 소각 목적의 경우에는 의제배당에 따른 배당소득으로 과세된다. 이처럼 자기주식 취득은 단순한 주식거래가 아니라, 양도인지 소각인지에 따라 과세 유형이 달라지는 구조를 가진다.

자기주식의 보유기간이나 외부 매각 여부만으로 취득 목적을 단정할 수는 없으며, 취득 당시의 의사와 이후의 경영상 판단을 종합하여 판단하게 된다.

또한 최근 자기주식 취득 후 원칙적으로 일정 기간 내 소각을 의무화하는 상법 개정이 추진되고 있어, 향후에는 취득 목적에 대한 사후적 해석 이전에 취득 단계에서부터 소각 의무 해당 여부 및 보유·처분 가능성을 사전에 점검하는 것이 더욱 중요해졌다. 따라서 자기주식 취득 시에는 현행 규정뿐 아니라 개정 동향까지 함께 고려하여 구조를 설계할 필요가 있다.

■ 자기주식 소각·유상감자의 구조와 평가의 중요성

자기주식을 매입하여 유통에서 제거하는 방법에는 자기주식 소각과 유상감자가 있으며, 두 방식 모두 주식을 유상으로 취득한 뒤 소멸시킨다는 점에서 경제적 효과는 동일하다. 다만 법률적 표현과 절차에서 차이가 있을 뿐이다.

자기주식 소각이나 유상감자가 이루어질 경우, 주주가 지급받은 대가 중 주식취득가액을 초과하는 부분은 의제배당으로 보아 배당소득으로 과세된다. 따라서 구조는 명확하지만, 주주에게 귀속되는 소득의 성격은 자본거래가 아닌 배당소득이 된다.

한편, 자기주식 거래에서는 주식가치 평가가 중요한 요소로 작용한다. 매매·소각·감자 어느 경우든, 주식가치를 적정하게 평가하고 세법상 기준을 충실히 반영하는 것이 실무적으로 핵심이다.

배우자로부터 증여받은 주식 활용

배우자로부터 증여받은 후 자기 주식 거래, 거래의 실질이 핵심!

Q

배우자로부터 증여받은 후 자기주식 거래, 세금 없이 가능할까?

자본금 5천만 원의 작은 법인을 운영하고 있습니다. 회사 운영 과정에서 생긴 가지급금이 꽤 커져서 정리 방법을 고민하고 있는 박정여입니다. 최근 주변에서 "배우자에게는 6억 원까지 증여해도 증여세가 없으니, 먼저 주식을 배우자에게 증여한 뒤 법인이 그 주식을 자기주식으로 매입하거나 소각하면 세금 부담 없이 가지급금을 정리할 수 있다"는 이야기를 자주 듣고 있습니다.

설명을 들어보면, 현재 법인 주식가치의 60% 정도가 6억 원에 해당하는데 이 부분을 배우자에게 증여하면, 배우자가 증여받은 주식은 취득가액이 6억 원이 되기 때문에 이후 자기주식 매입이나 소각 시 양도소득세나 의제배당소득이 거의 발생하지 않는 구조라고 하는데, 정말 제도상 가능한 방식인지 궁금합니다.

또 한편으로는, 배우자 증여 후 단기간 내에 자기주식 매입이나 소각이 이루어질 경우 실질과세 원칙에 따라 처음 주식을 가진 제가 세금을 부담하게 될 수도 있다는 이야기도 들었습니다.

배우자 증여재산공제를 활용한 자기주식 거래가 언제 인정될 수 있고, 어떤 경우에 세무상 문제가 될 수 있는지, 가지급금 정리 관점에서 꼭 알아야 할 내용이 무엇인지 궁금합니다.

▶ 배우자 증여 후 자기주식 거래구조와 세금 효과

최근 대표자 가지급금 정리와 관련하여, 배우자 증여재산공제(6억 원)를 활용한 자기주식 거래 구조가 자주 거론되고 있다. 이 방식은 대주주가 보유한 법인 주식을 배우자에게 증여한 후, 법인이 해당 주식을 자기주식으로 취득하거나 소각함으로써 주식의 취득가액을 높여 양도소득세 또는 의제배당소득을 줄이는 구조이다.

배우자에게 증여되는 주식이 6억 원 이하라면 배우자 증여재산공제가 적용되어 증여세 부담이 발생하지 않고, 증여를 통해 취득한 주식의 취득가액은 증여가액인 6억 원으로 새롭게 형성된다. 이후 배우자가 해당 주식을 법인에 양도하거나, 법인이 이를 취득하여 소각 또는 유상감자를 할 경우, 과세는 이 6억 원의 취득가액과의 차액을 기준으로 이루어진다.

이로 인해, 당초 대주주가 낮은 취득가액으로 보유하던 주식을 직접 처분하거나 소각하는 경우와 비교하면, 과세표준 자체가 크게 줄어드는 효과가 발생할 수 있다.

대표자가 보유하던 법인 주식을 그대로 둔 채, 회사가 해당 주식을 자기주식으로 매입하여 소각한다고 가정해 보자. 이때 법인의 주식 가치는 6억 원인데, 대표자의 주식 취득가액은 액면가 기준으로 3천만 원(5천만 원 × 60%)에 불과하다면, 회사가 주식을 소각하면서 지급한 대가 중 대부분이 의제배당으로 계산된다. 결국 주식 취득가액과 시가의 차이만큼, 즉 약 5억 7천만 원이 배당소득으로 과세 대상이 된다.

같은 상황에서 대표자가 먼저 법인 주식을 배우자에게 증여했다고 가정해 보자. 주식 평가액이 6억 원이라면, 배우자 증여재산공제 범위 내에 해당하여 증여세 부담은 발생하지 않는다. 이때 배우자가 증여를 통해 취득한 주식의 취득가액은 6억 원이 된다.

이후 회사가 배우자가 보유한 주식을 자기주식으로 매입하여 소각하면, 소각대가와 주식 취득가액이 동일해지므로 의제배당으로 계산될 금액이 발생하지 않는다. 결과적으로 같은 자기주식 소각이라도, 배우자 증여를 거친 경우에는 과세표준이 크게 달라지는 구조가 된다.

배우자 증여 유·무에 따른 자기주식 소각 시 과세표준

당초 자기주식을 매입하여 소각 (5.7억 원)
▸ 자기주식 매입 시가(6억 원) − 주식취득가액*(3천만 원)

배우자 증여에 따른 자기주식 매입 후 소각 (0원)
▸ 자기주식 매입 시가(6억 원) − 증여받은 금액 (6억 원)

* 주식취득가액 5천만 원 (액면가액) × 60% = 3천만 원

▶ 실질과세에 따른 거래의 재구성

배우자 증여 후 자기주식 거래가 항상 그대로 인정되는 것은 아니기에 주의가 필요하다. 주식 양도대금이나 자기주식 취득대금의 경제적 귀속이 누구에게 있는지, 그리고 일련의 거래가 독립된 경제적 목적을 가지고 있는지가 중요한 판단 요소가 된다.

배우자가 증여받은 주식을 형식적인 금전대차 또는 실질적인 증여의사 없이 자금을 이전하여 대표자의 가지급금 변제에 사용되는 구조라면, 과세관청은 해당 거래를 형식 그대로 인정하기보다 국세기본법 제14조 제3항의 실질과세 원칙에 따라 거래의 실질을 기준으로 과세 여부를 판단할 수 있다. 이 경우 주식의 명의는 배우자에게 이전되었으나, 경제적 효과가 실질적으로 대표자에게 귀속된 것으로 본다면, 과세기준 역시 배우자가 아닌 당초 주식 보유자를 기준으로 재설정된다. 그 결과 주식 양도소득세 또는 자기주식 소각·유상감자에 따른 의제배당소득세는 배우자가 증여받은 가액이 아니라, 대표자의 당초 주식 취득가액을 기준으로 다시 계산하게 된다.

이와 관련하여 대법원은, 보유주식을 배우자에게 증여하고 다시 회사가 증여가액으로 매수하여 소각한 후 대표이사에게 금전대차계약의 방법을 통해 자금을 이체하여 가지급금을 상환한 이 거래에 대하여 의제배당소득에 대한 과세를 회피하기 위한 거래로서, 제3자를 통한 간접적 방법이나 둘 이상의 거래를 거쳐 세법의 부당한 혜택을 받는 경우로 보아 실질과세법칙에 따라 과세처분 하는 것이 적법하다고 판단하였다(대법원 2025두34916, 2025.12.11.).

또 다른 판례에서는 배우자에게 증여된 주식 부분에 관하여, 주식소각 대금이 지급 직후 거의 즉시 전액 원고에게 다시 이체되어 경제적 이익이 원고에게 환류 되었다고 보아, 실질상 원고가 직접 주식을 회사에 양도하여 의제배당을 받은 것과 동일하다고 판단하고 과세를 인정하였다. 반면 자녀에게 증여된 주식 부분에 대해서는, 소각 대금이 자녀들의 증여세 납부, 금융투자, 주택 구입 등 개인적 용도로 사용되어 원고에게 귀속되었다고 볼만한 증거가 없으므로, 해당 거래는 독립한 경제적 실질이 인정된다고 보아 그 부분에 대한 과세를 취소하였다. 나아가 법원은 보유 주식을 배우자에게 증여한 후 회사가 이를 증여가액으로 매수하여 소각한 일련의 거래가 의제배당소득에 대한 과세를 회피하기 위한 것에 해당하고, 이와 같이 제3자를 통한 간접적 방법이나 둘 이상의 거래를 거쳐 세법상 부당한 혜택을 받는 경우에는 실질과세 원칙에 따라 과세할 수 있다고 보아, 과세관청의 처분은 적법하다고 판시하였다(대법원 2025두34754, 2025.12.11.).

이러한 판례들은 공통적으로, 배우자 증여 자체의 적법성이나 증여재산공제의 적용 여부를 문제 삼기보다는, 증여 이후의 주식 처분과 자금 흐름을 통해 누가 실질적인 경제적 이익을 취득하였는지에 초점을 맞추고 있다. 즉, 배우자 명의로 주식을 이전하였더라도, 그 주식 처분 대금이 다시 증여자에게 귀속되거나 가지급금 변제 등 대표자의 자금 회수 수단으로 기능하였다면, 과세관청은 거래 전체를 하나의 연속된 행위로 재구성하여 실질과세 원칙을 적용할 수 있다는 점을 분명히 하고 있다.

결국 배우자 증여 후 자기주식 거래가 세무상 그대로 인정될 수 있는

지 여부는, 단순히 증여공제 한도 내에서 주식이 이전되었는지에 달려
있는 것이 아니라, 증여와 주식 처분이 각각 독립된 경제적 목적과 실
질을 가지고 있는지, 그리고 그 결과 발생한 경제적 이익이 누구에게
귀속되는지에 따라 판단된다고 볼 수 있다.

대법원 2025두34916, 2025.12.11. 심불 기각

원고는 주식회사 B의 주주이자 대표이사로서 2020년 8월 자신이 보유하던 이 사건 법인의 주식 1,500주를 배우자 C에게 증여하였고, C는 이를 상속세 및 증여세법 제63조에 따라 주당 380,352원, 총 570,528,000원으로 평가하여 2020년 10월 배우자 증여재산공제를 적용해 증여세 납부세액이 없는 것으로 신고하였다. 그와 거의 동시에 2020년 10월, 이 사건 법인은 임시주주총회를 개최하여 자기주식 1,500주를 동일한 주당 가액으로 매수하여 소각하기로 결의하였으며, 이에 따라 C는 2020년 12월 이 사건 법인에 해당 주식 1,500주를 570,528,000원에 양도하였고, 이 사건 법인은 같은 달 이를 취득하여 즉시 소각하였다.

이후 2020년 12월, C는 이 사건 법인으로부터 수령한 주식 매도대금 중 570,000,000원을 원고의 계좌로 이체하였고, 원고는 이와 같이 이체받은 자금을 자신의 이 사건 법인에 대한 가지급금 상환에 사용함으로써, 이 사건 거래로 인하여 발생한 경제적 이익은 종국적으로 원고에게 귀속되었다. 이에 대하여 원고는, 위 금원이 배우자 C로부터 차용한 것이고 금전소비대차계약에 따른 이자 및 이자소득세 등을 모두 자신이 부담하고 있으므로 이 사건 주식의 양도 및 소각에 따른 이익의 실질 귀속자는 원고가 아니라 C라고 주장하였다. 그러나 원고와 C 사이에 금전소비대차계약서가 작성되고 원고가 일정 금액의 이자를 지급한 사실은 인정되나, 계약서상 이자금액과 실제 지급액이 서로 일치하지 않고, 차용 기간·이자율 등에 관한 당사자들의 진술이 구체성과 일관성을 결여하고 있으며, 거래 경위에 비추어 해당 금원이 실질적인 소비대차에 따른 차용금이라고 보기 어려우므로, 원고가 C로부터 금원을 차용하였다는 주장은 신빙성이 없어 받아들이기 어렵다.

이러한 주식 증여, 배우자의 주식 양도, 주식발행법인의 자기주식 취득·소각 및 자금 환류에 이르는 단계적·순차적으로 이루어진 일련의 거래 내지 행위는 처음부터 원고가 의제배당에 따른 종합소득세 부담을 회피할 목적을 이루기 위해 채택한 수단에 불과하고, 그 경제적 실질에 비추어 보면 이는 원고가 보유 주식을 법인에 직접 양도한 후 이익잉여금을 배당받은 것과 동일하다고 평가할 수 있으므로, 원고에게 의제배당소득이 발생한 것으로 보아 종합소득세를 부과한 처분은 정당하다.

대법원 2025두34754, 2025.12.11. 심불 기각

원고는 2012년 9월 S 주식회사를 설립한 뒤 대표자 사내이사이자 1인 주주로 회사를 지배해 왔는데, 2019년 4월 자신이 보유하던 주식 10,000주 중 배우자 성씨에게 1,926주, 자녀 김B·김C에게 각 883주를 증여하였고, 그로부터 한 달여 뒤인 2019년 5월 이 사건 회사는 임시주주총회를 열어 자본감소를 이유로 자기주식을 취득·소각하기로 결의한 후 같은 달 위 주식을 상속세·증여세법상 평가액과 동일한 가액으로 취득하여 2019년 6월 이를 소각하였다. 이후 수증자인 배우자와 자녀들은 2019년 7월 말 각 증여가액을 기준으로 증여세를 신고·납부하였다.

이후 자녀 김B·김C은 2019년 6월 회사로부터 지급받은 소각대금을 증여세 납부, 금융상품 투자, 주택 구입 등 자신의 용도로 사용하여 그 이익이 원고에게 이전되었다고 볼 자료가 없는 반면, 배우자 성씨는 2019년 12월 회사로부터 소각대금 12억여 원을 분할 수령하자마자 각 입금 시점으로부터 1~2시간 이내에 전액을 거의 즉시 원고 명의 계좌로 송금하였다. 원고는 이에 대해 진정한 증여 의사에 따른 거래이며 부부 공동생활의 경제적 필요에 따라 배우자가 다시 금원을 이전한 것에 불과하다고 주장하였으나, 법원은 수증자가 증여로 취득한 거액의 이익 전부를 지급받자마자 사실상 즉시 증여자에게 반환하는 형태는 통상적인 거래관념에 비추어 매우 이례적이고, 그러한 반환이 이루어질 구체적인 사유나 사용처가 특정·입증되지 않은 점, 또한 해당 자금이 회사 자금 충실화를 위한 가수금이라는 주장 역시 재무제표상 객관적 근거가 부족한 점 등을 종합하면, 이를 단순한 부부간 경제적 이전으로 보기 어렵고 소각대금이 실질적으로 원고에게 귀속되었다고 보는 것이 타당하다고 판단하였다.

따라서 보유주식을 배우자에게 증여하고 다시 회사가 증여가액으로 매수하여 소각한 이 거래는 의제배당소득에 대한 과세를 회피하기 위한 거래로서, 제3자를 통한 간접적 방법이나 둘 이상의 거래를 거쳐 세법의 부당한 혜택을 받는 경우 실질과세 법칙에 따라 과세처분한 것은 적법하다.

▶️ 배우자에게 실질이 귀속된 것으로 인정된 경우

한편, 배우자 증여 후 자기주식 거래가 항상 부인되는 것은 아니다. 증여 이후 자기주식 거래의 결과가 배우자에게 실질적으로 귀속되고, 그 과정에서 배우자가 증여재산공제 한도를 사용하여 경제적 위험이나 손실을 부담한 것으로 평가되는 경우에는, 증여와 자기주식 거래를 각각 독립된 거래로 인정한 사례도 존재한다.

대법원은 원고가 보유하던 주식을 배우자 증여재산공제를 소진하여 배우자에게 증여한 후 회사가 상법과 세법이 요구하는 절차에 따라 자기주식을 취득·소각한 사안에서, 해당 주식 양도대금이 전액 배우자에게 귀속되어 배우자가 부담하던 가지급금 채무 변제에 사용되었기에 그 자금이 원고에게 환류 되었다고 볼 사정이 없다고 보았다. 또한 이 사건 증여로 주식의 귀속 주체가 변경되고 주주 구성에 실질적인 변동이 발생하였으며, 배우자는 주식에 대한 지배·관리권을 취득하는 한편 향후 증여세 부담 가능성도 감수하게 되었다는 점을 고려하여, 이 사건 거래는 단순한 형식행위가 아니라 실질적인 법률상·경제적 효과를 수반한 거래로서 그 경제적 이익 역시 배우자에게 귀속된다고 판단하였다. 따라서 이를 조세회피만을 목적으로 한 가장행위로 볼 수 없고, 납세자가 동일한 경제적 목적을 달성하기 위하여 허용된 여러 거래 방식 중 상대적으로 조세부담이 적은 방식을 선택한 것에 불과하다고 판시하였다(대법원 2024두42659, 2024.9.12.). 즉, 배우자 증여 후 자기주식 거래 자체가 문제라기보다는, 그 거래가 누구의 경제적 이익을 위해 이루어졌는지가 핵심 판단 기준이 된다.

▶▶ 2025.1.1. 이후 양도일 전 1년 이내에 배우자 또는 직계존비속으로부터 증여받은 주식 등 이월과세 적용

2025년 세법 개정에 따라 조세회피를 방지하기 위하여 양도소득세 이월과세 적용대상 자산의 범위가 확대되었다. 이에 따라 양도일 전 1년 이내에 배우자 또는 직계존비속으로부터 증여받은 주식 등에 대해서는 이월과세 규정이 적용되며, 해당 규정은 2025년 1월 1일 이후 증여받은 분부터 적용된다. 다만, 주식에 대한 이월과세는 적용기간이 증여일로부터 1년으로 제한되어 있어, 해당 기간이 경과한 후 양도하는 경우에는 취득가액을 증여 당시의 가액으로 하여 양도소득세를 계산하는 일반적인 구조가 적용된다.

해당 개정 내용은 배우자 증여 후 자기주식을 취득 후 소각하는 자본거래에 적용되는 사안은 아닌 것으로 판단된다. 그러나 개정 법령의 해석과 적용 범위에 관하여 과세관청과 이견이 발생할 여지가 있으므로, 관련 예규·판례 및 해석 사례를 충분히 검토한 후 신중하게 접근할 필요가 있다.

증여받은 배우자에게 실질이 귀속된 것으로 인정한 판례

대법원 2024두42659, 2024.9.12. 심불 기각

원고는 2018. 4. 1. 자신이 보유하고 있던 이 사건 주식 9,900주를 C에게 증여하였고, C는 이를 보충적 평가방법에 따라 1주당 60,129원, 총 595,277,100원으로 평가하여 같은 해 2018. 6. 5. 배우자 증여재산공제 한도 내에서 증여세 신고를 하였다. 그 이후 회사는 2018. 4. 27. 임시주주총회를 개최하여 위 주식 수량과 동일한 자기주식 9,900주를 취득가액 총액 595,277,100원에 취득하기로 결의하였고, 이에 따라 C는 2018. 6. 8. 수증자로서 보유하게 된 이 사건 주식을 회사에 양도하였으며 회사는 이를 취득하여 즉시 소각하였다. 이 과정에서 발생한 주식 양도대금 595,277,100원 전액은 C에게 귀속되었고, 실제로 C가 회사에 대하여 부담하고 있던 가지급금 채무를 변제하는 데 사용되었으며, 그 자금이 원고에게 환류되었다고 볼만한 사정은 없다.

또한 임시주주총회 결의 등 상법과 세법이 요구하는 적법한 절차를 모두 거쳐 이루어진 이 사건 주식 증여로 인해 실제로 주주 구성에 변동이 발생하였고, 수증자인 배우자 C는 해당 주식에 대한 지배·관리권을 취득함과 동시에 배우자 증여재산공제 한도 6억 원을 소진하는 경제적 불이익도 부담하였다.

이와 같이 이 사건 증여는 단순히 외관만 갖춘 형식적 행위에 그친 것이 아니라, 주식의 귀속 주체 변경, 권리·의무의 이전, 향후 증여세 부담 가능성 증가라는 실질적인 법률상·경제적 효과를 수반한 거래에 해당한다. 따라서 이를 두고 아무런 경제적 실질 없이 오로지 조세회피만을 목적으로 한 가장행위라고 단정하기는 어렵고, 납세자가 동일한 경제적 목적을 달성하기 위하여 허용된 여러 거래 방식 중 상대적으로 조세부담이 적은 방식을 선택한 것에 불과하다고 보아야 한다.

최근 다수의 컨설팅 업체들이 온라인을 통해 배우자로부터 증여받은 주식을 활용한 가지급금 해결 솔루션을 적극적으로 마케팅 하는 사례를 쉽게 접할 수 있다. 일부에서는 "세금 없이 가지급금 정리가 가능하다"고 주장하기도 하고, 또 다른 곳에서는 "최소한의 세부담으로 설계할 수 있다"는 표현을 사용하기도 한다. 이러한 주장들이 전혀 틀린 말이라고 단정할 수는 없지만, 중요한 전제가 생략되어 있는 경우가 많다.

가지급금을 상환하기 위해서는 당초 가지급금을 발생시킨 임원에게 자금이 귀속되어야 한다는 점이 핵심이다. 따라서 임원이 배우자로부터 주식을 증여받아 이를 활용하려면, 애초에 임원의 배우자가 해당 주식을 보유하고 있어야 한다는 전제가 필요하다. 이와 같은 구조라면, 배우자로부터의 증여가 증여재산공제 6억 원 범위 내에 해당하는 경우에는 추가적인 증여세 부담 없이 가지급금 정리가 가능하다고 표현하는 것도 일정 부분 타당할 수 있다.

반면, 주식을 보유하고 있는 주체가 임원 본인인 경우에는 상황이 달라진다. 임원이 보유한 주식을 배우자에게 증여한 후, 해당 주식을 소각함으로써 회사 자금을 배우자에게 귀속시키는 것은 가능하나, 가지급금을 상환해야 할 임원 본인에게는 상환 재원이 생기지 않는다는 문제가 발생한다. 이 경우 임원의 가지급금을 상환하기 위해서는 해당 자금을 배우자로부터 다시 이전 받아야 하는데, 이 과정에서 단순히 형식적으로만 자금을 차입하는 외관을 갖추거나, 실질적인 증여 의사 없이 명목상 거래를 구성하는 경우에는 세무상 중대한 리스크가 발생할 수 있다. 외형상 제3자에게 이전된 자금이 실질적으로 동일인에게 다시 귀속되는 '자금의 환류'로 평가될 수 있으며, 결국 당초 주식의 소유자가 직접 주식을 처분한 것과 동일한 경제적 효과가 발생한 것으로 보아 과세될 가능성이 존재하는 것이다.

반면, 증여와 주식 처분이 각각 독립된 경제적 목적과 실질을 가지고 이루어지고, 그에 따른 경제적 이익이 외형과 실질 사이에 괴리가 없다면 가지급금 상환을 위한 하나의 해결방안으로 기능할 수 있다.

결국 배우자로부터 증여받은 주식을 활용한 가지급금 정리 방식은, 거래의 실질에 따라 경제적 이익이 임원에게 귀속되도록 정교하게 설계한다면 유효한 전략이 될 수 있다. 예컨대 임원의 배우자가 보유하던 주식을 임원에게 증여를 하고, 해당 주식을 소각하는 경우 증여와 소각이 각각 독립된 법률행위로서 경제적 실질을 갖추고 있다면, 가지급금 정리를 위한 합리적인 대안이 될 수 있다.

다만, 임원의 배우자가 당초부터 해당 주식을 실질적으로 보유하고 있었는지 여부에 따라 세부담 구조는 크게 달라질 수 있다. 배우자가 기존부터 독립적인 경제주체로서 주식을 보유하고 있었다면 비교적 안정적인 구조가 될 수 있으나, 단지 세부담을 경감하기 위한 사전 이전 또는 형식적 보유에 불과하다면 자금의 환류 또는 실질귀속 문제로 과세 리스크가 발생할 수 있는 것이다.

이처럼 임원의 배우자가 당초부터 주식을 보유하고 있었는지 여부에 따라 세부담 구조가 크게 달라질 수 있으므로, 해당 전제조건에 대한 충분한 검토와 사전 판단이 반드시 필요하다.

key point !

가지급금 죽이기 핵심전략

■ 배우자 증여를 활용한 자기주식 거래 시 세금효과

배우자에게 6억 원 이하로 주식을 증여하면 증여세 부담 없이 취득가액이 시가로 형성된다. 이후 배우자가 보유한 주식을 법인이 자기주식으로 취득·소각하면, 소각대가와 취득가액이 같아져 의제배당 과세가 발생하지 않거나 크게 줄어든다. 동일한 자기주식 소각이라도, 배우자 증여 여부에 따라 과세표준이 극적으로 달라질 수 있는 것이다.

■ 핵심은, 거래의 실질에 따른 경제적 이익의 귀속

배우자 증여 후 자기주식 거래가 인정될 수 있는지는 증여 자체의 형식이나 공제 적용 여부가 아니라, 거래의 실질과 그 결과 발생한 경제적 이익이 누구에게 귀속되었는지 이다. 법원은 증여 이후 자기주식 거래의 결과가 배우자에게 실질적으로 귀속되고, 배우자가 증여공제 한도를 사용함으로써 경제적 위험을 부담한 경우에는, 증여와 주식 처분을 각각 독립된 거래로 인정해 주고 있다.

■ 배우자의 주식 보유 여부에 따른 세금차이

배우자로부터 증여받은 주식을 활용한 가지급금 정리 방식은, 구조에 따라 세금 없이 가능해 보일 수 있고, 반대로 세무 리스크로 이어질 수도 있다. 핵심은 임원의 배우자가 당초부터 해당 주식을 보유하고 있었는지 여부다. 배우자가 기존 주주인 상태에서 주식을 증여받는 구조라면 증여재산공제 6억 원 범위 내에서는 세부담 없이 소각목적으로 주식을 취득하여 가지급금 정리가 가능할 수도 있다.

반면, 임원이 보유한 주식을 배우자에게 이전한 후 이를 활용하는 구조는, 해당 자금이 실질적으로 다시 임원에게 귀속되는 경우 자금의 환류로 평가될 수 있다. 이때 세법상으로는 임원이 당초 직접 거래한 것과 동일한 경제적 효과가 발생한 것으로 보아 과세될 수 있는 세무 리스크가 존재한다. 결국 배우자 증여를 활용한 가지급금 정리는 배우자가 당초에 주식을 보유했는지 여부를 정확히 확인한 후 설계해야 할 전략이다.

상속으로 취득한
주식 활용

가지급금이 남아 있는 회사의 주식 상속, 자기주식 취득 후 이익소각으로 해결

Q

**가지급금이 남아 있는 회사의 주식 상속,
해결할 수 있는 방법이 있을까요?**

회사를 운영하면서 급하게 쓴 돈들이 쌓여 대표자 가지급금이 꽤 남아 있는 법인의 박준비입니다. 세무사님 도움을 받아 조금씩 정리하고는 있지만, 한편으로는 혹시라도 제가 갑작스럽게 사고나 질병으로 사망하게 되면 이 가지급금이 어떻게 되는지 걱정이 됩니다.

제 지분은 배우자와 자녀에게 상속될 텐데, 회사에 남아 있는 가지급금까지 가족들이 떠안게 되는 건 아닌지, 또 상속세 계산에서는 어떻게 처리되는지도 잘 모르겠습니다. 만약 상속인들이 가지급금을 승계하지 않으면 세금 문제가 더 커질 수도 있다고 들었고, 반대로 승계하면 인정이자 부담도 만만치 않다고 하더군요.

이런 경우 상속인들이 상속받은 주식을 활용해 가지급금을 정리할 수 있는 방법도 있다고 들었는데, 실제로 가능한 방법인지, 세금 부담은 얼마나 되는지 궁금합니다. 대표자 가지급금이 남아 있는 상태에서 상속이 발생하면, 가족들은 어떤 선택을 해야 하는 걸까요?

▶ 상속 이후에도 사라지지 않는 가지급금

대표자가 생전에 가지급금을 완전히 정리하지 못한 상태에서 사망하게 되면, 그 가지급금은 상속과 함께 사라지지 않는다. 오히려 상속 개시와 동시에 상속세·소득세·법인세가 교차하는 복합적인 세무 쟁점으로 전면에 드러나게 된다. 특히 법인의 주식과 가지급금이 동시에 승계되는 구조에서는, 상속인에게 예상치 못한 추가 세부담이 발생할 수 있어 사전적인 이해가 필요하다.

상속이 개시되면 피상속인이 보유하던 법인의 주식은 상속인에게 이전되고, 상속받은 주식은 상속개시일 현재의 시가를 기준으로 상속세가 계산된다. 비상장법인의 경우에는 통상 비상장주식 평가방법에 따라 산정한 가액이 시가로 인정된다.

이 과정에서 문제되는 것이 대표자 명의로 남아 있는 가지급금이다. 상속인들이 피상속인의 가지급금을 실제로 승계하여 채무로서 법인에 상환할 의무를 부담하는 경우, 해당 가지급금은 상속세 계산 시 피상속인의 채무로 인정되어 상속재산가액에서 공제될 수 있다. 다만, 이는 단순한 회계처리나 내부 약정만으로는 부족하고, 상속인이 실제로 가지급금을 부담하고 있다는 점이 객관적으로 입증되어야 한다(조심 2022전5628, 2023.3.20. ; 조심 2008서2448, 2009.3.30.). 또한 상속개시 전 1년 이내 2억 원, 2년 이내 5억 원 이상의 가지급금 부채에 대한 자금출처를 밝히지 못하는 경우에는, 해당 금액을 상속받은 것으로 추정하여 상속재산에 포함하여야 한다.

한편, 이 경우 상속인이 피상속인의 가지급금을 승계한 것이므로 피상속인의 사망에 따른 당장의 소득처분은 발생하지 아니한다.

 **상속인이 실제로 부담하는 피상속인의 가지급금을 상속 채무로 인정해 준 심판례**

조심 2022전5628, 2023.3.20.
법인의 피상속인에 대한 가지급금이 상속인이 실제 부담한 사실이 입증되는 경우 당해 가지급금은 피상속인의 채무로 공제받을 수 있다. 다만, 쟁점가지급금 중 일부는 실제 피상속인에게 귀속되었는지 여부가 명확히 확인되지 않으므로 재조사하여 경정함이 타당하다.

조심 2008서2448, 2009.3.30.
피상속인에 대한 쟁점가지급금 등이 상속인에게 인계되어 상속인들이 부담해야 될 채무라면 법인의 장부를 「상속세 및 증여세법」 제14조와 같은 법 시행령 제10조에서 규정하고 있는 채무를 확인할 수 있는 서류로 인정하여야 할 것으로 보이고, 쟁점가지급금 등을 피상속인의 채무로 인정하지 않으면서 법인의 주식 평가 시는 자산에 포함하는 것은 타당하지 않다.

▶ 가지급금을 승계하지 않을 경우 세무상 문제

그러나, 상속인이 가지급금을 승계하지 않는 경우에는 상속인은 상속으로 받은 재산의 한도 내에서 피상속인의 소득세를 납부할 의무를 진다.

법인의 대표자가 사망하여 특수관계가 소멸함에 따라 대표자에게 실지 귀속되는 가지급금 및 그 이자를 대표자에게 상여로 소득처분하는 경우, 소득처분 대상 금액만큼의 소득에 대한 피상속인의 소득세 납세의무가 성립하는 것이며 상속인은 상속으로 받은 재산의 한도에서 납부할 의무를 진다(소득세법 집행기준 2의 2-0-2).

한편, 법인이 대표자의 사망으로 특수관계가 소멸되는 날까지 회수하지 아니한 가지급금을 상여처분한 경우, 해당 법인은 그 처분되는 상여에 대한 소득세에 대해 원천징수하지 아니하므로(사전-2020-법령해석소득-0861, 2020.12.23.) 상속인이 직접 피상속인의 소득세를 신고·납부해야 한다.

이 과정에서 소득세를 피하려면 상속을 포기하는 상황에 이르게 되니 이와 같은 이유로 피상속인이 가지급금을 승계하는 문제를 결정하는 것은 상당한 주의가 필요하다.

대표자 사망에 따라 상여 처분된 가지급금에 대한 소득세 납세의무 및 원천징수의무에 대한 해석

기획재정부 조세정책과-855, 2024.4.30.

법인의 대표자(피상속인)가 사망하여 특수관계가 소멸함에 따라 대표자에게 실지 귀속되는 「법인세법」 제28조 제1항 제4호 나목에 따른 가지급금 및 그 이자를 같은 법 시행령 제106조 제1항에 따라 대표자에게 상여로 소득처분 하는 경우에, 소득처분 대상 금액만큼의 소득에 대한 피상속인의 소득세 납세의무가 성립하는 것임.

사전법령소득-0861, 2020.12.23.

내국법인이 대표자의 사망으로 특수관계가 소멸되는 날까지 회수하지 아니한 가지급금을 「법인세법」 제67조 및 같은 법 시행령 제106조에 따라 상여처분 한 경우, 해당 내국법인은 그 처분되는 상여에 대한 소득세에 대해 원천징수 하지 아니하는 것임.

▶️ 상속받은 주식을 활용한 이익소각으로 가지급금 해결

가지급금을 승계하지 않을 경우 해당 금액은 소득처분으로 이어져 추가적인 세부담이 발생하게 되므로, 대부분의 상속인은 본의 아니게 가지급금을 함께 승계하는 의사결정을 하게 된다. 그러나 가지급금을 승계하면 단순히 원금만을 상환하는 데 그치지 않고, 채무를 상환하는 날까지의 인정이자까지 부담해야 하므로 그 부담은 결코 가볍지 않다. 피상속인이 가지급금 문제로 어려움을 겪었다면, 상속이 개시되는 순간 상속인들 역시 동일한 문제를 떠안게 되는 구조가 된다.

이익소각은 상속인들이 상속받은 주식을 법인이 매입하여 소각하는 방식으로 이루어진다. 이때 법인이 자기주식을 매입하는 대가를 가지급금과 상계함으로써, 상속으로 승계된 가지급금을 실질적으로 상환하는 효과를 얻을 수 있다. 즉, 현금 유출 없이 주식 거래 구조를 통해 가지급금을 정리하는 방법이다.

자기주식을 매입하여 소각하는 경우 세법상 의제배당으로 보아 배당소득이 발생할 수 있다. 다만 상속으로 취득한 주식의 경우에는 상속 당시의 시가를 상속인의 주식 취득가액으로 보게 되므로, 소각 시점의 시가와 취득가액 간의 차이가 크지 않은 것이 일반적이다. 그 결과 의제배당으로 인한 배당소득이 크게 발생하지 않는 구조가 된다.

일반적인 자기주식 매입의 경우에는 주식 취득가액이 액면가액에 불과한 경우가 많아, 소각 시점의 시가와 취득가액의 차이가 상당히 커지게 된다. 이 경우 그 차액은 의제배당으로 보아 과세되므로 세부담이 크게 발생한다. 반면 상속으로 취득한 주식은 취득가액 자체가 상속 당시의 시가이므로, 소각 시점의 시가와 큰 차이가 발생하지 않아 상대적으로 세부담이 경감되는 효과가 있다.

액면가액 5천만 원의 법인이 자기주식을 매입할 당시 법인 지분의 60%에 해당하는 주식의 시가가 6억 원인 경우, 자기주식을 매입하여 소각하는 것과 상속으로 주식취득 후 소각목적으로 자기주식을 취득한 의제배당으로 인한 세금을 비교해 보면 상속으로 주식 취득 후 세금이 줄어드는 효과를 더 잘 이해할 수 있다.

상속 후 취득 유·무에 따른 자기주식 소각 시 과세표준

당초 자기주식을 매입하여 소각 (5.7억 원)
▸ 자기주식 매입 시가(6억 원) – 주식취득가액(3천만 원)

상속 후 취득에 따른 자기주식 매입 후 소각(0원)
▸ 자기주식 매입 시가(6억 원) – 상속받은 금액(6억 원)

상속을 원인으로 법인의 지분과 가지급금을 함께 승계하는 경우, 상속인은 상속세 납부 부담과 더불어 승계한 가지급금에 대한 인정이자 부담까지 함께 떠안게 된다. 따라서 가지급금을 조기에 상환함으로써 인정이자 발생 등 가지급금 보유로 인한 불이익을 최소화할 필요성이 크다.

법인의 지분 외에 상속받은 재산이 있는 경우 이를 현금화하여 가지급금을 상환하는 방법을 고려할 수 있으나, 상속세 납부 등으로 인해 자산을 처분하고도 가지급금 상환을 위한 충분한 현금성 자산을 확보하지 못하는 경우도 적지 않다.

이러한 상황에서 상속받은 주식을 법인이 취득하여 이익소각 하는 방식은 실무적으로 유효한 대안이 될 수 있다. 상속으로 취득한 주식은 상속 당시의 시가로 평가한 가액을 취득가액으로 보게 되므로, 상속 후 자기주식을 취득하여 소각하는 경우 취득가액과 소각 시점 시가 간의 차이가 크지 않아, 의제배당으로 인한 세부담은 미미한 수준에 그치게 된다.

다만, 이러한 방식이 세법상 인정되기 위해서는 자기주식 취득과 소각이 상법에서 정한 절차를 적법하고 유효하게 이행한 경우에 한정된다는 점에 주의가 필요하다. 자기주식 거래는 자본충실의 원칙과 주주평등의 원칙을 전제로 하여 엄격하게 판단되므로, 상법상 요건을 충족하지 못한 경우에는 세무상 효과 또한 부인될 수 있음을 유념해야 한다.

▶️ 상속 이전 동일법인 보유지분이 있는 경우

다만 상속받기 이전에 동일 법인에 대한 지분을 이미 보유하고 있던 경우에는, 자기주식 매입·소각 시 주식의 취득가액을 어떻게 산정할 것인지에 대한 별도의 검토가 필요하다. 상속으로 취득한 주식을 자기주식으로 매입하여 소각할 때 의제배당 금액이 미미하게 발생하는 이유는, 상속으로 취득한 주식의 취득가액이 상속 당시의 시가로 평가되어 소각 시점의 시가와 큰 차이가 발생하지 않기 때문이다.

이와 같은 효과는 상속으로 취득한 주식과 기존 보유주식을 명확히 구분할 수 있는 경우에 한하여 실질적으로 구현될 수 있다. 즉, 상속받은 주식을 특정하여 소각 대상으로 삼을 수 있어야만, 상속 당시 시가를 기준으로 한 취득가액이 적용되어 의제배당 금액을 최소화할 수 있다.

주식의 구분이 가능한 경우란, 상속일 이전에 주권을 발행하여 각 주식이 개별적으로 특정될 수 있는 상태를 말한다. 이 경우 상속으로 취득한 주식을 별도로 식별하여 자기주식으로 매입·소각하는 것이 가능하다.

　반면 주권이 발행되지 않아 상속으로 취득한 주식과 종전 보유주식이 구분되지 않는 경우에는 취득가액 산정 방식에 유의하여야 한다. 주식이 특정되지 않는 경우, 주식 양도 목적은 선입선출법에 따라 취득가액을 계산하게 되며, 자기주식 취득 후 소각과 같이 주식이 소멸되는 경우에는 총평균법에 따라 취득가액을 산정하게 된다.

　이 경우 종전부터 보유하던 취득가액이 낮은 주식과 상속으로 취득한 주식이 함께 평균화되어 취득가액이 희석되게 되고, 그 결과 소각 시점의 시가와 취득가액 간의 차이가 커지게 되어 의제배당에 따른 세 부담이 증가할 수 있다.

　따라서 상속을 전후하여 이익소각을 통한 가지급금 정리를 고려하는 경우에는, 사전에 주권을 발행하여 주식을 개별적으로 특정·관리할 수 있도록 준비하는 것이 중요하며, 이를 통해 상속으로 취득한 주식만을 대상으로 한 이익소각 구조를 구현할 수 있도록 하는 것이 바람직하다.

가지급금 죽이기 핵심전략

■ 사망으로 끝나지 않는 가지급금

대표자가 사망하더라도 가지급금은 상속과 함께 소멸하지 않는다. 상속이 개시되는 순간, 가지급금은 상속세·소득세·법인세가 동시에 문제되는 복합적인 세무 쟁점으로 전면화된다. 법인의 주식과 가지급금이 함께 승계되는 구조에서는, 상속인이 예상하지 못한 추가 세부담을 떠안게 될 가능성이 크다. 특히 가지급금을 실제로 승계하지 않는 경우에는 상속재산에는 포함되면서도 상속채무로는 공제되지 않는 불리한 결과가 발생할 수 있어 주의가 필요하다.

■ 가지급금 승계 여부에 따른 세부담 차이

상속인이 피상속인의 가지급금을 실제로 부담하는 경우에는, 해당 가지급금이 상속채무로 인정되어 상속세 계산 시 공제받을 수 있다. 반면 가지급금을 승계하지 않거나, 자금출처가 불분명한 경우에는 추정상속재산으로 보아 상속세 과세대상이 될 수 있으며, 대표자의 사망으로 특수관계가 소멸하면 상여처분에 따른 소득세 부담까지 추가로 발생할 수 있다. 결국 가지급금의 처리 방식은 상속세에 그치지 않고, 소득세 부담까지 좌우하는 핵심 요소로 작용한다.

■ 상속주식 이익소각을 통한 실무적 해법

상속으로 취득한 주식은 상속 당시의 시가가 취득가액이 되므로, 이를 법인이 매입하여 소각하는 경우 의제배당에 따른 세부담이 크지 않다.

Chapter

31

회사 정리 활용

청산 전에 법인지분을 양도하자

Q

회사가 없어지면, 남은 가지급금은 어떻게 될까?

작은 회사를 오래 운영해 온 김정리입니다. 회사를 하다 보니 여러 사정으로 가지급금이 남게 되었고, 세무사님 도움을 받아 급여나 상여, 배당 같은 방법들을 하나씩 검토해 왔습니다. 하지만 이제는 선택지가 거의 남지 않았다는 생각이 듭니다. 요즘은 사업을 계속해야 할지, 아니면 정리를 고민해야 할지 갈림길에 서 있는 느낌입니다.

그러다 문득 회사까지 정리하게 되면 남아 있는 가지급금은 어떻게 되는 걸까 하는 생각이 들었습니다. 예전에 회사가 폐업이나 청산을 하게 되면 그 시점에 남은 가지급금은 결국 대표자 소득으로 정리된다는 말을 들은 적이 있어 청산이라는 선택이 더 부담스럽게 느껴집니다.

그런데 회사를 정리하는 과정에서도 세금 부담을 조금이라도 줄일 수 있는 다른 방법이 있을 수 있다는 이야기를 들었습니다. 과연 그런 방법이 있는 것인지 궁금합니다. 청산을 앞두고 있는 시점에 가지급금 해결을 위해 도움이 될 수 있는 방법이 있을까요?

가지급금은 대표자가 회사를 운영하는 과정에서 불가피하게 남게 되는 경우가 많지만, 그 정리 방법은 회사의 존속 여부에 따라 전혀 다른 세무 결과를 가져온다. 급여·상여·배당·자기주식 취득 등 일반적으로 활용되는 방법을 모두 검토한 이후에는 결국 회사를 계속 유지할 것인지, 아니면 정리할 것인지의 문제로 귀결된다.

회사를 더 이상 유지하기 어렵다면 대표자는 보통 법인 청산을 떠올리게 된다. 그러나 청산은 가지급금을 '탕감'해 주는 절차가 아니라, 오히려 그동안 누적된 문제를 한꺼번에 세금으로 드러내는 계기가 될 수 있다. 특히 청산 시에는 가지급금과 별도로 의제배당소득 과세라는 또 다른 세무 문제가 발생한다는 점에서 청산은 가장 단순해 보이지만 가장 무거운 선택이 될 수 있다.

법인이 소멸할 때는 먼저 해산 등기를 하고, 잔여재산을 분배한 후 청산등기를 통해 법인격이 완전히 소멸한다. 이 과정에서 주주가 받아가는 해산대가가 해당 주식의 취득가액을 초과하는 경우, 그 초과분은 배당소득으로 간주된다.

> 해산 시 의제배당 = 해산대가 − 주식취득가액

이는 정기적인 이익배당을 받지 않고 법인 존속 기간 동안 이익을 유보하다가 청산 시 한꺼번에 회수하는 경우에도 형식만 다를 뿐 실질은 배당과 같다고 보기 때문이다. 예를 들어, 잔여재산분배액이 10억 원인 해산법인의 주식 100%를 보유한 1인 주주가 주식취득가액 5천만 원으로 해당 법인을 설립하였다면, 이 경우 9억 5천만 원 전액이 배당소득으로 간주되고, 이에 대해 6~45%의 배당소득세가 과세된다. 결국 법인을 통해 축적한 이익을 청산 시점에서 고율의 세금으로 정산하게 되는 구조다.

> 해산 시 의제배당(9.5억 원) = 해산대가(10억 원) – 주식취득가액(5천만 원)

▶ 청산 전 법인 지분 양도를 통한 가지급금 정리

청산 이전에 법인 지분을 양도하는 방식은 동일한 경제적 실질을 가지면서도 적용되는 세율에서 큰 차이를 만든다.

외부 투자자 또는 제3자가 법인의 주식 전부를 매입하는 방식으로 회사를 인수하는 경우, 대표자는 주식 양도대금을 통해 법인의 가지급금을 최종 상환할 수 있다. 이때 발생하는 소득은 배당소득이 아니라 비상장주식의 양도소득에 해당한다.

비상장주식 양도의 경우, 대주주 여부 및 중소기업 해당 여부에 따라 20~25%의 양도소득세율이 적용되며, 이는 청산 시 의제배당에 적용되는 6~45%의 배당소득세율과 비교할 때 현저히 낮은 수준이다.

앞선 사례로 예를 들면 잔여재산분배액이 10억 원이 있는 해산법인

의 주식 100%(주식취득가액 5천만 원)를 가진 1인 주주가 법인을 청산
하면서 10억 원의 해산대가가 산정되면 의제배당소득이 9.5억 원이
되고, 여기에 6~45%의 배당소득세를 내야 했지만, 양도 대금 10억
원에 주식을 양도할 경우에는 양도차익이 9.5억 원이 되고, 여기에 20
~25% 양도소득세를 내게 되니 같은 소득에 더 적은 세율을 적용하여
부담세액이 현저히 줄어들게 되는 것이다.

법인청산과 법인 지분 양도에 따른 가지급금 해결 시 세부담 차이

(단위: 원)

구분	청산 의제배당	법인 지분 양도	차이금액
가지급금	1,000,000,000	1,000,000,000	–
청산(양도)소득금액	950,000,000	950,000,000	–
세율	6~45%	20~25%	–
배당(양도)소득세*	361,560,000	225,500,000	136,060,000

* 각종 공제는 생략하기로 하며, 지방소득세는 별도로 한다.

법인을 매각하여 가지급금을 정리하는 방식은 현실적으로 모든 대표
자에게 가능한 선택지는 아니다. 그러나 적합한 매수자가 존재한다면,
이는 청산에 따른 의제배당 과세를 피하고, 상대적으로 낮은 세율의 양
도소득세 구조로 가지급금을 정리할 수 있는 의미 있는 대안이 될 수
있다.

또한 위 사례에서 가지급금과 청산소득금액이 동일하다고 가정하더
라도, 법인 지분을 양도 시 가지급금 상환 재원 외에 청산에 따른 양도
소득세를 추가로 부담해야 한다. 다만, 가지급금 상환에 필요한 금액과

양도소득세를 모두 감당할 수 있는 수준으로 법인 양도가액을 산정할 수 있다면, 법인 지분 양도는 가지급금을 상환하는 데 있어 그보다 더 나은 대안이 있을 수 없을 것이다.

결국 이 방법은 가지급금을 '없애는 기술'의 문제가 아니라, 사업의 출구를 어떻게 설계하느냐의 문제라고 볼 수 있다. 앞선 청산 방식과 비교해 보면, 같은 경제적 결과라도 어떤 절차를 선택하느냐에 따라 대표자가 부담해야 할 세금은 크게 달라질 수 있다.

▶▶ 법인 지분 양수 시 가지급금 승계 여부에 따른 세무상 차이

법인 지분 양수 과정에서 종전 주주에 대한 가지급금을 승계할 것인지 여부는 세무상 결과를 근본적으로 달라지게 만든다. 먼저 가지급금을 승계하는 경우에는, 주식 양도자와 양수자 사이에 채무인수에 관한 명확한 계약이 전제되어야 하며, 주식양도대가 역시 승계되는 가지급금을 반영하여 산정되어야 한다. 즉, 주식양도대가에서 승계되는 가지급금을 차감한 금액을 실제로 지급하고, 그 내용을 주식양수도계약서에 명시해야만 세무상 적법한 승계로 인정받을 수 있다. 이때 승계 대상에는 주식양도 시점까지 발생한 가지급금 원금뿐만 아니라 미수이자까지 포함되는지 여부도 명확히 해야 하며, 이에 따라 법인의 세무조정이 이루어져야 한다.

반면 가지급금을 승계하지 않는 경우에는 주식양도와 동시에 종전 주주는 법인과의 특수관계가 소멸하게 된다. 이 경우 주식양도 시점까지 회수되지 않은 가지급금과 미수이자는 종전 주주에 대한 상여로 소득처분 되어 종전 주주에게 소득세 부담이 발생한다. 특히 주의할 점은, 이 상여 처분에 대한 원천징수의무가 종전 주주가 아니라 법인에게 귀속된다는 점이다. 따라서 가지급금을 승계하지 않은 법인 지분 정리 시 법인의 원천징수에 대한 검토가 이루어지지 않을 경우, 주식양도 이후에 법인이 원천징수세액을 먼저 납부한 후 종전 주주를 상대로 세액 회수를 위한 법적 절차를 진행해야 하는 부담을 떠안게 될 수도 있는 것이다.

결국 가지급금을 승계하는 경우에는 거래 구조 설계와 계약 문구가 핵심 리스크 관리 포인트가 되는 반면, 승계하지 않는 경우에는 상여 처분과 원천징수 부담이 법인에 전가되는 구조적 위험이 발생한다. 따라서 법인 양수 단계에서 가지급금 승계 여부를 명확히 결정하고, 이에 맞는 주식양도대가 산정 및 계약서 작성, 세무조정 등을 선행하지 않는다면, 거래 완료 이후 법인과 주주 모두에게 예상치 못한 세무 부담이 발생할 수 있으니 법인 지분 양도를 활용한 가지급금 정리 시 주의가 필요하다.

가지급금 죽이기 핵심전략

■ 청산 시 해산대가는 '마지막 배당'

가지급금은 회사를 청산한다고 해서 사라지지 않는다. 오히려 청산 과정에서 그동안 유보된 이익이 드러나며 의제배당소득 과세라는 추가적인 세금 문제가 발생한다. 청산은 가장 단순한 선택처럼 보이지만, 결과적으로는 가장 무거운 세부담으로 이어질 수 있다.

법인을 청산하면서 주주가 받는 해산대가는 주식취득가액을 초과하는 부분에 대해 배당소득으로 간주된다. 이는 정기배당을 받지 않고 이익을 유보하다가 청산 시 일시에 회수하더라도 실질은 배당과 같다는 판단에 따른 것이다. 따라서 청산 시 발생하는 의제배당에는 6~45%의 배당소득세가 적용된다.

■ 출구를 바꾸면 세율이 달라진다.

청산 전에 법인 지분을 양도하여 그 대금으로 가지급금을 상환하는 방식은 동일한 경제적 결과에도 불구하고 적용 세율을 낮출 수 있다. 이 경우 소득은 배당이 아닌 비상장주식 양도소득으로 분류되어 20~25%의 양도소득세율이 적용된다. 결국 가지급금 문제는 없앨 수 있느냐가 아니라, 어떤 출구를 선택하느냐의 문제라고 할 수 있다.

■ 법인 지분 양수 시 가지급금 승계 여부에 따른 차이

법인 지분을 양수하는 과정에서 종전 주주의 가지급금을 승계할지 여부는 세무상 결과에 차이가 있다. 가지급금을 승계하는 경우에는 채무인수에 대한 명확한 계약을 전제로 주식양도대가에서 승계 금액을 차감하여 지급하고, 그 내용을 주식양수도계약서에 분명히 기재해야 하며, 주식양도 시점까지의 가지급금과 미수이자에 대한 처리도 함께 정리할 필요가 있다.

반대로 가지급금을 승계하지 않으면 주식양도와 동시에 특수관계가 소멸되어, 회수되지 않은 가지급금과 미수이자가 종전 주주에 대한 상여로 소득처분 되고 이에 대한 원천징수 부담이 법인에 남게 된다.

결국 법인 지분 양도를 활용해 가지급금을 정리하려는 경우에는, 승계 여부를 사전에 명확히 하고 이에 맞는 거래 구조와 계약, 세무 처리를 함께 설계하는 것이 중요하다.

Chapter

32

기업업무추진비 활용

더 큰 세무 리스크를 피하기 위한 채권 포기

Q

**가지급금을 기업업무추진비로 정리할 수 있다는데,
그게 맞는 선택일까요?**

작은 법인을 운영하고 있는 장회수입니다. 회사를 하다 보니 대표자 가지급금이 남게 되었고, 그동안 급여나 배당 등 여러 방법을 고민해 봤지만 현실적으로 더 이상 손댈 수 있는 여지가 거의 없는 상황입니다.

특히 제 경우에는 대표자가 사적으로 돈을 쓴 게 아니라, 거래 과정에서 어쩔 수 없이 회수하지 못한 금액이 장부상 가지급금으로 남아 있는 부분도 있습니다. 거래관계를 유지하려다 보니 끝내 받지 못한 돈을 계속 가지급금으로 안고 가게 된 셈입니다.

문제는 이 금액을 계속 가지급금으로 두면 인정이자나 소득처분 같은 세무상 불이익이 계속 누적된다는 점입니다. 최근 이와 관련하여 기업업무추진비로 처리해 가지급금을 정리하는 방법도 있다는 이야기를 들었습니다. 하지만 한편으로는 채권을 포기하면서까지 기업업무추진비로 처리하는 것이 과연 맞는 선택인지, 세무상으로 더 문제가 되지는 않는지 걱정도 됩니다.

회수하기 어려운 가지급금을 기업업무추진비로 정리하는 방식은 어떤 경우에 현실적인 대안이 될 수 있는지, 그리고 어디까지를 감수하고 판단해야 하는지 전문가의 조언을 듣고 싶습니다.

▶ 사업상 불가피하게 발생하는 가지급금

가지급금은 흔히 대표자가 법인 자금을 사적으로 사용한 결과로 이해되지만, 실무에서는 대표자의 의도와 무관하게 발생하는 가지급금도 적지 않다. 특히 거래 상대방의 우월적 지위나 왜곡된 거래 관행으로 인해 정상적인 회수 가능성이 없는 채권이 장부상 가지급금으로 남는 사례가 대표적이다.

예를 들어, 거래 상대방의 요구로 실제 거래금액보다 부풀려진 매입·매출 증빙이 오가는 과정에서 대금은 일부만 회수되고 그 차액이 외상매출금 또는 대표자 가지급금으로 남는 경우가 있다. 이러한 경우 사업자는 실제보다 과다한 매출에 대해 이미 세금을 부담했음에도 불구하고, 회수할 수 없는 금액을 계속 가지급금으로 떠안게 된다.

문제는 이러한 금액을 형식적으로나마 가지급금으로 계속 보유할 경우, 인정이자 계산, 소득처분, 지급이자 손금불산입 등 각종 세무상 불이익이 장기간 누적된다는 점이다.

▶▶ 채권 포기 시 대손금이 아닌 '기업업무추진비'

세법은 사업자가 약정에 따라 채권의 전부 또는 일부를 포기하는 경우, 이를 대손금으로 보지 아니하고 기부금 또는 기업업무추진비로 본다고 명확히 규정하고 있다. 즉, 정상적인 채권 회수 절차를 거치지 않고 사실상 거래관계 유지나 불가피한 사정으로 채권을 포기한 경우, 세법은 이를 손실이 아닌 지출 성격의 비용으로 평가하는 것이다.

이로 인해 채권을 포기하면서 이를 대손금으로 처리해 손금산입까지 기대하는 것은 세법상 허용되지 않는다. 다만, 회수 불가능한 채권을 계속 가지급금으로 장부에 남겨 두는 것보다는, 기업업무추진비로 처리하여 가지급금을 정리하는 것이 현실적인 차선책이 될 수 있다.

기업업무추진비로 처리할 경우 세무상 한도 적용이라는 제약은 존재하지만, 가지급금을 계속 보유함으로써 발생하는 인정이자·소득처분·불량자산 문제를 차단할 수 있다는 점에서 의미가 있다. 즉, 기업업무추진비 활용은 가지급금을 세무상 최적으로 없애는 방법은 아니지만, 세무상 최악의 상황을 피하기 위한 정리 방식으로 기능한다.

▶▶ 기업업무추진비를 활용한 가지급금 정리

기업업무추진비를 활용한 가지급금 정리는 세금 부담을 최소화하는 기법이라기보다는, 회수 불가능한 채권을 더 큰 세무 리스크로 키우지 않기 위한 정리 전략에 가깝다.

모든 가지급금을 정상적인 방법으로 회수하거나 완벽하게 손금 처리할 수는 없다. 그러나 세법이 허용하는 범위 내에서 기업업무추진비로 정리함으로써 장부에 남아 있는 가지급금의 부담을 끊어내는 것은 현실적인 선택이 될 수 있다. 결국 이 장에서 말하는 기업업무추진비 활용이란, 가지급금을 없애는 기술이 아니라 더 나쁜 선택을 피하기 위한 판단의 문제라고 할 수 있다.

가지급금 죽이기 핵심전략

■ 가지급금은 '대표자의 선택'에서만 생기지 않는다.

가지급금은 대표자의 사적 자금 사용으로만 발생한다고 오해되기 쉽지만, 실무에서는 거래 상대방의 우월적 지위나 왜곡된 거래 관행으로 인해 대표자의 의도와 무관하게 발생하는 경우도 적지 않다. 회수 가능성이 없는 채권이 장부상 가지급금으로 남게 되면, 사업자는 이미 세금을 낸 소득 위에 또 다른 세무 부담을 떠안게 된다.

■ 채권 포기는 '대손'이 아니다.

세법은 약정에 따라 채권을 포기한 경우, 이를 대손금이 아닌 기부금 또는 기업업무추진비로 보도록 규정하고 있다. 즉, 채권 포기 시에는 회수 불가능한 채권이라 하더라도 손실로 인정받아 손금산입까지 기대하는 것은 허용되지 않는다. 결국 선택지는 가지급금을 계속 안고 가느냐, 아니면 비용 성격으로 정리하느냐의 문제로 좁혀진다.

■ 기업업무추진비 활용은 절세가 아니라 '리스크 차단'

기업업무추진비로 가지급금을 정리하는 방식은 세금을 줄이는 기법이라기보다 더 큰 세무 리스크를 막기 위한 현실적인 정리 전략이다. 비록 기업업무추진비 한도라는 제약은 존재하지만, 인정이자·소득처분·불량자산 문제를 계속 떠안는 것보다는 장부상 부담을 끊어내는 효과가 있다. 즉, 기업업무추진비 활용이란, 가지급금을 없애는 기술이 아니라 최악의 선택을 피하기 위한 판단에 가깝다.

PART 5

가지급금 죽이기 핵심전략을 마치며

Chapter 33. 뭐든지 알아보고 하세요

Chapter 33

뭐든지 알아보고 하세요

업무무관 가지급금이란, 명칭 여하에 관계없이 해당 법인의 업무와 관련이 없는 자금의 대여액을 말한다. 그런데 법인이 특수관계 있는 개인 또는 법인에게 업무무관 가지급금을 대여한 경우에는 그 대여액에 이자를 받을 것을 규정하고, 이자를 받지 않는 경우 특수관계인이 이자만큼의 소득을 얻은 것으로 간주하며, 더 나아가 대출금이 있는 법인이 업무무관 가지급금을 지급한 경우에는 해당 대출금의 이자비용을 세무상 경비에서 제외한다.

이처럼 업무무관 가지급금은 그 자체로 법인과 특수관계자 모두에게 세무상 불이익을 발생시키는 구조를 가지고 있음에도, 최근에는 세무사 자격증을 보유하지 않은 비전문가들이 '경영컨설팅'이라는 명분을 내세워 중소법인사업자를 대상으로 영업활동을 하는 사례가 적지 않게 나타나고 있다. 이들은 법인에 가지급금이 존재한다는 점을 문제 삼아, 마치 단기간에 손쉽게 해결할 수 있는 사안인 것처럼 접근하는 경우가 많다.

그러나 가지급금은 단순히 장부상 정리의 문제가 아니다. 그 발생 원인과 유지 기간, 해소 방식에 따라 법인세와 대표자 개인의 소득세는 물론, 향후 상속·증여 단계에서까지 과세 문제가 연쇄적으로 이어질 수 있는 고도의 세무 전문 영역에 해당한다. 특히 급여·퇴직금·배당·자산거래 등 다양한 제도를 활용하는 과정에서 거래의 실질이 뒷받침되지 않는다면, 형식만 갖춘 정리 구조는 과세관청에 의해 부인되거나 추가 과세로 이어질 위험도 내포하고 있다.

그럼에도 불구하고 일부 비전문가에 의한 경영컨설팅 영업에서는 이러한 세무상 위험이나 사후관리 문제에 대한 충분한 설명 없이, 외형상

'가지급금이 정리된 것처럼 보이는 구조'만을 제시하는 데 그치는 경우가 있다. 그러나 업무무관 가지급금은 단기간에 형식적으로 처리할 사안이 아니라, 법인의 재무구조와 대표자의 중·장기적인 세부담을 종합적으로 고려한 계획적 접근이 요구되는 문제라는 점을 간과해서는 안 된다.

이제부터는 중소법인들이 왜 가지급금을 반드시 정리해야 한다고 인식하게 되었는지 그 근본적인 배경을 먼저 살펴보고, 이어서 세법과 실무에 기초한 합리적인 가지급금 정리의 핵심 전략을 차례로 살펴보고자 한다.

▶▶ 가지급금에 뒤통수 맞은 사연

법인이 특수관계인에게 업무와 관련 없는 가지급금을 대여하면, 다음의 세무상·법률상 규제가 있다.

1. 가지급금 인정이자에 대한 법인세 증가

가지급금이 있는 법인은 약정에 의한 이자수익 또는 당좌대출이자율과 가중평균차입이자율 중 선택한 이율에 따라 계산한 인정이자수익에 따라 법인세가 증가하게 된다.

2. 소득처분에 의한 소득세 증가

법인이 특수관계인에게 금전을 무상 또는 낮은 이율로 대부한 경우, 다음과 같이 계산한 인정이자와 회사가 계상한 이자와의 차이를 익금산입하고 귀속자에 따라 소득처분하여야 한다. 따라서 소득처분에 따른 소득세가 증가하는 부담이 있다.

> 인정이자 = 가지급금 등의 적수 × 이자율 × 1/365(윤년의 경우 1/366)

3. 가지급금에 대응하는 지급이자 손금불산입

지급이자는 순자산 감소의 원인이 되는 손비로서 손금산입 항목이나, 업무무관자산 및 업무무관 가지급금에 대한 지급이자는 손금불산입하고 기타사외유출 처분한다. 이는 법인이 대출을 받아 가지급금으로 사용하고 대출이자 상당액을 비용처리 하는 행위를 규제하기 위함이다.

4. 대손충당금 설정채권 제외, 대손금 채권 제외

내국법인이 보유하고 있는 특수관계인에게 업무와 관련 없이 지급한 가지급금 등에 대하여는 대손충당금을 설정할 수 없고 채무자의 무재산 등으로 회수할 수 없는 경우에도 이를 손금에 산입할 수 없으며, 그 처분손실도 손금에 산입하지 아니한다.

5. 기업진단 등 기업자산평가 시 자산성 부인

기업진단 등 기업자산평가 시 일반적으로 특수관계자에 대한 가지급금 및 대여금은 부실자산으로 본다.

6. 가지급금에 대한 대표이사의 횡령·배임 리스크

대표이사가 이사회 결의나 명확한 이자·변제 약정 없이 회사 자금을 가지급금 명목으로 인출·사용한 경우, 업무상 횡령 또는 배임죄가 성립할 수 있다.

▶▶ 가지급금 죽이기 핵심전략

위와 같은 가지급금의 폐해로 인해 중소기업은 가지급금을 효과적으로 탕감할 수 있는 것을 꿈꾼다. 그리고 시중에서 제시하는 가지급금 해소방안은 대략 다음과 같다.

> 1. 가지급금 증가 원인 제거
> 2. 가지급금의 분류
> 3. CEO 급여소득의 극대화
> 4. 퇴직금 중간정산 활용
> 5. 배당의 활용, 특히 초과배당의 활용
> 6. 직무발명보상제도의 활용
> 7. 개인 소유 산업재산권 등의 양도와 대여 활용
> 8. 개인사업의 법인전환 시 영업권 활용
> 9. 개인 소유 부동산 또는 동산의 양도 활용
> 10. 자기주식 거래 활용
> 11. 배우자로부터 증여받은 주식 활용
> 12. 상속으로 취득한 주식 활용
> 13. 회사정리 활용
> 14. 기업업무추진비 활용

1. 가지급금 증가 원인 제거

가지급금 문제를 해결하기에 앞서, 우선 그 추가 발생 원인을 정확히 파악하고 사전에 차단하는 것이 무엇보다 중요하다. 대부분의 가지급금은 대표자나 특수관계인이 개인적인 용도로 법인 자금을 사용하면서 이를 급여·배당 등 정상적인 소득으로 처리하지 않은 데서 발생한다.

따라서 법인 자금의 개인적 사용은 급여·상여·배당 등 정식 소득 구조로 전환하여 소득 귀속을 명확히 해야 한다. 이는 세무상 리스크를 줄이고 법인의 자금 흐름을 투명하게 관리하는 데 도움이 된다. 또한 거래수수료가 발생하는 업종의 경우, 이를 방치하지 않고 필요경비가 인정되는 기타소득인 일시적 인적용역으로 처리하면 가지급금 누적을 예방할 수 있다. 그리고 실질은 전기의 비용에 해당하나 잉여금을 누적시킨 경우에는 전기오류수정손실을 통해 가지급금을 해결할 수 있다.

또한 가지급금의 세부담을 관리할 필요가 있다. 가지급금 인정이자율을 법인의 차입 구조에 맞게 전략적으로 선택 관리는 사후 정리보다 발생 원인을 통제하는 사전 전략이 핵심이다.

2. 가지급금의 분류

가지급금은 발생 사실보다 어떻게 분류되느냐에 따라 세금 부담이 크게 달라진다. 업무무관 가지급금으로 판단되면 인정이자 익금산입은 물론, 지급이자 손금불산입, 대손금·대손충당금 및 처분손실 불인정 등 중첩적인 세무상 불이익이 뒤따른다. 반면 자금의 사용 목적과 성격이 객관적으로 입증되어 업무관련 가지급금으로 인정되면, 인정이자 익금산입 외의 불이익은 적용되지 않는다.

업무관련성 판단의 핵심은 자금이 법인의 목적사업과 실질적으로 관련되어 사용되었는지 여부이다. 단순한 회계처리나 내부 판단만으로는 부족하며, 법인등기부등본상 목적사업, 실제 영업활동, 관련 증빙과 판례에 비추어 객관성이 확보되어야 한다. 특히 판례는 적정 이자율을 적용했더라도 목적사업과 무관하다면 업무무관 가지급금으로 본다는 점을 분명히 하고 있다.

아울러 가지급금 관리에서는 특수관계 성립 시점의 구분이 매우 중요하다. 2021.1.1. 이후 대여분부터는 특수관계 판단 기준이 '대여시점'으로 변경되어, 대여 당시 특수관계에 있었다면 이후 관계가 해소되더라도 대손금 손금산입이 불가능하다. 반면 2021.1.1. 이전 대여분은 '대손시점'을 기준으로 판단하므로, 대손 발생 시점에 특수관계가 해소되었다면 손금산입을 통한 가지급금 정리가 가능하다.

3. CEO 급여소득의 극대화

CEO 급여소득을 높여 가지급금을 상환하는 방식은 그동안 통상적으로 활용되어 왔으나, 급여 인상에 따라 근로소득세의 누진세율 부담과 건강보험료 부담이 동시에 증가한다는 구조적 한계가 있다. 이로 인해 고율의 세부담을 감수하며 단기간에 급여소득을 극대화하는 방식은 현실성이 낮고, 점진적인 인상 외에는 선택지가 제한되어 가지급금의 전부 또는 상당 부분을 해소하는 수단으로 활용하기에는 한계가 분명하다.

또한 임원의 퇴직금은 '퇴직 전 3년간 평균급여 × 10% × 근속연수 × 지급배수'라는 산식을 사용하며 산정되므로 급여 인상을 통해 장기적으로 퇴직금을 크게 늘리는 데에도 제한이 있다. 이러한 한계를 보완하기 위해서는 급여와 퇴직금을 적절히 조합한 전략적 접근이 필요하다. 즉, 급여는 세법상 정당성 범위 내에서 관리하고, 퇴직금은 사전에 정관을 정비하고 세법상 한도를 검토한 후 계획적으로 활용함으로써, 급여 대비 낮은 퇴직소득세 구조를 통해 전체 세부담을 완화하는 방식이 보다 합리적인 가지급금 정리 전략이라 할 수 있다.

4. 퇴직금 중간정산 활용

과거에는 임원의 연봉제 전환에 따른 퇴직금 중간정산이 가능하여 이를 활용한 가지급금 상환이 이루어지기도 했다. 그러나 이 제도는 2015년 말로 종료되었으며, 현재는 법에서 정한 정당한 사유가 있거나 현실적인 퇴직이 발생한 경우를 제외하고는 퇴직금 정산을 통한 가지급금 상환이 사실상 어렵다.

법정퇴사 후 고문 취임 등의 형식을 통해 퇴직금을 지급하려는 시도도 있으나, 세법은 명칭과 형식이 아닌 실질적으로 임원 직무에 종사하는지 여부를 기준으로 판단한다. 따라서 퇴사 후에도 사실상 임원으로 활동한다면 이는 퇴직으로 인정되지 않으며, 해당 퇴직금은 손금으로 인정받기 어렵다.

임원퇴직금이 손금으로 인정되기 위해서는 실질적인 퇴직과 사전에 마련된 정관 규정이 전제되어야 한다. 직위 변경이나 퇴직 직전 급여 인상 등 형식적 조치는 퇴직으로 보지 않으며, 이를 기초로 산정된 퇴직금 역시 손금불산입 대상이 된다. 가지급금 정리 수단으로 활용할 경우 사전 규정과 실질 요건에 대한 면밀한 검토가 필수적이다.

5. 배당활용, 특히 초과배당의 활용

꾸준한 정기배당이나 중간배당을 통해 주주에게 안정적인 자금을 제공하고, 이를 활용해 가지급금을 상환하는 방식은 전통적으로 활용되어 왔다. 다만 배당을 통한 상환이 실효성을 가지려면, 배당소득세 부담이 상여 등 다른 소득 형태보다 낮아야 한다는 전제가 따른다. 일반적으로 배당금은 종합소득세 실효세율이 배당소득 원천징수세율(14%)을 크게 초과하지 않는 범위에서 결정되며, 이로 인해 배당을 통한 가지급금 상환에는 금액상 한계가 존재한다.

배당소득세의 실효세율이 높아질수록 배당 자체를 기피하는 경향이 나타나기 때문에, 배당은 가지급금 상환 재원으로서 일정 부분 유효할 뿐, 상당한 규모의 가지급금을 해소하기 위한 수단으로 활용하기에는 한계가 분명하다.

이러한 한계를 보완하기 위한 방안으로 주주 간 초과배당이 거론되기도 한다. 초과배당은 증여세 부담 없이 배우자나 자녀에게 부를 이전하는 수단으로는 활용될 수 있으나, 가지급금 상환 재원을 직접 마련하는 수단으로는 적합하지 않다. 특히 배당을 포기하거나 과소배당한 주주가 존재하는 경우, 초과배당을 받은 주주에게는 소득세뿐 아니라 증여세까지 과세되는 구조가 발생할 수 있으며, 법인주주의 경우 부당행위계산부인 적용 가능성도 있다.

배당포기(또는 과소배당) 주주	초과배당 받은 주주
– 개인주주 : 과세하지 않음 – 법인주주 : 부당행위계산부인 적용	– 배당에 대한 소득세 과세 – 초과배당 받은 주주가 포기·과소 배당한 주주로부터 증여받은 것으로 보아 증여세와 소득세 모두 과세 (소득세 상당액을 반영한 증여세 신고·납부 후 실제 소득세액으로 정산)

더욱이 가족회사가 아닌 경우에는 주주 간 이해관계 충돌로 인해 초과배당이 현실적으로 어려운 경우가 많다. 주주가 이의를 제기할 경우 초과배당은 상대적 무효 문제가 발생할 수 있어 법적 리스크도 존재한다.

이러한 상황에서는 초과배당보다는 배우자 증여재산공제(현행 6억 원) 등을 활용해 주식을 사전에 분산시키고, 이후 배당소득이 자연스럽게 분산되도록 유도하는 방식이 보다 현실적인 대안이 될 수 있다.

6. 직무발명보상제도의 활용

발명진흥법에 따라 종업원 등은 직무발명에 대한 특허권 등을 사용자에게 승계하거나 전용실시권으로 설정한 경우 정당한 보상을 받을 수 있으며, 이를 직무발명보상금이라 한다. 세법은 회사가 지급하는 직무발명보상금을 손비로 인정하고 연구·인력개발비 세액공제 대상에도 포함시키고 있다.

과거에는 직무발명보상금이 전액 비과세되어, 이를 고액으로 설정해 임·직원의 가지급금을 변제하는 수단으로 활용하려는 시도가 있었다. 그러나 제도 개편으로 비과세 한도가 대폭 축소되었고, 통상적인 보상 수준 역시 낮아 현재는 일반기업이 직무발명보상금을 통해 가지급금을 대규모로 정리하는 것은 현실적으로 어렵다.

또한 대표이사의 경우 경영·영업이 본래의 직무에 해당하므로 직무발명은 인정되지 않고, 업무발명만 제한적으로 인정된다. 직무발명보상금은 재직 중 지급 시 근로소득, 퇴직 후 지급 시 기타소득으로 구분되며, 기타소득의 경우 60%의 필요경비가 인정된다. 다만 법인과 특수관계에 있는 자가 받는 보상금에는 비과세 혜택이 적용되지 않는다.

결국 직무발명보상제도는 과거와 같은 절세·가지급금 정리 수단으로 활용하기에는 한계가 크며, 실효세율이 낮은 경우 등에 한해 보조적 수단으로 제한적으로 검토할 필요가 있다.

7. 개인 소유 산업재산권 등의 양도와 대여 활용

임원이나 임·직원이 개인 명의로 보유한 산업재산권을 법인에 양도하거나 대여하면, 그 대가로 자금을 확보할 수 있다. 특히 개인의 산업재산권 양도·대여 대가는 기타소득으로 과세되는 경우가 많아, 수입금액의 60%를 필요경비로 공제받을 수 있다는 점에서 급여나 사업소득에 비해 실효세율이 낮은 구조를 가진다. 법인 역시 해당 산업재산권을 취득하거나 사용함으로써 감가상각비 또는 사용료로 비용 처리할 수 있는 장점이 있다.

다만 이러한 방식이 가지급금 상환이나 절세 수단으로 활용되기 위해서는 몇 가지 전제가 필요하다. 우선 해당 지적재산권이 형식이 아닌 실질적으로 개인 소유임이 입증되어야 하며, 개발·유지 비용을 개인이 부담했는지가 중요하다. 법인의 인력이나 연구시설, 비용이 투입된 경우에는 개인 소유 자산으로 인정받기 어렵다.

또한 지적재산권의 활용 성패는 객관적인 가치 평가에 달려 있다. 무형자산인 산업재산권은 감정평가를 통해 시가가 입증되어야 하며, 평가 없이 임의로 산정한 금액이나 과도한 고가 평가는 부당행위계산 부인의 위험이 있다.

결국 개인 소유 산업재산권의 양도나 대여는 요건을 충족할 경우 유용한 수단이 될 수 있으나, 실질과 평가를 갖춘 경우에 한해 제한적으로 활용해야 할 전략이라 할 수 있다.

8. 개인사업의 법인전환 시 영업권 활용

개인사업자가 법인으로 전환할 때 영업권은 자동으로 인정되는 금액이 아니라, 반드시 합리적이고 객관적인 평가를 통해 산정되어야 하는 자산이다. 세법은 과거 일정 기간의 수익 실적을 기초로 초과수익을 계산하고 이를 현재가치로 환산하는 방식으로 영업권 가액을 산정하도록 하고 있으며, 실무에서는 세법상 계산 방식이나 감정평가사의 수익환원법을 활용해 가액을 확정한다. 따라서 영업권은 단순한 절세 수단이 아니라, 평가를 전제로 한 자산으로 접근해야 한다.

또한 영업권의 가치는 법인전환 시점에 따라 크게 달라진다. 영업권 평가는 과거 수익 실적을 기준으로 산정되므로, 개인사업의 수익성이 높을 때 법인전환을 검토할수록 영업권 가액도 유리하게 형성된다. 반대로 수익이 감소한 이후에는 동일한 사업이라 하더라도 영업권 가액이 낮아질 수밖에 없다. 결국 영업권을 활용한 법인전환 전략의 핵심은 기법이 아니라, 수익성과 타이밍을 고려한 전환 시점의 선택이라 할 수 있다.

9. 개인 소유 부동산 또는 동산의 양도 활용

임원 개인 명의의 보험, 차량, 수익형 부동산, 회원권 등 환금성이 낮은 자산이 있는 경우, 이를 시가에 따라 법인에 유상양도 함으로써 가지급금 상환에 필요한 자금을 확보할 수 있다. 특히 양도 후에도 임차나 사용 형태로 계속 활용할 수 있어, 자산의 사용수익을 유지하면서 자금 유동성을 확보할 수 있다는 장점이 있다.

다만 이러한 방식은 세금이 확정적으로 발생하는 구조라는 점에 유의해야 한다. 개인에게는 양도소득세가, 법인에는 취득세가 각각 발생하며, 보유기간이나 공제 요건에 따라 개인의 세부담이 크게 달라질 수 있다. 또한 대표자와 법인 간 거래는 특수관계자 거래에 해당하므로, 시가를 초과한 고가 매각은 부당행위계산 부인의 위험을 초래할 수 있어 객관적인 시가 산정이 필수적이다.

한편 상장주식을 법인에 양도하는 경우에는 거래소 매각과 달리 장외거래로 보아 양도소득세가 과세될 수 있으므로, 대주주 여부와 거래 방식을 반드시 검토해야 한다. 결국 개인 자산의 양도는 자금 확보에는 효과적이지만, 세금 부담과 거래 구조를 함께 고려한 신중한 접근이 필요한 방법이라 할 수 있다.

10. 자기주식 거래 활용

상법 개정으로 비상장법인도 특정 사유 없이 자기주식 취득이 가능해지면서, 자기주식 거래의 활용 범위는 제도적으로 확대되었다. 그러나 이러한 제도 변화가 곧바로 대표자가 자기주식을 법인에 양도하여 그 대가로 가지급금을 상환할 수 있는 수단으로 이어지는 것은 아니다. 세법과 판례는 자기주식 취득이 주식소각, 경영권 안정, 외부투자 유치 등 합리적인 경영상 목적에 기초한 경우에 한해 정상적인 자본거래로 인정하고 있으며, 법인 자금을 회수하기 위한 수단으로 판단될 경우에는 업무무관 가지급금으로 보아 과세상 불이익을 부과한다.

자기주식 취득은 취득 목적과 이후 처리 방식에 따라 과세 구조가 본질적으로 달라진다. 외부에 다시 양도하는 것을 전제로 한 양도 목적의 취득은 주식 양도소득세 과세 대상이 되는 반면, 소각 목적의 취득은 의제배당으로 보아 배당소득세가 과세된다. 이처럼 동일한 자기주식 거래라 하더라도 양도인지 소각인지에 따라 세부담은 크게 달라진다.

한편, 대법원은 자기주식 취득 과정에서 일부 상법상 절차가 누락되었다는 사정만으로 곧바로 거래를 무효로 볼 수는 없으며, 전체 주주에게 공정한 기회가 부여되었는지, 취득 목적이 정당한지, 가격 산정이 객관적인지 등을 종합적으로 고려해야 한다는 입장을 밝혔다. 이는 상법상 절차를 형식적으로 완화했다기보다는, 자기주식 취득이 대표자의 자금 회수 수단이 아닌 실질적인 경영상 판단에 기초한 거래인지 여부를 중심으로 판단하겠다는 방향 전환으로 이해하는 것이 타당하다.

결국 자기주식 거래의 핵심은 형식적인 절차 이행 여부에만 있지 않다. 취득 목적의 명확성, 거래 구조의 객관성, 주주 간 형평성이 함께 갖추어져야만 법률·세무상 리스크를 최소화할 수 있으며, 이러한 요건을 충족한 경우에 한하여 가지급금 정리수단으로 활용될 수 있다.

11. 배우자로부터 증여받은 주식 활용

배우자에게 6억 원 이하로 주식을 증여하면 증여세 부담 없이 취득가액이 시가로 형성된다. 이후 배우자가 보유한 주식을 법인이 자기주식으로 취득하여 소각하는 경우, 소각대가와 취득가액이 같아져 의제배당 과세가 발생하지 않거나 크게 줄어드는 효과가 나타날 수 있다. 동일한 자기주식 소각이라 하더라도, 사전에 배우자 증여가 이루어졌는지 여부에 따라 세부담이 크게 달라질 수 있다.

다만 배우자 증여 후 이루어지는 자기주식 거래가 항상 세법상 그대로 인정되는 것은 아니다. 증여 직후 주식이 법인에 양도되거나 자기주식으로 취득·소각되고, 그 대금이 대표자의 가지급금 변제나 자금 회수에 사용되는 경우에는, 과세관청이 거래의 형식이 아닌 실질을 기준으로 과세관계를 재구성할 수 있다. 이 경우 주식 명의가 배우자에게 있더라도, 경제적 이익이 실질적으로 대표자에게 귀속되었다면 과세기준은 다시 대표자에게 돌아갈 수 있다.

결국 배우자로부터 증여받은 주식을 활용한 자기주식 거래의 성패는 증여의 형식이나 공제 적용 여부가 아니라, 거래 결과 발생한 경제적 이익이 누구에게 귀속되었는지에 달려 있다. 증여 이후 배우자가 주식을 실질적으로 보유·처분하고, 그에 따른 경제적 효과와 위험을 부담한 경우에 한해, 증여와 자기주식 거래는 각각 독립된 거래로 인정될 수 있다.

12. 상속으로 취득한 주식 활용

대표자가 사망하더라도 가지급금은 소멸하지 않으며, 상속 개시와 동시에 상속세·소득세·법인세가 함께 문제되는 복합적인 세무 쟁점으로 전면화된다. 특히 가지급금을 실제로 승계하지 않는 경우에는 상속재산에는 포함되면서도 상속채무로 공제받지 못하는 불리한 결과가 발생할 수 있어 주의가 필요하다.

상속인이 가지급금을 실질적으로 승계하면 상속채무로 인정되지만 승계 여부가 불명확하면 상여처분에 따른 소득세 부담까지 이어질 수 있다. 결국 가지급금의 처리 방식은 상속 이후 세부담을 좌우하는 핵심 요소다.

실무적으로는 상속으로 취득한 주식을 법인이 매입하여 소각하고, 그 대가를 가지급금과 상계하는 방식을 검토할 수 있다. 상속주식은 상속 당시 시가가 취득가액이 되므로 의제배당 부담이 크지 않으며, 현금 유출 없이 가지급금을 정리할 수 있다. 다만 상법상 자기주식 취득·소각 절차의 적법한 이행과, 상속주식과 기존 주식의 명확한 구분이 전제되어야 한다.

13. 회사정리 활용

가지급금은 회사를 청산한다고 해서 사라지지 않는다. 오히려 청산 과정에서 유보되어 있던 이익이 한꺼번에 드러나면서, 해산대가에 대한 의제배당 과세라는 추가적인 세부담이 발생한다. 청산 시 주주가 받는 해산대가는 주식취득가액을 초과하는 부분에 대해 배당소득으로 간주되며, 이에 따라 6~45%의 누진세율이 적용된다. 겉으로는 단순해 보이는 청산이 실제로는 가장 무거운 세부담으로 이어질 수 있는 이유다.

반면 청산에 앞서 법인 지분을 양도하고, 그 대금으로 가지급금을 상환하는 방식은 동일한 경제적 효과에도 불구하고 과세 구조를 달리할 수 있다. 이 경우 소득은 배당이 아닌 비상장주식 양도소득으로 분류되어 20~25%의 양도소득세율이 적용된다. 결국 가지급금 문제는 단순히 정리 여부의 문제가 아니라, 어떤 방식으로 회사를 정리하느냐, 즉 출구 전략의 선택에 따라 세부담이 달라지는 문제라 할 수 있다.

14. 기업업무추진비 활용

가지급금은 대표자의 사적 자금 사용뿐 아니라, 거래 관행이나 상대방의 우월적 지위로 인해 사업상 불가피하게 발생하는 경우도 적지 않다. 특히 회수 가능성이 없는 채권이 가지급금으로 남아 있을 경우, 이미 과세된 소득 위에 인정이자와 소득처분 등 추가적인 세부담이 장기간 누적될 수 있다.

세법은 약정에 따라 채권을 포기한 경우 이를 대손금으로 인정하지 않고 기업업무추진비 또는 기부금으로 보도록 규정하고 있다. 따라서 회수 불가능하다는 이유만으로 손금산입을 기대하기는 어렵고, 현실적인 선택지는 가지급금을 계속 보유할 것인지, 아니면 비용 성격으로 정리할 것인지로 한정된다.

이러한 맥락에서 기업업무추진비 활용은 절세 수단이라기보다, 가지급금을 장부상 불량자산으로 방치함으로써 발생할 수 있는 더 큰 세무 리스크를 차단하기 위한 정리 전략에 가깝다. 기업업무추진비 한도의 제약은 존재하지만, 추가적인 세무상 불이익을 막는 현실적인 판단이 될 수 있다.

▶▶ 가지급금 죽이기 핵심전략을 마치며

가지급금은 단순히 장부에 남아 있는 숫자가 아니다. 그것은 법인의 재무구조, 대표자의 소득 구조, 나아가 상속·증여 단계까지 연결되는 복합적인 세무 리스크의 출발점이다. 특히 업무무관 가지급금은 인정이자, 소득처분, 손금불산입, 자산성 부인 등 중첩적인 불이익을 수반하며, 시간이 지날수록 그 부담은 기하급수적으로 커진다.

그럼에도 불구하고 실무에서는 "가지급금을 없애준다"는 단편적인 해결책이나, 형식만 갖춘 구조가 마치 만능 해법인 것처럼 제시되는 경우가 적지 않다. 그러나 앞에서 살펴본 것처럼 가지급금 정리는 급여·퇴직금·배당·자산거래·자기주식·상속·청산 등 각 제도의 세법상 성격과 한계를 정확히 이해하지 못하면 오히려 더 큰 과세로 되돌아오는 영역이다. 가지급금은 없앨 수 있느냐의 문제가 아니라, 어떤 방식으로, 어떤 시점에, 어떤 세목으로 정리하느냐의 문제이기 때문이다.

이 책에서 정리한 핵심 전략은 모두 "합법적으로 가능할 수 있는 선택지"이지, 모든 법인에 일률적으로 적용되는 해법은 아니다. 같은 가지급금이라 하더라도 발생원인, 금액 규모, 특수관계의 성립 시점, 법인의 재무 상태, 대표자의 연령과 향후 승계 계획에 따라 정답은 전혀 달라질 수 있다. 특히 거래의 실질이 뒷받침되지 않은 구조는 세무조사 단계에서 언제든지 부인될 수 있으며, 그 책임은 고스란히 납세자에게 돌아온다.

따라서 가지급금 문제는 단기간에 결론을 내릴 사안이 아니라, 세무 전문가와의 충분한 상담을 통해 중·장기적 관점에서 설계해야 할 과제다. 세법과 판례, 실무 경험을 종합적으로 고려할 수 있는 전문가의 개입 없이 진행되는 가지급금 정리는, 해결이 아니라 또 다른 위험의 시작이 될 수 있다.

가지급금은 숨기거나 미루는 대상이 아니라, 제대로 이해하고 관리해야 할 경영의 일부다. 이 책이 그 출발점이 되기를 바라며, 최종적인 실행 단계에서는 반드시 신뢰할 수 있는 세무 전문가와 함께 신중하게 접근하기를 권한다.

부록

비상장주식의 유상거래 시 세무상 문제

- 주식거래 시 참고하기 -

'가지급금 죽이기 핵심전략'에서 다루는 자기주식 양도를 포함하여 법인의 주식을 특수관계인간 또는 非특수관계인간 양도하면서 시가가 아닌, 저가 또는 고가로 양도하는 경우 주식 양도소득세뿐만 아니라 여러 가지 세무상 문제들이 발생하게 된다. 이에 업무에 참고하라고 상황별로 정리 해본다.

▶▶ 특수관계인간 비상장주식을 시가보다 저가로 매매한 경우

1. 개인 → 개인

① 양도자

소득세법상 양도소득세에 대한 부당행위계산부인 규정에 의하여 특수관계인에게 저가 양도한 경우 시가에 의해 양도한 것으로 보아 양도소득 금액을 계산하여 과세한다. 비상장주식의 양도에 따른 양도소득세는 분류과세되고, 이는 사업 관련성 여부와 무관하게 파악한다.

② 양수자

상속세 및 증여세법상 저가양수·고가양도에 따른 이익의 증여 등에 의하여 시가와의 차액이 시가와 30% 이상이거나 그 차액이 3억 원 이상인 경우에 시세차익상당액(시가의 30%와 3억 원 중 작은 금액을 공제함)을 증여 재산가액으로 한다.

2. 개인 → 법인

① 양도자

소득세법상 양도소득세에 대한 부당행위계산부인규정에 의하여 특수 관계인에게 저가 양도한 경우 시가에 의해 양도한 것으로 보아 양도소득 금액을 계산하여 과세한다. 비상장주식의 양도에 따른 양도소득세는 분류과세되고, 이는 사업 관련성 여부와 무관하게 파악한다.

② 양수자

법인세법상 익금항목으로 특수관계 있는 개인으로부터 유가증권을 시가에 미달하는 가액으로 매입한 경우에 매입가액과 시가와의 차액을 각 사업연도소득금액 계산 시 익금에 산입하여 법인세를 과세한다.

3. 법인 → 개인

① 양도자

법인세법상 각 사업연도 소득금액 계산 시 부당행위계산부인 규정에 의하여 시가와 저가의 차액을 익금에 산입하고 특수관계인의 구분에 따라 배당·상여·기타소득으로 처분한다.

② 양수자

특수관계에 있는 법인으로부터 저가로 재산을 취득하거나 고가로 양도한 것에 대하여 부당행위계산부인에 따른 법인세를 과세하고, 저가 취득자 또는 고가 양도자에게 배당 등으로 소득처분 되어 소득세가 과세되는 경우에는 저가 취득자 또는 고가 양도자에게 증여세를 과세하지 않는다(상증법 집행기준 4-0-2 증여세를 부과하지 않는 경우).

4. 법인 → 법인

① 양도자

법인세법상 각 사업연도 소득금액 계산 시 부당행위계산부인 규정에 의하여 시가와 저가의 차액을 익금에 산입하고 기타사외유출로 처분한다.

② 양수자

거래 당시에 세무상 추가적인 문제는 없다. 다만, 해당 주식의 취득가액은 시가가 아닌 저가로 계산한다.

▶▶ 非특수관계인간 비상장주식을 시가보다 저가로 매매한 경우

1. 개인 → 개인

① 양도자

특수관계에 있지 아니하므로 부당행위계산부인 규정을 적용할 여지가 없이 저가 양도가액을 기준으로 양도차익을 계산하여 양도소득세를 부담한다.

② 양수자

시가와의 차액이 시가와 30% 이상인 경우에는 상속세 및 증여세법상 저가양수에 따른 증여규정을 적용받을 수 있으나, 시세차익에서 3억 원은 공제한다. 그리고 정당한 사유가 있는 경우에는 증여규정을 적용하지 아니한다.

2. 개인 → 법인

① 양도자

특수관계에 있지 아니하므로 부당행위계산부인 규정을 적용할 여지가 없이 저가 양도가액을 기준으로 양도차익을 계산하여 양도소득세를 부담한다.

② 양수자

거래 당시에 세무상 추가적인 문제는 없다. 다만, 해당 주식의 취득가액은 시가가 아닌 저가로 계산한다.

3. 법인 → 개인

① 양도자

법인세법상 기부금 의제규정에 의하여 특수관계 없는 자에게 정당한 사유 없이 자산을 정상가격(시가의 70%)보다 낮은 가액으로 양도한 경우 그 차액을 기타의 기부금으로 보아 익금산입 한다.

② 양수자

시가와의 차액이 시가와 30% 이상인 경우에는 상속세 및 증여세법상 저가양수에 따른 증여규정을 적용받을 수 있으나, 시세차익에서 3억 원은 공제한다. 그리고 정당한 사유가 있는 경우에는 증여규정을 적용하지 아니한다.

4. 법인 → 법인

① 양도자

법인세법상 기부금 의제규정에 의하여 특수관계 없는 자에게 정당한 사유 없이 자산을 정상가격(시가의 70%)보다 낮은 가액으로 양도한 경우 그 차액을 기타의 기부금으로 보아 익금산입 한다.

② 양수자

거래 당시에 세무상 추가적인 문제는 없다. 다만, 해당 주식의 취득가액은 시가가 아닌 저가로 계산한다.

▶▶ 특수관계인간 비상장주식을 시가보다 고가로 매매한 경우

1. 개인 → 개인

① 양수자

양수자는 추후 주식매각에 따른 취득가액 산정 시 실제 취득가액이 아니라, 소득세법상 양도소득세 부당행위계산부인 규정에 의하여 시가상당액을 주식취득가액으로 본다.

② 양도자

소득세법상 실제 양도가액에서 증여재산가액을 차감한 금액을 양도가액으로 보아 양도소득세를 부담함과 동시에, 시세차액이 시가의 30% 이상이거나 그 차액이 3억 원 이상인 경우에 상속세 및 증여세법상 고가양도에 따른 증여규정에 의하여 시세차익 상당액(시가의 30%와

3억 원 중 적은 금액을 공제함)을 증여재산가액으로 한다.

2. 개인 → 법인

① 양수자

양수법인은 고가 취득주식에 대하여 고가와 시가차액을 (손금산입) 유가증권 (△유보)으로 자산감액처분함과 동시에, 동 금액을 (익금산입) 부당행위계산부인 (배당·상여·기타소득) 처분한다.

② 양도자

소득세법상 시가(실제 거래가액 아님)에 의한 양도소득세를 부담함과 동시에 법인세법상 부당행위계산부인 규정에 의한 소득처분에 따른 종합소득세 납세의무를 지게 된다.

3. 법인 → 개인

① 양수자

양수자는 추후 주식매각에 따른 취득가액 산정 시 실제 취득가액이 아니라, 소득세법상 양도소득세 부당행위계산부인 규정에 의하여 시가상당액을 주식취득가액으로 본다.

② 양도자

고가양도에 의한 양도차익에 대하여 각 사업연도 법인세 부담을 지게 된다.

4. 법인 → 법인

① 양수자

양수법인은 고가취득주식에 대하여 고가와 시가차액을 (손금산입) 유가 증권 (△유보)으로 자산감액처분함과 동시에, 동 금액을 (익금산입) 부당행위계산부인 (기타사외유출) 처분한다.

② 양도자

고가양도에 의한 양도차익에 대하여 각 사업연도 법인세 부담을 지게 된다.

▶️ 非특수관계인간 비상장주식을 시가보다 고가로 매매한 경우

1. 개인 → 개인

① 양수자

주식의 고가양수에 따른 세무상 추가적인 문제는 없다.

② 양도자

소득세법상 실제 양도가액에서 증여재산가액을 차감한 금액을 양도가액으로 보아 양도소득세를 부담함과 동시에, 시가와의 차액이 시가의 30% 이상인 경우에 상속세 및 증여세법상 고가양도에 따른 증여규정을 적용받을 수 있으나 시세차익에서 3억 원은 공제한다. 그리고 정당한 사유가 있는 경우에는 증여규정을 적용하지 아니한다.

2. 개인 → 법인

① 양수자

양수법인은 고가 취득주식에 대하여 고가와 시가의 130%와의 차액을 의제기부금으로 보아 (익금산입) 의제기부금 (기타사외유출)함에 동시에, (손금산입) 유가증권 (유보)으로 주식취득가액을 차감한다.

② 양도자

소득세법상 실제 양도가액에서 증여재산가액을 차감한 금액을 양도가액으로 보아 양도소득세를 부담함과 동시에, 시가와의 차액이 시가의 30% 이상인 경우에 상속세 및 증여세법상 고가양도에 따른 증여규정을 적용받을 수 있으나 시세차익에서 3억 원은 공제한다. 그리고 정당한 사유가 있는 경우에는 증여규정을 적용하지 아니한다.

3. 법인 → 개인

① 양수자

주식의 고가양수에 따른 세무상 추가적인 문제는 없다.

② 양도자

고가양도에 의한 양도차익에 대하여 각 사업연도 법인세 부담을 지게 된다.

4. 법인 → 법인

① 양수자

양수법인은 고가 취득주식에 대하여 고가와 시가의 130%와의 차액을 의제기부금으로 보아 (익금산입) 의제기부금 (기타사외유출)함에 동시에, (손금산입) 유가증권(유보)으로 주식취득가액을 차감한다.

② 양도자의 법인세

고가양도에 의한 양도차익에 대하여 각 사업연도 법인세 부담을 지게 된다.

저자 프로필

세무사 **장보원**

- 장보원세무회계사무소 대표
- 서울시립대학교 세무전문대학원 세무학박사
- 한국세무사고시회 회장
- 한국지방세협회 부회장
- 한국지방세학회 부회장
- 법원행정처 전문위원
- 한국지방세연구원 쟁송자문위원
- 행정안전부 지방세 발전위원

세무사 **김순화**

- 세무회계 마루 대표세무사
- 고려대학교 대학원 조세법학 (석사)
- 고려대학교 대학원 법학 (박사수료)
- 서울지방세무사회 조세제도연구위원회 위원장
- 한국세무사고시회 연구 부회장
- 한국세무사회 세무연수원 교수
- 국세청 납세자세법교실 외부교수
- 한국세무사회 윤리위원회 위원
- 한국세무사회 지방세제도연구위원회 위원
- 강동세무서 국선대리인